Uwe Hapke/Klaus P. Japp
Prävention und Umwelthaftung

DUV Sozialwissenschaft
Studien zur Wissenschafts- und Technikforschung
Herausgegeben von Prof. Dr. Wolfgang Krohn
und Prof. Dr. Peter Weingart

Die

Studien zur Wissenschafts- und Technikforschung

richten den Blick auf die Funktionen von Forschung und technologischer Entwicklung in der entstehenden Wissensgesellschaft. Wissenschaft und Technik sind einerseits die wichtigsten Garanten der Innovationsfähigkeit der Gesellschaft, andererseits aber auch Quellen neuer Unsicherheiten und Befürchtungen.
In den Bänden der Schriftenreihe werden neue Formen der Wissenserzeugung, die Bewältigung von Risiken sowie die Konflikte zwischen unterschiedlichen Interessen und Wissenskulturen analysiert.

den Ausgleichspflichten von den Unternehmen in ihren Entscheidungen derart antizipiert werden, daß die Schadensvermeidung oder -verminderung für sie einen Vorteil bringt.

So sehr in der umweltpolitischen und -rechtlichen Diskussion um das Haftungsrecht Konsens darüber besteht, daß ihm gegenüber einem 'expansiven' Verständnis umweltpolitischer Regulierung bestimmte Vorzüge nicht abgesprochen werden können, so umstritten ist in dieser Debatte andererseits, inwieweit sich diese hypothetisch angenommenen Vorteile, insbesondere aber die erhofften umweltschutzbezogenen Präventionseffekte des Haftungsansatzes in der Realität auch durchsetzen. Die skeptische Einschätzung geht in dieser Frage davon aus, daß die Vorsorgewirkungen des Haftungsrechts in der Praxis eher gering sein dürften und wegen der Übertragung des Haftungsrisikos auf Versicherungen nur noch in abgeschwächter Form wirksam werden können (vgl. Kloepfer 1988; Rehbinder 1989; Feess-Dörr/Prätorius/Steger 1992). Allerdings konzedieren auch die Skeptiker, daß es entscheidend von der konkreten Ausgestaltung einer Umwelthaftpflichtversicherung und den Bedingungen der Versicherbarkeit abhängt, wie stark die Präventionswirkung sein wird. Auch die Autoren, die das Haftungsrecht für ein effektives und effizientes Instrument einer präventiven Umweltpolitik halten (vgl. Adams 1986; Endres/Schwarze 1991; Kirchgässner 1992; Wagner 1991b), machen positive Effekte von den Versicherungsbedingungen abhängig. Als entscheidende Determinanten werden hier genannt: a.) eine ausreichend hohe, aber wohldosierte, auf den Individualfall zugeschnittene Selbstbeteiligung des Versicherten am Haftungsrisiko; b.) eine risikoadäquate Prämiengestaltung; c.) Bonus-Malus-Systeme; d.) Versicherungsvertragsabschluß unter Bedingungen, insbesondere die wissenschaftlich-technische Risikoprüfung als Bedingung für den Vertragsabschluß.[8]

Es mag sein, daß das Umwelthaftungsrecht, wie das Haftungsrecht generell, der in der regulierungstheoretischen Diskussion erhobenen Forderung, angesichts unüberwindbar scheinender Regulierungsprobleme „eine Form des Rechts [zu finden], welche die Autonomie sozialer Teilsysteme unberührt läßt und sie doch zugleich in eine Richtung lenkt, in der sie wechselseitig auf ihre elementaren Funktionsvoraussetzungen Rücksicht nehmen“ (so Teubner 1989, 121), besser entspricht als ein starres Interventionsregime, das zur Verwirklichung von Umweltschutzzielen nahezu ausschließlich auf das Prinzip des 'command and control' setzt. Diesem Vorteil des Haftungsansatzes stehen jedoch andererseits *strukturelle* Schwächen gegenüber, die es ausschließen, das Ordnungsrecht durch das Haftungsrecht zu ersetzen. Auch darüber besteht in der umweltpolitischen Diskussion weitgehende Übereinstimmung (vgl. dazu nur Kloepfer 1990, 337ff.; Wagner 1992, 201ff.). Eine Schwäche des Zivilrechts besteht *erstens* darin, daß es die natürliche Umwelt immer nur mittelbar schützt oder entlastet. Nur wenn individuelle oder private Rechtsgüter (wie Leben, Körper, Gesundheit oder

8 Vgl. zu diesen Fragen der Versicherung des Umwelthaftungsrisikos ausführlicher das Kap. 3 sowie die Kap. 5.4 ff..

Sacheigentum) über den Umweltpfad bedroht oder geschädigt werden, kann es zu Umweltentlastungseffekten dadurch kommen, daß das Zivilrecht dem Geschädigten Abwehr- und Entschädigungsansprüche gewährt. Durch das Zivil- oder Privatrecht wird die Umwelt damit sozusagen immer nur reflexiv mitgeschützt. *Zweitens* rechnet das Zivilrecht mit der sog. Rechtserzwingungsbereitschaft von Privatleuten. Diese können jedoch 'wesensgemäß' auch darauf verzichten, Entschädigung vor einem Zivilgericht einzuklagen. Es gibt keine rechtliche Verpflichtung, Störungs-, Abwehr- und Entschädigungsansprüche auch tatsächlich geltend zu machen. Ob ein Opfer umweltbedingter Schäden sich entschließt, den zeit-, risiko- und kostenintensiven Weg zu einem Zivilgericht zu wählen, hängt wiederum vor allem davon ab, wie die Tatsachengrundlage im konkreten Fall beschaffen ist: ist diese Grundlage unsicher und komplex, verfügt der Anspruchsgegener über einen Vorsprung an Informationen, an finanziellen Ressourcen und an politischer Durchsetzungskraft, dann sinkt die Wahrscheinlichkeit, daß Private den Weg gerichtlicher Auseinandersetzung wählen. Und *drittens* eignet sich das Zivilrecht nicht zur Regelung von sog. Summations- und Distanzschäden, bei denen der Schaden erst dadurch eintritt, daß viele, nicht mehr individualisierbare Verursachungsbeiträge zu einem Schaden - unter Umständen über große räumliche Distanzen hinweg - führen. Das zivile Haftungsrecht setzt die Zurechnung eines Schadens zu einem individuellen Schädiger voraus - genau das ist im Fall der genannten Schäden (z.B. den Waldschäden) aber gerade nicht möglich.

2.4. Umweltgefährdungshaftung als Risikorecht

Die folgenden Überlegungen thematisieren ausgewählte Aspekte der neuen Umweltgefährdungshaftung. Dabei geht es nicht so sehr um juristische Detailfragen der Konstruktion und Interpretation des neuen UmweltHG.[9] Herausgearbeitet werden soll vielmehr, daß mit der Umstellung von der Verschuldens- auf die Gefährdungshaftung eine Umorientierung des Haftungsrechts von Handlungs- auf Folgenorientierung verbunden ist, in der sich der Import von Risikoorientierungen in das System modernen Rechts widerspiegelt. Durch diesen Umbau des (Haftungs-) Rechts wird das Recht zum Risikorecht, das 'eigentlich' kein Recht mehr ist.

Darauf hinzuweisen ist, daß Fragen der Versicherung des Umwelthaftungsrisikos in diesem Kapitel *nicht* (bzw. nur am Rande) thematisiert werden. Es geht also ausschließlich um das Prinzip der Gefährdungshaftung in seiner sozusagen reinen Form. Die Frage, inwieweit die rechtlich konstituierte Erwartungsunsicherheit auf der Seite der riskant Entscheidenden durch den Mechanismus der (Haftpflicht-) Versicherung absorbiert wird, ist Gegenstand der Ausführungen in Kap. 3 dieser Arbeit.

---

[9] Vgl. dazu die (bis dato) vier vorliegenden Kommentare zum UmweltHG: Landsberg/Lülling (1991); Paschke (1993); Salje (1993b); Schmidt-Salzer (1992c).

2.4.1. Haftungsverantwortung als Frage der Zurechnung von Schäden

Durch die Einführung einer verschuldensunabhängigen Gefährdungshaftung für individuelle Schäden bzw. private Rechtsgutverletzungen, die als Folge von Umwelteinwirkungen über die drei Umweltmedien Boden, Wasser und Luft entstanden sind, etabliert das UmweltHG ein neues Haftungsrisiko für die Betreiber bzw. Inhaber von umweltgefährdenden technischen Anlagen.[10] Da das neue Umwelthaftungsrecht als Gefährdungshaftung ausgestaltet ist, besteht das Haftungsrisiko auch unabhängig vom Verschulden oder schuldhaftem Handeln, ist also auch derjenige Anlageninhaber, der *nicht* schuldhaft oder unerlaubt gehandelt hat, zu Schadensersatzzahlungen verpflichtet, wenn seinem Handeln ein Schaden kausal zugerechnet werden kann. Diese Entkopplung der Haftungsverantwortung von der Voraussetzung des Verschuldens unterscheidet die Gefährdungshaftung vom sog. deliktischen Haftungsrecht, das die Haftpflichtigkeit davon abhängig macht, daß schuldhaftes Handeln entweder in der Form von Vorsätzlichkeit oder Fahrlässigkeit vorliegt. Man hat also für die Situation in Deutschland von einer Dualität des Haftungsrechts auszugehen: Auf der einen Seite das deliktische Haftungsrecht, das im BGB geregelt ist; auf der anderen Seite alle Tatbestände der Gefährdungshaftung, die - bis auf eine Ausnahme - außerhalb des BGB in Spezialgesetzen geregelt sind, also ein spezialgesetzliches Eigenleben führen (vgl. Kötz 1988, 125).[11]

---

10 Genauer müßte man sagen: es wird ein Haftungsrisiko für *genehmigungsbedürftige* technische Anlagen etabliert, denen ein umweltgefährdendes Potential zugeschrieben wird. Für Anlagen unterhalb der Schwelle der Genehmigungsbedürftigkeit bleibt es bei der alten Rechtslage. „Bestimmte heute oder früher erlaubnis- oder nur anzeigepflichtige Anlagen wie Vulkanisieranlagen, Reinigungsbetriebe, Anlagen zur Sanierung von schadstoffbelasteten Böden oder Leitungen für brennbare, ätzende oder giftige Gase, Dämpfe oder Flüssigkeiten, deren Gefahrenpotential denen des Anlagenkatalogs 1 entspricht oder dieses sogar übertrifft, sind entgegen anderslautenden zwischenzeitlichen Überlegungen [...] schließlich doch nicht zu haftungsunterworfenen Anlagen erklärt worden, ohne daß dafür Begründungen angeführt worden sind. Damit werden auch Tankstellen und Chemischreiniger vom UmweltHG trotz ihres hohen und in der Vergangenheit sehr konkreten Schadenspotentials [...] nicht erfaßt. [...] Eine eingehendere Untersuchung der Problematik einer Gleichbehandlung der haftungsrelevanten Anlagen [...] würde wohl zu dem Ergebnis führen, daß in den Anlagenkatalog sowohl haftungsunbedeutende Anlagen aufgenommen worden sind als auch haftungsbedeutsame Anlagen fehlen“ (Salje 1993b, 46).

11 Darauf hinzuweisen ist allerdings, daß auch für Umweltschäden bisher schon „verkappte und offene Formen der Gefährdungshaftung [existierten]“ (Salje 1993b, 44). Zudem hat sich die höchstrichterliche Rechtsprechung in den letzten Jahren im Rahmen des Deliktsrechts immer mehr von der klassischen Verschuldenshaftung entfernt und sich durch das Abheben auf Verkehrspflichten immer stärker einer Quasi-Gefährdungshaftung angenähert. Das ist auf zwei Wegen geschehen. „Zum einen wurde Handlungsunrecht im Sinne von § 823 Abs. 1 BGB dadurch gleichsam 'vertypt', daß aus der Vielzahl von möglichen Verletzungshandlungen Verkehrpflichten kasuistisch entwickelt und aus ihrer Verletzung auf Rechtswidrigkeit bzw. Verschulden und damit letztlich auf den Deliktstatbestand geschlossen wurde. [...] Der zweite Weg betrifft Beweiserleichterungen vom Anscheinsbeweis bis hin zur Beweislastumkehr hinsichtlich Kausalität, Rechtswidrigkeit und Verschulden. [...] Zurechnung von Verkehrpflichtverletzung einerseits und Beweiserleichterungen an-

Da Zurechnung das zentrale Thema des Haftungsrechts ist (Fuchs 1995, 2), läuft die Differenz von Verschuldens- und Gefährdungshaftung in letzter Instanz auf einen differentiellen Modus der Zurechnung hinaus, wobei Zurechnung oder Zurechenbarkeit im juristischen Sinne „allgemeine Bezeichnungen für den rechtlichen Grund [sind], um erlittenen Schaden auf einen anderen abzuwälzen" (Deutsch 1993, Rn. 2). Die Dualität oder „Zweispurigkeit des Haftungsrechts" (Esser 1953, 129ff.) gründet im Kern in dieser Differenz der Zurechnungsmodi. Zurechnungsgrund ist im Fall des deliktischen Haftungsrechts das subjektive Verschulden in Form von Vorsatz oder Fahrlässigkeit. Nur in diesem Fall, also nur aufgrund einer Bewertung des Verhaltens des Schädigers als begangenes Unrecht (und unabhängig vom Bedarf des Opfers), ist der Haftungsgrund erfüllt. Diese Ausrichtung der Verschuldenshaftung auf subjektive Haftungskriterien, die das Haftungsrecht bis in dieses Jahrhundert hinein dominiert hat, wird mit der Gefährdungshaftung aufgegeben. Grund für die Zurechnung des Schadens ist im Fall der Gefährdungshaftung *allein* die Tatsache, daß der Schädiger ein spezifisches Risiko gesetzt hat, indem er eine Anlage betreibt, eine bestimmte Sache benutzt oder eine bestimmte Tätigkeit vornimmt, die eine potentielle, typische Gefährdung in sich trägt (Fuchs 1995, 174). Realisiert sich die Gefährdung, ist der Schädiger zum Schadenersatz verpflichtet. Die Gefährdungshaftung substituiert also das subjektive Zurechnungskriterium der Schuld durch das objektive Zurechnungskriterium der Realisierung einer spezifischen Gefahr[12] und belastet dadurch den potentiellen Schädiger mit der Verantwortung für die möglichen, also mehr oder weniger unwahrscheinlichen Folgen seines riskanten Handelns.

2.4.2. Sicherheit und Unsicherheit durch Gefährdungshaftung

Wir gehen davon aus, daß das neue Umwelthaftungsrecht Sicherheit und Unsicherheit *zugleich* steigert, man könnte auch sagen, eine Bifurkation von Sicherheit und Unsicherheit erzeugt. Für die von riskanten Entscheidungen Betroffenen steigert sie Sicherheit; für die riskant Entscheidenden steigert sie Unsicherheit. Einen Zuwachs an Sicherheit für die 'Opfer' riskanten Handelns schafft die Umweltgefährdungshaftung dadurch, daß sie die Effektivität des Schadensausgleichs verbessert. Diese Funktion erfüllt das neue Umwelthaftungsrecht jedoch nur auf Kosten einer Steigerung von Erwartungsunsicherheit auf Seiten der Risikoproduzenten: dadurch, daß es die Haftungsverantwortung vom Kriterium des Verschuldens suspendiert, löst es auf der Seite der Betreiber industrieller Risikotechnologien die Sicherheit des Erwartens auf und ver-

---

dererseits können zusammenwirkend ein der Gefährdungshaftung gleichkommendes Haftungsergebnis zeitigen" (ebd., 45).

[12] „Als Ergänzung der Schuldhaftung ist die Gefährdungshaftung für technische Risiken eine Form der objektiven Zurechnung" (Deutsch 1976, 30).

letzt damit zugleich die Primärfunktion modernen Rechts, die in der Garantie von Erwartungssicherheit besteht.

Sicherheit des Schadensausgleichs

Seit seiner erstmaligen Einführung in der Mitte des letzten Jahrhunderts hat das Prinzip der Gefährdungshaftung eine erstaunliche Karriere durchgemacht. In Form einer Reihe von Einzelgesetzen wurde es seither auf Gefahren bzw. Risiken ausgedehnt, die infolge des Betriebs von Kraftfahrzeugen (§ 7 StVG), Luftfahrzeugen (§ 33 LuftVG), Energieanlegen (§ s HPflG), Atomkraftwerken (§ 25 Abs. 1 AtG) und wassergefährdenden Anlagen (§ 22 Abs. 2 WHG) drohen; hinzu kommt die Ausdehnung der Gefährdungshaftung auf Produktgefahren durch § 84 AMG und das ProdHaftG sowie das GenTG (vgl. Wagner 1991a, 175). Dem Bedeutungszuwachs, den das Prinzip der Gefährdungshaftung seit Beginn der industriegesellschaftlichen Entwicklung erfahren hat, liegt ein Wandel im Verständnis der Aufgaben und Funktionen des Haftungsrechts zugrunde.[13] Generell, kann man sagen, besteht die zentrale Aufgabe des Haftungsrechts in der Gestaltung des Spannungsverhältnisses zwischen Güterschutz und Handlungsfreiheit. Während noch der BGB-Gesetzgeber des Jahres 1896 den Schutz der privatwirtschaftlichen Handlungsfreiheit als sein vordringliches rechtspolitisches Anliegen betrachtet hat,[14] haben sich die Akzente seitdem sukzessive in eine andere Richtung verschoben: Triebfeder der jüngsten Entwicklung des Haftungsrechts ist, so Fuchs (1995, 4/5), „das Sicherheitsverlangen des Bürgers und das daraus abgeleitete Bedürfnis nach sozialer Sicherheit". Vom Haftungsrecht wird heute ein „Beitrag zur Existenzsicherung und damit deren sozialstaatliche Ausgestaltung erwartet. [...] Damit verlagert sich der Akzent weg von dem Moment der Schuld hin zu dem Moment des Ausgleichs des Schadens" (ebd.).

Alle Tatbestände der Gefährdungshaftung zielen auf den Ausgleich solcher Schäden, in denen sich die besonderen Risiken der industriegesellschaftlichen Entwicklung verwirklicht haben. Dabei liegt der Legitimation der Gefährdungshaftung

---

[13] Daß diesem Wandel wiederum bestimmte sozialstrukturelle Umbrüche zugrundeliegen, soll hier nur angemerkt werden.

[14] Vgl. etwa Kötz (1988, 15): „ [...] in der Tat beruht der Siegeszug der Verschuldenshaftung im 19. Jahrhundert weitgehend auf der allgemeinen Überzeugung, daß die überall aufblühende Industrie und das sich entwickelnde Verkehrswesen als Motoren des Fortschritts vor allzu strikten Haftungen und den damit verbundenen Kosten abgeschirmt werden müßten. Gewiß führte die Verschuldenshaftung dazu, daß der einzelne Bürger gelegentlich schwerste Körper- oder Sachschäden entschädigungslos hinzunehmen hatte. Aber dies schien für lange Zeit als ein Opfer, das dem einzelnen im Interesse der Sicherung des wirtschaftlichen Wachstums und damit des zivilisatorischen Fortschritts um so eher zuzumuten war, als ja die Segnungen jenes Fortschritts auch ihm selbst zugute kamen". Auch Esser (1948, 121) geht davon aus, daß es „nicht sittliche, sondern wirtschaftspolitische Motive" gewesen sind, die den Primat des Verschuldensprinzips in den Beratungen des BGB getragen haben.

implizit die folgende Idee der Gerechtigkeit zugrunde[15]: da die Nutzung technischer Gefahrenquellen um des eigenen Vorteils willen über die Gesellschaft ungleich verteilt ist, wäre es ungerecht, die Opfer der technischen Entwicklung einfach auf ihren Schäden sitzen zu lassen. Es ist vielmehr ein Gebot der Gerechtigkeit, die Halter und Nutznießer von gefährlichen technischen Anlagen mit denjenigen Schadenskosten zu belasten, die trotz aller Sicherheitsvorkehrungen dennoch entstehen (vgl. Wagner 1991a, 176). In dieser Legitimationsfigur der ausgleichenden Gerechtigkeit drückt sich das gewandelte Verständnis über die Aufgaben des Haftungsrechts in wohlfahrtsstaatlich verfaßten Industriegesellschaften aus. Während das klassische Haftpflichtrecht des BGB, indem es das Verschuldensprinzip als das maßgebliche Zurechnungsprinzip verankert, vom Täter her konzipiert ist, ist das moderne Haftpflichtrecht in Form der Gefährdungshaftung vom Opfer her konzipiert und legitimiert sich in erster Linie durch den Gedanken der Garantie eines gerechten Schadensausgleichs. Auf Kosten des Verursachers soll entweder „physischreal (Naturalrestitution) oder wirtschaftlich (Schadensersatz in Geld) der Zustand wiederhergestellt werden, der ohne den Eingriff bestanden haben würde. Die Verletzung soll gegenüber dem Verletzten wirtschaftlich ungeschehen gemacht werden, weil es den Anforderungen der Gerechtigkeit entspricht, die hierfür erforderlichen Kosten dem [...] Verursacher aufzuerlegen. Der Ausgleichsgedanke wird insbesondere mit dem Alles-oder-Nichts-Prinzip des Schadensrechts begründet; das Ausmaß des Ersatzes orientiert sich am Bedarf (der Beeinträchtigung) des Opfers, dagegen ist das Maß der Schuld unerheblich (Rehbinder 1992, 38).

Eine Verbesserung der Rechtsstellung der Geschädigten ergibt sich unter der Geltung des Prinzips der Gefährdungshaftung insbesondere durch den Abbau von Beweisschwierigkeiten. Im deliktischen Haftungsrecht hat der Geschädigte nicht nur den Nachweis zu führen, daß ihm ein Schaden entstanden ist, er muß darüber hinaus nachweisen, daß auch ein Verschulden des Schädigers vorliegt. Dieser Nachweis ist da besonders schwierig, „wo die Gefahren von einer Anlage oder einem Betrieb ausgehen, der unter der ausschließlichen Kontrolle und Organisationsgewalt eines Unternehmers steht: Hier hat der Geschädigte keinen Einblick in die [...] betriebsinternen

---

15 In der Begründung des Entwurfs eines Gesetzes zur Änderung schadensersatzrechtlicher Vorschriften aus dem Jahr 1975 werden die rechtspolitischen Gründe für die Wahl des Gefährdungshaftungsprinzips z.B. folgendermaßen zusammengefaßt: „Maßgebend für die verschärfte Haftung ist die Überlegung, daß bei den heutigen, durch die technische Entwicklung entscheidend beeinflußten Lebensverhältnissen bestimmte Tätigkeiten und Einrichtungen zwar unentbehrlich sind und daher zugelassen werden müssen, obgleich die davon ausgehende Gefährdung trotz Anwendung der erforderlichen Sorgfalt nicht gänzlich beherrscht und Schädigungen Dritter nicht immer vermieden werden können. Wer im Bewußtsein dieser Risiken eine solche Gefahrenquelle eröffnet, muß auch bereit sein, den daraus entstehenden Schaden zu ersetzen, ohne daß es darauf ankommen darf, ob im Einzelfall ein Verschulden nachweisbar ist. Dies ist dem Unternehmer eines solchen Betriebes um so eher zuzumuten, als er am ehesten in der Lage ist, Risiken zu beurteilen und für etwaige Schadensfälle - insbesondere durch Versicherungen - vorzusorgen" (zit. nach Brüggemeier 1986, 51).

Vorgänge und Zusammenhänge, und es ist daher für ihn sehr schwierig oder unmöglich, dem beklagten Unternehmer ein rechtswidrig-schuldhaftes Verhalten nachzuweisen“ (Kötz 1988, 126/27). Durch die Entkopplung der Haftungsverantwortung vom Verschulden entfällt dieses Kardinalproblem des Haftungsrechts im Fall der Gefährdungshaftung: es reicht aus, daß der Geschädigte nachweist, daß der ihm entstandene Schaden durch die riskante Tätigkeit des Schädigers entstanden ist. „Der Verzicht auf das Verschuldenserfordernis hat deshalb entlastenden Charakter“ (Fuchs 1995, 176).[16]

Steigerung von Erwartungsunsicherheit

Während das neue Umwelthaftungsrecht auf der Seite der potentiellen Opfer riskanter Entscheidungen zu einem Zuwachs an Sicherheit führt, steigert es für die riskant Entscheidenden Unsicherheit. Als Quelle dieser gesteigerten Unsicherheit fungiert dabei das Prinzip der Gefährdungshaftung selbst: indem es die Haftungsverantwortung von (subjektiver) Handlungs- auf (objektive) Folgenorientierung umstellt, löst es auf Seiten der Betreiber industrieller Risikotechnologie die Sicherheit des Erwartens auf. Das Institut der Gefährdungshaftung ist damit zugleich ein exemplarischer Fall für das Eindringen von Risikoorientierungen in das System modernen Rechts. Das ergibt sich aus den folgenden Überlegungen.

Luhmann zufolge besteht die Primärfunktion des Rechts darin, daß es normative Verhaltenserwartungen kontrafaktisch und enttäuschungsfest stabilisiert (vgl. ders. 1981, 73ff.; 1993, 124ff.)[17]. Das Recht löst damit vor allem ein Zeitproblem: es reduziert die Kontingenz und Komplexität einer offenen Zukunft dadurch, daß es gegenwärtig Bestehendes als zukünftig Erwartbares definiert, also Zukunftserwartungen sicherstellt, Zukunft entzeitlicht. Insofern das Recht „der bloßen Fortsetzung des Vergangenen und Gegenwärtigen in einer kontingenten Welt voller Überraschungen“ (ders. 1981, 73) dient, läßt es sich damit durchaus, wenn auch vielleicht etwas mißverständlich, als funktionales Äquivalent zu Tradition und Geschichte begreifen.[18] Es ent-

[16] Daß damit nicht alle Probleme in bezug auf die Frage des Kausalitätsnachweises gelöst sind, auch im Fall der Umweltgefährdungshaftung nicht, versteht sich von selbst. Für die nach wie vor bestehenden Probleme vgl. weiter unten.

[17] Während Luhmann in seinen älteren Arbeiten (vgl. etwa ders., 1981) davon auszugehen scheint, daß die Funktion des Rechts in Erwartungssicherung *und* Verhaltenssteuerung besteht, differenziert er in neueren Arbeiten (vgl. ders. 1993, 156ff.) zwischen der Funktion und den Leistungen des Rechts und begreift Verhaltenssteuerung und Konfliktlösung als mögliche Leistungen des Rechts, die Stabilisierung normativer Erwartungen durch Regulierung ihrer zeitlichen, sachlichen und sozialen Generalisierung hingegen als eigentliche Funktion des Rechts. Das sind begriffliche Differenzierungen, die im Kontext der Luhmannschen Theoriearchitektur angebracht sein mögen; für die hier verfolgten Zwecke können sie vernachlässigt werden.

[18] Diese Stabilisierungs- und Sicherungsfunktion des Rechts wird auch durch die Positivierung des Rechts nicht aufgehoben. Obwohl Recht jetzt jederzeit durch rechtliche Entscheidungen geändert werden kann, ist und bleibt es „vergangenheitsorientiert, solange es das Problem der Kontinuität in

spricht der vergangenheitsorientierten Temporalstruktur positiven Rechts, daß es „schärfer und ausschließlicher als frühere Rechtsordnungen" durch konditionale Programmierung ausdifferenziert wird (Luhmann 1987, 229) und nur bzw. immer in dieser Programmform operiert (ders., 1993, 195ff.).[19] Durch konditionale Programmierung werden Tatbestand und Rechtsfolge in einen erwartbaren Wenn/Dann-Zusammenhang gebracht, wobei die Wenn-Komponente einen normierten Tatbestand bezeichnet, der auf der Dann-Seite eine ebenfalls normativ festgelegte Rechtsfolge nach sich zieht (ders. 1987, 227). Entscheidend ist dabei, so Luhmann (1993, 197), „daß die Zuteilung der Werte Recht und Unrecht von dem abhängt, was im Zeitpunkt der Entscheidung als Vergangenheit behandelt werden muß. Das Rechtssystem operiert insofern immer als ein nachträgliches, als ein nachgeschaltetes System". Anders also als bei Zweckprogrammen, bei denen der Gegenstand der Entscheidung ein zukünftiges Ereignis ist, daß mit der Entscheidung erst herbeigeführt werden soll, bezieht sich die Entscheidung bei Konditionalprogrammierung auf einen abgeschlossenen Sachverhalt, der vor der Systemoperation liegt.

Wenn es die primäre Funktion des Rechts ist, Erwartungssicherheit zu garantieren, dann wird deutlich, daß das Rechtsinstitut der verschuldensunabhängigen Gefährdungshaftung diese Funktion in dem folgenden Sinne *nicht* erfüllt. Die Verschuldenshaftung garantiert die Sicherheit des Erwartens für die Rechtsadressaten[20] zumindest insofern, als sie die Haftungsverantwortung abhängig macht vom subjektiven Verhalten des potentiell Haftenden: wenn dieser schuldhaft handelt, dann ist er ersatzpflichtig. Die Rechtmäßigkeit des Handelns schützt also vor negativer Sanktionierung, Handeln und rechtliche Folgen stehen in einem erwartbaren Zusammenhang. Diese Erwartungssicherheit wird im Fall der Gefährdungshaftung dadurch aufgelöst, daß sie

---

der Zeit durch Rückbindung an die Vergangenheit löst. Und darauf ist es seiner Struktur nach angewiesen. [...] Die Vergangenheit ist als Ordnungsvorgabe unverzichtbar, weil jede Rechtsänderung dem Zwang unterliegt, an das bestehende Normengefüge anschließen zu müssen" (Hiller 1991, 57).

19 Obwohl Luhmann sehr wohl sieht, daß „man Zweckprogramme im Recht [findet]" (ders. 1993, 200), geht er davon aus, daß der Rechtscode nur mit einer konditionalen Programmierung kombinierbar ist. „Programme des Rechtssystems sind immer *Konditionalprogramme*. [...] Für das Rechtssystem kommt eine Zweckprogrammierung nicht oder [...] allenfalls im Kontext eines Konditionalprogramms in Betracht" (ebd., 195). Diese exklusive Bindung an die Form des Konditionalprogramms hängt Luhmann zufolge mit der Funktion des Rechts selbst, also mit der Stabilisierung kontrafaktischer Erwartungen zusammen (ebd., 199). Da sich Zweckprogramme im Unterschied zu Konditionalprogrammen auf eine offene Zukunft beziehen, in der sich erst noch erweisen muß, was Recht und was Unrecht sein wird, *destabilisieren* sie den Horizont gegenwärtigen Erwartens - und garantieren damit gerade nicht die Sicherheit des Erwartens. „Zweckprogramme ziehen [...] das Risiko des Auseinanderklaffens der gegenwärtigen Zukunft und der künftigen Gegenwarten in die Gegenwart hinein" und riskieren dadurch, „daß die künftigen Gegenwarten nicht mit dem übereinstimmen werden, was als gegenwärtige Zukunft vorausgesetzt wird" (ebd.).

20 Wenn im folgenden von 'Rechtsadressaten' gesprochen wird, dann sind damit Wirtschaftsorganisationen bezeichnet, die riskante Technologien betreiben. Der Begriff soll also hier die Schädiger-, nicht die Betroffenenseite bezeichnen.

die Ersatzpflichtigkeit nicht mehr vom subjektiven Verhalten des Rechtsadressaten, sondern von den *zukünftigen*, also *ungewissen Folgen* seines Verhaltens abhängig macht. Was Recht und was Unrecht ist, stellt sich erst in der Zukunft heraus. Die Rechtmäßigkeit des Handelns schützt gerade nicht mehr - wie im Fall der Verschuldenshaftung - vor negativer Sanktionierung in Form von zukünftigen Zahlungsverpflichtungen. Für die Betreiber riskanter Technologien entsteht damit das Problem, daß sie bestehende Handlungsoptionen nicht mehr einfach über den Mechanismus der Zuordnung zu Recht und Unrecht ordnen können. Was Recht ist, kann trotzdem so behandelt werden, als sei es Unrecht. Der Rechtscode verliert damit an Orientierungswert und Instruktivität für die Rechtsadressaten. Statt Erwartungssicherheit zu garantieren, wird Erwartungs*unsicherheit* gesteigert. In Gestalt der Gefährdungshaftung verliert das Recht an normativer Bindungskraft. Einerseits also ist Gefährdungshaftungsrecht 'Recht', andererseits ist es kein 'Recht'.[21]

Zu der Frage, ob es sich bei den verschiedenen Gefährdungshaftungstatbeständen um konditional- oder um zweckprogrammiertes Recht handelt, beschränken wir uns hier auf die folgenden kurzen Anmerkungen. Um zweckprogrammiertes oder folgenorientiertes Recht handelt es sich bei der Gefährdungshaftung insofern, als das Recht hier die rechtliche Entscheidung darüber, was Recht und was Unrecht ist, auf eine offene Zukunft bezieht. Entstehen als *Folge* des rechtmäßigen Handelns Schäden im Sinne der Verletzung eines privaten Rechtsgutes, die dem Handelnden auch kausal zugerechnet werden können, wird der Handelnde durch Entscheidung eines Zivilgerichts zum monetären Ersatz des Schadens verpflichtet. Die rechtliche Sanktion bezieht sich also auf die negativen Folgen der riskanten Handlung. Andererseits besteht auch im Fall des Gefährdungshaftungsrechts ein durchaus erwartbarer Wenn/Dann-Zusammenhang zwischen Tatbestand und Rechtsfolge insofern, als der riskant Handelnde wissen kann, daß er einen entstandenen Schaden ersetzen muß, wenn der Kausalitätsnachweis gelingt. Insoweit sich also die rechtliche Entscheidung über Recht und Unrecht immer nur auf die Folgen bereits *vergangener* Handlungen oder Entscheidungen richtet, ist das Gefährdungshaftungsrecht konditional programmiert - es bezieht sich auf einen - aus der Sicht des Rechts - abgeschlossenen Sachverhalt. Auch wenn es sich bei den verschiedenen Tatbeständen der Gefährdungshaftung also nicht um 'echte' Zweckprogramme, sondern allenfalls um eine *Kombination* von (vergangenheitsbezogenen) Konditional- und (zukunftsbezogenen) Zweckprogrammen handelt [22], ändert das nichts an dem Sachverhalt, daß durch Gefährdungshaftungsrecht der Horizont gegenwärtigen Erwartens für den riskant Handelnden *destabilisiert* wird. Das

---

[21] Vermutlich spricht Luhmann deshalb an einer Stelle vom „paradoxen" Rechtsinstitut der Gefährdungshaftung (vgl. ders., 1993, 488). Auch in der juristischen Literatur wird konzediert, „daß Gefährdungshaftung sicherlich einen 'Abbau des Rechts' [bedeutet], weshalb manche bei einem Vordringen der Gefährdungshaftung die individuelle Verantwortung und die normativen Maßstäbe des Zusammenlebens in Frage gestellt sehen" (Rehbinder 1992, 55).

[22] Anders Kaufmann (1992, 96), der davon ausgeht, daß alle Formen der Haftung vergangenheitsbezogen sind.

Recht der Gefährdungshaftung „sagt ... nicht mehr, was man tun oder lassen soll. Es sagt nur noch: wenn es gut geht, geht es gut; wenn nicht, dann nicht“ (Luhmann 1993, 488).

2.4.3. Das Beispiel der Normalbetriebs- und Entwicklungsrisiken

An dem Einbezug von Normalbetriebs- und Entwicklungsrisiken in die Umwelthaftung wird besonders deutlich, daß das neue Umweltgefährdungshaftungsrecht im Kern ‘Abbau des Rechts’ bedeutet. Nach dem neuen Gesetz muß der Anlagenbetreiber nicht nur für Schäden haften, die aus einem Störfall entstehen, sondern auch für Schäden, die (a) durch den behördlich genehmigten und bestimmungsgemäßen Normalbetrieb seiner Anlage entstehen können und (b) für Schäden bzw. Risiken, die zum Zeitpunkt der Genehmigung der Anlage noch gar nicht bekannt und nach dem (damaligen) Stand von Wissenschaft und Technik auch gar nicht zu erkennen waren.[23] Es handelt sich bei Normalbetriebs- und Entwicklungsrisiken nur formal betrachtet um zwei verschiedenartige Risikokategorien. Praktisch betrachtet ist davon auszugehen, daß das Normalbetriebsrisiko sich immer - zumindest aber in der Regel - in der Form eines Entwicklungsrisikos realisieren dürfte. Das ergibt sich aus der folgenden Überlegung: Umweltschäden, die durch den bestimmungsgemäßen Normalbetrieb einer Anlage verursacht, also auf behördlich genehmigte Daueremissionen zurückzuführen sind, zeichnen sich typischerweise dadurch aus, daß sich erst nach dem Eintritt eines Schadens aufgrund eines weiterentwickelten Erkenntnisstandes in Wissenschaft und Technik herausstellt, daß die ursprünglich - auch von der Genehmigungsbehörde - für unbedenklich gehaltenen Emissionen *innerhalb* der bestehenden Grenzwerte doch geeignet sind, Schäden zu verursachen. Von der Realisierung eines Entwicklungsrisikos kann man also dann sprechen, wenn Schäden infolge des Normalbetriebs einer Anlage darauf beruhen, daß die Gefährlichkeit der freigesetzten Stoffe aufgrund fehlenden Wissens zum Zeitpunkt der Emission unterschätzt worden ist (vgl. etwa Hager 1991, 136; Alsleben 1993, 202ff.).

---

[23] Die Abgrenzung zwischen Störfall und Normalbetrieb läßt sich wie folgt erläutern: Während es sich beim bestimmungsgemäßen Betrieb oder Normalbetrieb um einen Betriebszustand handelt, bei dem alle durch das öffentliche Recht auferlegten Vorgaben und Betriebspflichten eingehalten werden, ist laut Bundesimmissionsschutzrecht unter Störfall eine Störung des bestimmungsgemäßen Betriebs zu verstehen, bei der ein Stoff durch Ereignisse wie größere Emissionen, Brände oder Explosionen sofort oder später eine ernste Gefahr hervorruft. Unter ernster Gefahr wird dabei eine Gefahr für Arbeitnehmer, Nachbarn oder die Allgemeinheit verstanden, die das Leben oder die Gesundheit von Menschen bedroht oder zur Schädigung von Sachen von hohem Wert oder der Umwelt führen kann. Kern des Störfallbetriebs ist somit ein anormaler Betriebszustand, bei dem eine beträchtliche Gefahr für Personen oder Sachen auftritt. Um eine Betriebsstörung festzustellen, ist also ein Vergleich erforderlich zwischen den Eigenschaften des normalen Betriebs und dem Betriebszustand zum Zeitpunkt der Schädigung (vgl. dazu Salje 1993b, 199ff.).

Während sich die Versicherungswirtschaft gegen den Einbezug von Normalbetriebs- und Entwicklungsrisiken ausgesprochen hat, weil sie aus ihrer Sicht versicherungstechnisch nicht kontrollierbar sind[24], verletzt der Einbezug dieser Risiken aus Sicht der betroffenen Industrieunternehmen den für die Legitimation der Gefährdungshaftung zentralen Gedanken einer sozial gerechten Verteilung erlaubter Risiken deshalb, weil allein ihnen - und nicht auch den Konsumenten, die zu den Nutznießern der industriellen Produktion gehören - die Haftungsverantwortung für diese Risiken aufgelastet wird.[25] Für die ablehnende Haltung der produzierenden Wirtschaft entscheidender dürfte jedoch der Sachverhalt sein, daß es sich bei Normalbetriebs- und Entwicklungsrisiken um Risiken bzw. Gefahren handelt, die nicht nur nicht bekannt, sondern auch unter Ausschöpfung allen verfügbaren wissenschaftlichen und technischen Wissens nicht erkennbar sind.[26] Weder die behördliche Genehmigung, noch der bestimmungsgemäße Anlagenbetrieb, und auch nicht eine noch so sorgfältige Beachtung des Standes von Wissenschaft und Technik in bezug auf den Umgang mit bestehenden und die Entwicklung neuartiger Produktionsverfahren bieten eine Garantie für Haftungsentlastung. Durch die Ausdehnung des Haftungsrisikos auf Normalbetriebs- und Entwicklungsrisiken geht damit für Industrieunternehmen, die umweltgefährdende Anlagen betreiben, die Sicherheit des Erwartens verloren.[27] Für die Betreiber industrieller Risikotechnologie entsteht das prekäre Problem, wie sie ihre Entscheidungs- und

---

[24] Vorgreifend sei bereits an dieser Stelle kurz darauf hingewiesen, daß sich die Skepsis der Versicherer gegenüber der Versicherbarkeit von Normalbetriebs- und Entwicklungsrisiken vor allem aus zwei Quellen speist. Aus Sicht der Versicherer verletzt dieser Risikotyp zwei wichtige Kriterien der Versicherbarkeit: Schätzbarkeit und Unabhängigkeit. In bezug auf Normalbetriebs- und Entwicklungsrisiken fehlt die Grundlage versicherungstechnischer Risikokalkulation: weder gibt es Erfahrungen mit diesen Risiken noch sind Informationen über Schadenhäufigkeit und maximale Schadenhöhe verfügbar. Infolge des Fehlens von Erfahrung und statistischen Daten lassen sich Risikoprämien nicht kalkulieren. Zweitens ist bei Normalbetriebs- und Entwicklungsrisiken das Versicherbarkeitskriterium der Unabhängigkeit von Risiken nicht erfüllt. Es ist der Alptraum der Erst-, erst recht aber der Rückversicherer, daß hier das Risiko eines flächendeckenden Kumuls droht. „Wenn sich bei von vielen Unternehmen in der gesamten BRD eingesetzten Verfahren, Stoffen etc. herausstellt, daß trotz der verwaltungsbehördlichen Kontrolle Schäden entstanden sind, kann angesichts der vielfachen Verwendung die Angelegenheit zu einem bundesweiten Kumulproblem eskalieren" (Schmidt-Salzer/Schramm 1993, 154).

[25] Daß dies Argument wenig überzeugend ist, ergibt sich daraus, daß Schadensersatzzahlungen zwar einerseits ein betrieblicher Kostenfaktor sind, der von den Unternehmen jedoch andererseits über eine entsprechende Preisgestaltung auf die Konsumenten überwälzt werden kann. Die Symmetrie von Verursacher- und Nutznießerprinzip und damit eine sozial gerechte Verteilung erlaubter Risiken ist insofern also durchaus gegeben (vgl. Fees-Dörr/Prätorius/Steger 1992, 95ff.).

[26] Die Besonderheit von Entwicklungsrisiken gegenüber anderen Risiken bzw. Gefahrenquellen wird in der Literatur mit dieser *Nichterkennbarkeit* erklärt. In der Vergangenheit sind Gefährdungshaftungstatbestände regelmäßig erst dann geschaffen worden, wenn die besondere Gefährlichkeit einer Sache zumindest im Prinzip schon feststand (z.B. Kfz, Eisenbahn, Kernanlagen). Das ist im Fall von Entwicklungsrisiken gerade nicht der Fall (vgl. etwa Koziol 1988, 143ff.).

[27] Insoweit das Prinzip der Gefährdungshaftung selbst schon eine Steigerung von Unsicherheit bedeutet, ließe sich die Ausweitung der Gefährdungshaftung auf Normalbetriebs- und Entwicklungsrisiken also als, wenn man so will, Steigerung der Steigerung von Unsicherheit verstehen.

Handlungsfähigkeit unter diesen haftungsrechtlichen Bedingungen hoher Ungewißheit über die möglichen Folgen ihres Handelns aufrechterhalten können.

Diese Annahme einer durch das Rechtsinstitut der Gefährdungshaftung induzierten Steigerung von Erwartungsunsicherheit bei den betroffenen Unternehmen wäre u.E. nur dann zu relativieren, wenn sich das haftpflichtige Unternehmen durch die Übertragung des Haftungsrisikos auf Versicherungen des Risikos sozusagen vollständig entledigen könnte, wenn also ein Haftpflichtversicherer für die bestehenden Risiken *vollen* Versicherungsschutz gewähren würde. Nur in diesem Fall würde die rechtlich konstituierte und gesteigerte Unsicherheit durch den Mechanismus der Versicherung wieder absorbiert.

Genau dies ist aber nach vorliegenden Informationen gerade nicht der Fall. Indem die Umwelthaftpflichtpolice des HUK-Verbandes Versicherungsschutz für das sog. Normalbetriebs- und Entwicklungsrisiko generell ausschließt bzw. diesen Schutz in Form einer Öffnungsklausel an die Erfüllung sehr restriktiver Bedingungen knüpft, beläßt sie das Haftungsrisiko beim Versicherungsnehmer. Diese Frage des Aus- und Wiedereinschlusses ist in der Ziffer 6.2 der Umwelthaftpflichtpolice geregelt.[28] Satz 1 von Ziffer 6.2 enthält zunächst einen allgemeinen Ausschluß von Normalbetriebs- und Entwicklungsrisiken. Küpper, Geschäftsführer des Deutschen Versicherungs-Schutzverbandes (DVS), geht davon aus, „daß die Versicherer in vielen Fällen keine Schwierigkeiten haben werden, die Voraussetzungen für den Ausschluß [...] zu beweisen" (ders. 1992, 6). Im Gegensatz dazu „dürfte es dem VN weit schwerer fallen, den Nachweis nach Ziffer 6.2 Satz 2 zu führen" (ebd.). Hier kommt es entscheidend auf die Fähigkeit des VN an, „den Eintritt der konkret vorliegenden Normalbetriebsschäden vorab zu erkennen: Mußte er im Zeitpunkt der Emissionen erkennen, daß die später tatsächlich eingetretenen Umweltschäden eintreten würden/möglich waren, dann bleibt es beim Ausschluß der Normalbetriebsschäden. Nur dann, wenn der VN den Nachweis erbringt, daß er 'die Möglichkeiten derartiger Schäden nicht erkennen mußte', hat er Versicherungsschutz" (ebd.). Es kommt bei der Beweisführung nach Ziff. 6.2 Satz 2 auf alle Umstände des Einzelfalles und auf den „Stand der Technik" an, der als bekannt vorausgesetzt wird. Keine Rolle spielt also, ob der VN *in seinem Betrieb* den Stand der Technik tatsächlich einhält oder eingehalten hat. Dies zugrunde gelegt, kann man also sagen, daß Versicherung als Mechanismus der Absorption oder Kompensation von Unsicherheit in diesem Fall seine für den potentiellen Schädiger entlastende, sicherheitsstiftende Funktion weitgehend, zumindest aber teilweise einbüßt.

---

[28] Im Wortlaut heißt es dort: Nicht versichert sind „Ansprüche wegen Schäden, die durch betriebsbedingt unvermeidbare, notwendige oder in Kauf genommene Umwelteinwirkungen entstehen. Das gilt nicht, wenn der Versicherungsnehmer den Nachweis erbringt, daß er nach dem Stand der Technik zum Zeitpunkt der schadenursächlichen Umwelteinwirkungen unter den Gegebenheiten des Einzelfalles die Möglichkeiten derartiger Schäden nicht erkennen mußte."

2.5. Das Umwelthaftungsgesetz - eine Skizze

Nach einer mehrjährigen, kontrovers geführten rechtswissenschaftlichen und -politischen Diskussion ist das vom Bundestag im Dezember 1990 beschlossene Umwelthaftungsgesetz am 1. Januar 1991 in Kraft getreten. Die Kernpunkte des Gesetzes sind die Normen zur Ausgestaltung des Haftungstatbestandes, zum Kausalitätsnachweis sowie zur Versicherbarkeit der Haftung. Die folgende Skizze der zentralen Regelungen des Gesetzes erhebt keinen Anspruch auf Vollständigkeit, sondern ist auf die für unsere Untersuchung wichtigen Punkte konzentriert.

2.5.1. Haftungstatbestand

§ 1 UmweltHG macht die Haftungsbegründung von der Erfüllung eines dreigliedrig gefaßten Tatbestandes abhängig, der aus den Elementen Anlage, Umwelteinwirkung und Rechtsgutverletzung besteht (vgl. Diedrichsen/Wagner 1993, 644). Danach muß eine der in Anhang 1 des Gesetzes genannten Anlagen ursächlich für eine Umwelteinwirkung geworden sein, die ihrerseits zumindest eines der in § 1 UmweltHG genannten Rechtsgüter Leben, Körper, Gesundheit oder Sacheigentum verletzt.

Die vom Gesetz eingeführte Gefährdungshaftung ist nicht handlungs-, sondern anlagenbezogen. Subjekt der Haftung ist der Inhaber bestimmter gefährlicher Anlagen, die im - an die 4. Verordnung zum Bundesimmissionsschutzgesetz angelehnten - Anhang 1 UmweltHG abschließend aufgelistet sind.

Die Haftung für die besonderen Gefahrenquellen ist nicht nur verschuldensunabhängig konstruiert, sie unterscheidet auch nicht zwischen rechtmäßigem und rechtswidrigem Betrieb. Sowohl Störfallschäden wie auch solche, die infolge des verwaltungsrechtskonformen, genehmigten und störungsfreien Normalbetriebs entstehen, sind gleichermaßen erfaßt (§ 1 UmweltHG). In der Sache erfaßt die Haftung damit Schadensfälle, die sich 1.) aus plötzlich eintretenden Ereignissen ("Überschreitung des Normalbetriebs": Unfall, Störfall) sowie 2.) aus dem störungsfreien, bestimmungsgemäßen Normalbetrieb der Anlage ergeben. Damit sind auch Schäden aus sog. Entwicklungs- und Verborgenheitsrisiken in die Haftung einbezogen. Das heißt: auch wenn die Gefährlichkeit von freigesetzten schadensverursachenden Stoffen nach dem Stand von Wissenschaft und Technik nicht erkennbar war und sich somit ein latentes, zum Zeitpunkt der Umwelteinwirkung unerkennbares Risiko verwirklicht hat, muß der Emittent haften.

2.5.2. Kausalitätsvermutung

Während nach den bisher geltenden Regeln der Beweislastverteilung der Geschädigte den Nachweis zu führen hat, daß der geltend gemachte Schaden durch das Verhalten bzw. den Betrieb des Anspruchsgegners verursacht ist, sieht das Umwelthaftungsgesetz für seinen Geltungsbereich durch eine Kausalitätsvermutung eine begrenzte Beweislastverschiebung vor. Hiernach ist bei Verursachungseignung der Anlage die Schadensverursachung durch die Anlage zu vermuten (§ 6 I UmweltHG). Einstiegsvoraussetzung der Kausalitätsvermutung ist jedoch, daß die Anlage "nach den Umständen des Einzelfalls" geeignet ist, den entstandenen Schaden zu verursachen (§ 6 I S.2 UmweltHG). Es reicht also die Tatsache allein nicht aus, daß die entsprechende Anlage ihrer Art nach prinzipiell geeignet ist, den Schaden zu verursachen. Der Geschädigte muß zunächst den Nachweis führen, daß eine bestimmte Anlage ihrem Betriebsablauf nach die in Frage stehenden Schadstoffe freisetzt, daß diese Stoffe in der freigesetzten Dosis zur Schadensverursachung geeignet sind, daß zwischen dem Schaden und den freigesetzten Schadstoffen eine räumlich-zeitliche Beziehung besteht und daß auch alle sonstigen kausalitätsrelevanten Gegebenheiten des Einzelfalles für die Schadensverursachung sprechen, um die Kausalitätsvermutung überhaupt auszulösen. Damit bringt die Kausalitätsvermutung gegenüber den herkömmlichen Beweisgrundsätzen letztlich keine praktisch bedeutsamen Veränderungen (vgl. Diederichsen/Wagner 1992; Lübbe-Wolf 1990).

Im Falle einer begründeten Vermutung werden dem Geschädigten jedoch Auskunftsansprüche gegen den Inhaber der Anlage sowie gegen bestimmte Behörden eingeräumt (§§ 8,9 UmweltHG) - soweit dem nicht andere gesetzliche Grundlagen (z.B. Geheimhaltung) entgegenstehen (§ 9 II UmweltHG).

Die Kausalitätsvermutung greift allerdings nicht ein, wenn der Inhaber der Anlage den Nachweis führen kann, daß die Anlage bestimmungsgemäß betrieben wurde (§ 6 II bis IV UmweltHG). Dies ist dann der Fall, wenn der Anlagenbetreiber zeigen kann, daß in dem jeweils fraglichen Zeitraum die gesetzlich oder behördlich angeordneten Kontrollen eingehalten und dabei keine Störungen des Betriebs festgestellt wurden oder wenn die fragliche Umwelteinwirkung länger als zehn Jahre zurückliegt. In diesem Fall wird zugunsten des Betreibers vermutet, daß die Anlage rechtmäßig betrieben wurde. Der Geschädigte trägt dann die volle Beweislast.

2.5.3. Haftungsumfang und Deckungsvorsorge

Das UmweltHG legt eine der Höhe nach nur begrenzte Haftung fest: § 15 UmweltHG formuliert Haftungshöchstgrenzen von je 160 Millionen DM für Personenschäden und für Sachschäden.

Die Inhaber von Anlagen werden verpflichtet, Deckungsvorsorge in dieser Höhe zu treffen. Eine Pflicht, das Haftungsrisiko durch den Abschluß einer Versicherung

che schädliche Folgen hohe Unsicherheit besteht, und Entwicklungsrisiken, über deren Riskanz komplette Unsicherheit besteht, die Bedingungen der Möglichkeit für den Erfolg von Prävention unterminieren. Wahrscheinlich wäre es überzogen zu sagen, Prävention müsse unter allen Umständen lediglich eine 'schöne Utopie' bleiben; je höher jedoch die Unsicherheit ist, mit der die Entscheider oder Entscheidungssysteme konfrontiert und belastet sind, desto mehr scheint sich diese Einschätzung als zutreffend zu erweisen. Unter Bedingungen ökologischen Nichtwissens dürfte es deshalb auch kaum einen Grund geben, den hoffnungsvollen Erwartungen von Anhängern der Präventionsidee *nicht* zu mißtrauen.

2.6.2. Kritik der Prävention

Als „Vorsorgeprinzip" ist die Präventionsidee in den 70er Jahren in das bundesdeutsche Verwaltungsrecht eingeführt worden (vgl. Lersner 1988, 1086ff. und weiter unten). Im wesentlichen bedeutet das eine Herabsetzung der Eingriffsschwelle für verwaltungsmäßiges Handeln: Waren restriktive Maßnahmen der Verwaltung in bezug auf unsichere künftige Schäden früher nur dann zulässig, wenn aus einer Handlung mit großer Wahrscheinlichkeit ein nicht unerheblicher Schaden folgte (Prinzip der Gefahrenabwehr), führt das Prinzip der Prävention zu einer Erweiterung des Interventionsspielraums dadurch, daß es niedrigere Anforderungen an die Zurechenbarkeit des möglichen zukünftigen Schadens auf eine gegenwärtige Handlung stellt. Bereits ein Gefahrenverdacht reicht jetzt aus, auch wenn eindeutige Ursache-Wirkungs-Beziehungen nicht bekannt sind, um beispielsweise Vorschriften zur Reduktion von bestimmten Emissionen zu erlassen (vgl. etwa Hiller 1991, 111ff.; van den Daele 1993, 290ff.).

Obwohl die Einführung des Präventionsgedankens in das Umweltrecht keineswegs bedeutet, daß politische Eingriffe in die technische Entwicklung nun nach dem Prinzip der Beliebigkeit vorgenommen werden könnten, gehen die Kritiker des Präventionsparadigmas davon aus, daß sich in allen westlichen Gesellschaften inzwischen mehr oder weniger starre Präventionsregimes mit mehr oder weniger schädlichen Konsequenzen für die Steigerung gesamtgesellschaftlicher Sicherheit und Innovationsbereitschaft etabliert haben. Zu den schärfsten Kritikern gehört Wildavsky (1988, 1993). Wildavsky formuliert jedoch keine Pauschalkritik am Präventionsprinzip. Wo Prävention möglich ist, soll sie auch zur Anwendung kommen. Das ist Wildavsky zufolge immer dann der Fall, wenn Risiken oder Gefahren aufgrund vergangener Versuch-Irrtums-Prozesse bekannt und Gegenmaßnahmen deshalb möglich sind (vgl. etwa ders. 1988, 86). So sinnvoll und angebracht die Anwendung des Präventionsprinzips in vielen Fällen also sein kann, so problematische Konsequenzen hat laut Wildavsky eine expansiv betriebene Präventionspraxis insbesondere in zweierlei Hinsichten: Sie blokkiert, zumindest aber verzögert die Erzeugung des für eine Steigerung des gesamtgesellschaftlichen Sicherheitsniveaus erforderlichen Wissens und führt zu sinkender Flexibilität im gesellschaftlichen Umgang mit Risiken.

Dem ersten Argument, daß die Logik der Prävention den Erwerb risikorelevanten Wissens verzögert, liegt die zentrale Annahme zugrunde, daß „Sicherheit [...] kein statisches, sondern vielmehr ein dynamisches Produkt des Lernens aus Fehlern ist" (ders. 1993, 310). In den marktgesteuerten Prozessen technischer Innovationen, die nach der Logik von Versuch und Irrtum verlaufen, entstehen eben nicht nur neue Techniken, die riskant für Mensch und Umwelt sein können, in diesen Prozessen entsteht auch das Wissen, das man benötigt, um Sicherheit zu erhöhen. Je stärker nun diese inkrementellen Lernprozesse durch restriktive Maßnahmen präventiver Risikoregulierung gestört werden, desto weniger wahrscheinlicher wird es, daß die mit technologischen Modernisierungsprozessen unvermeidlicherweise verbundenen Risiken in Sicherheitsgewinne umgemünzt werden können. Folgt man Wildavsky, dann gibt es also starke Gründe für die Annahme, daß das Risiko der Risikovermeidung größer ist als das Risiko technischer Innovation.

Die risikoaverse Strategie der Prävention führt, exzessiv angewandt, zu sinkender Flexibilität und Elastizität („resilience"), vermindert die gesellschaftliche Reaktionsfähigkeit in bezug auf Probleme bzw. Schäden, die bereits eingetreten sind - das ist Wildavskys zweiter zentraler Einwand gegen Prävention. Elastizität (und nicht Stabilität) ist Wildavsky zufolge jedoch die entscheidende Variable, die die Überlebensfähigkeit von Systemen beschreibt. Während auf Antizipation gegründete Prävention nun die Gleichförmigkeit oder Stabilität verstärkt, würde Elastizität Variabilität verstärken. Wildavsky (1993, 313) erläutert das am Beispiel der Energieversorgung. Je höher die Vielfalt von Energiequellen und Energieerzeugungsarten ist, umso besser ist die Energieversorgung einer Gesellschaft gesichert. Weder Kern- oder Solarenergie, noch irgendeine andere Technologie dürfen deshalb einseitig bevorzugt werden. Vielfalt schützt gegen unvorhersehbare Umweltentwicklungen. Während die Vorteile der Sonnenenergie z.B. in ihrer Dezentralität liegen, liegt ihr Nachteil darin, daß sie für die Deckung von Spitzenlastbedarfen nicht geeignet ist. Dafür scheint die Kernenergie besser geeignet zu sein. Kernkraftwerke können vielleicht außerdem eine Lösung für das Problem des durch die Verfeuerung von fossilen Brennstoffen beschleunigten Treibhauseffekts sein. Angesichts von Entwicklungen, die sich nicht vorhersagen lassen, „sind Diversität und Flexibilität wohl die beste Verteidigung" (ebd.). Prävention dagegen läuft auf Einschränkung von Vielfalt und Flexibilität hinaus; so „kann der Versuch, Risiken zu vermindern, sie in Wirklichkeit verstärken" (ebd.).

Wildavskys Kritik hat Gegenkritik hervorgerufen. Insbesondere ist die Frage aufgeworfen worden, ob die von Wildavsky konstruierte Exklusivität zwischen aktiver Prävention und evolutionärem Lernen und seine deutliche Präferenz für inkrementelle Lernprozesse nicht zu einfach konstruiert ist. Vielleicht besteht zwischen beiden Optionen gar kein Nullsummen-, sondern vielmehr ein Steigerungsverhältnis? Wenn das politische Management von ökologischen Risiken heute in einem Entscheidungsdilemma steckt, das sie selbst mit erzeugt hat[32], dann ist vielleicht weder Prävention noch evolutionäres Lernen geeignet, dieses Dilemma aufzulösen? Vielleicht liegt die Auflösung des Dilemmas in einem Weg jenseits der Alternative von präventiver Regulierung und marktgesteuerten Lernprozessen - nämlich in einer Flexibilisierung der Risikoregulierung selbst?[33]

2.6.3. Möglichkeiten von Prävention

Wildavskys Kritik am Prinzip der Prävention richtet sich gegen ein 'expansives' Verständnis von (umwelt-) politischer Risikoregulierung, das davon ausgeht, umweltpolitisch definierte Sorgfaltsstandards umso besser erreichen zu können, desto mehr die Autonomie gesellschaftlicher Akteure und Teilsysteme (rechtlich) begrenzt, also Risikokontrolle maximiert wird. Es dürfte bereits deutlich geworden sein, daß das UmweltHG von seiner Konstruktion her nicht zu den regulativen Rechtsprogrammen gehört, die im deutschen Umweltrecht nach wie vor dominieren. Das UmweltHG formuliert weder Grenzwerte für zulässige Emissionen, noch formuliert es Ge- oder Verbote in bezug auf riskante Produktion; es beschränkt sich vielmehr auf die Schaffung eines Zahlungsrisikos in Form einer Schadensersatzpflicht für individuelle Schäden, die durch den Betrieb bestimmter technischer Anlagen hervorgerufen werden können.[34] Die Idee, die diese höchst indirekte und diskrete Form der Regulierung trägt, besteht darin, für Unternehmen einen monetären Anreiz zu schaffen, der sie dazu anregt, ökologische Prävention über das vom Umweltordnungsrecht geforderte Mindestmaß hinaus zu betreiben. Auf diese in diesem Sinne *freiwilligen* Maßnahmen war das Inter-

---

32 Dieses Dilemma läßt sich wie folgt beschreiben: „Die Politisierung der Risiken neuer Technologien durch einen umfassenden gesellschaftlichen Risikodiskurs erzeugt für die Politik einen Handlungsdruck. Ihr wird zugemutet, die Gefahren der technischen Entwicklung zu verhindern. Die naheliegende Lösung dieser Aufgabe wäre eine Strategie der präventiven Gefahrenvermeidung. Durch politische Regulierung müßten die negativen Technikfolgen schon verhindert werden, bevor sie eingetreten sind. Dazu [...] fehlt aber das nötige prognostische Wissen über die Eigenschaften neuer Techniken. Entscheidet sich die Politik deswegen, empirische Lernprozesse mit Technik zuzulassen, damit dieses Wissen erzeugt werden kann, erledigt sie die ihr gestellte Aufgabe der Gefahrenvermeidung nicht" (Kerwer 1994, 6f.). Selbst konstituiert ist dieses Entscheidungsdilemma insofern, wie sich einerseits zwar die Aufnahme des Präventionsgedankens in das Leistungsspektrum des politisch-administrativen Systems insgesamt gesehen legitimationsfördernd für die Politik ausgewirkt haben mag, dadurch aber zugleich immer neue Ansprüche und Erwartungen in die Problemlösungsfähigkeit des Systems erzeugt werden, die nicht oder immer weniger eingelöst werden können.

33 Vgl. dazu etwa Kerwer (1997, 268ff.).

34 In Anlehnung an einen in der aktuellen soziologischen Diskussion häufig verwendeten Begriff könnte man auch sagen: Statt direkt in fremde Sozialsysteme zu intervenieren, beschränkt sich das Haftungsrecht auf eine Variation und Konditionierung der Rahmenbedingungen systemischer Selbstreproduktion. Es ist deshalb wahrscheinlich auch nicht falsch, wenn man das Haftungsrecht als eine spezifische Form „reflexiven Rechts" begreift. Vgl. dazu etwa Strulik (1997).

esse unserer Untersuchung gerichtet. Nicht Umweltschutz, der vom präventiven Umweltordnungsrecht gleichsam vorgeschrieben ist, sondern freiwilliger Umweltschutz, *der sich dem Umwelthaftungsrecht zurechnen läßt*, stand im Zentrum unseres Forschungsinteresses. Angesichts bestehender Grenzen für eine erfolgreiche Anwendung des Präventionsprinzips, die wir behauptet haben, stellt sich spätestens hier natürlich die Frage, wie berechtigt die Erwartung auf ökologische Prävention in Unternehmen realistischerweise sein kann. Ist Prävention, wenn Zukunft immer unsicher ist, überhaupt möglich oder ist Prävention lediglich eine zwar 'schöne', aber aus prinzipiellen Gründen von vornherein zum Scheitern verurteilte Idee?[35]

Die Grenzen von Prävention, auch von ökologischer Prävention in Wirtschaftsunternehmen, sind eng gesteckt. Handelt es sich um weitgehend ungeklärte (neue Technologien) oder völlig ungeklärte (Entwicklungsrisiken) Kausalbeziehungen zwischen Technologien, Stoffen oder Handlungen und ihren Wirkungen, sind die Bedingungen der Möglichkeit für Prävention nicht erfüllt. Je höher die Unsicherheit in bezug auf mögliche schädliche Folgen, desto prekärer die Erfolgsbedingungen für Prävention. Das war das Ergebnis der Überlegungen in Kap. 2.6.1.

Nun ist nicht jedes Risiko ein Entwicklungsrisiko, das sich schon allein aus kognitiven Gründen der Prävention entziehen muß. Wenn Risiken aus der Relation zwischen ungewißheitsbelasteten Entscheidungen und möglichen Schäden bestehen[36], dann können Risiken nach dem Grad der Unsicherheit oder Ungewißheit und der Höhe des Gefährdungspotentials unterschieden werden. Korreliert hohe Unsicherheit mit einem hohen Schadenspotential, handelt es sich um ein 'hohes' Risiko; korreliert niedrige Unsicherheit mit einem niedrigen Schadenspotential, handelt es sich um ein 'niedriges' Risiko.[37] Das sind die beiden Extremformen, für die sich mit anderen Bezeich-

---

[35] Die hiervon zu unterscheidende Frage lautet, wie *wahrscheinlich* es ist, daß ökologische Prävention (sollte sie im Prinzip möglich sein) als freiwillige Leistung in ökonomischen Entscheidungssystemen auch zustande kommt. Politische Risikoregulierung, die am Prinzip der Prävention orientiert und im Bereich der Umweltpolitik auf die Kompatibilisierung ökonomischer und ökologischer Imperative gerichtet ist, wäre ja überflüssig, wenn man einfach davon ausgehen könnte, daß ökologische Prävention in Unternehmen selbstverständlich oder auch nur wahrscheinlich wäre. Das sie das unter den gesellschaftsstrukturellen Bedingungen ausdifferenzierter Marktwirtschaften nicht ist, ist ja gerade das Problem, das politische Regulierung notwendig macht. Zu dieser Frage der Wahrscheinlichkeit von ökologischer Prävention in Unternehmen vgl. Kap. 2.6.4.

[36] „Risiken sind demnach weder die Entscheidung selbst, noch die möglichen Verluste/Gefahren/Katastrophen, die sich aus ihnen ergeben können. Risiken bestehen in der Relation aus ungewißheitsbelasteten Entscheidungen und möglichen Schäden" (Japp 1996, 43; auch 147).

[37] „Hochrisiken kombinieren Ungewißheit und Gefahrenpotential zu potentiell unbeherrschbaren Systemkonstellationen. [...] Niedrigrisiken kombinieren geringe Ungewißheit und niedriges Gefahrenpotential" (Japp 1996, 43). Wobei natürlich klar ist, daß *„beide* Komponenten [...] unterschiedlichen und vor allem unterschiedlich *relationierten* Bewertungen [unterliegen]" (ebd.). Was sich z.B. aus der einen Beobachterperspektive als ein Hoch-, mag sich aus der anderen Beobachterperspektive als ein Niedrigrisiko darstellen. Unzweifelhaft dürfte allerdings auch sein, daß sich in bezug auf bestimmte Risiken, z.B. dem Entwicklungsrisiko, weitgehend kongruente Einschätzungen verschiedener Beobachter ergeben können.

nungen auch anders bezeichnete Differenzpaare bilden lassen: So etwa alte und neue Risiken, versicherbare und nicht-versicherbare Risiken, konventionelle und unkonventionelle Risiken oder, bezogen auf Haftungsrisiken, Störfall- und Entwicklungsrisiken.

Wenn nun der oben beschriebene Zusammenhang zwischen Prävention und Unsicherheit besteht, dann gilt also nicht nur, daß die Erfolgschancen für Prävention umso geringer sind, desto höher die Unsicherheit ist. Es gilt auch: Je geringer die Unsicherheit, desto höher die Chancen für den Erfolg von Prävention. Scheint der Möglichkeits- oder Anwendungsbereich für Prävention auf Situationen mit relativ geringer Unsicherheit eingegrenzt zu sein, dann ist zu erwarten, daß sich Hinweise auf ökologische Prävention in Unternehmen vor allem im Bereich der sog. konventionellen Risiken finden dürften, also dort, wo aufgrund bekannter Kausalrelationen zwischen Technikeinsatz und möglichen schädlichen Folgen Handlungsmöglichkeiten bestehen.

Wir gehen davon aus, daß das Entscheiden unter Bedingungen niedriger Unsicherheit[38] „immer mehr zum [...] Außenseiter unter den Normalfällen des Entscheidens unter Unsicherheit wird", die Unterscheidung zwischen verschiedenen Unsicherheitsniveaus (oder die von Knight verwendete Unterscheidung zwischen Risiko und Unsicherheit) heute „also zu kollabieren droht" (Japp 1996, 13). Aus dieser Annahme folgt jedoch nicht, daß die Entscheider in Organisationen es heute ausschließlich oder nur noch mit Situationen zu tun haben, die durch hohe Unsicherheit geprägt sind (und Prävention deshalb ein bloßes Postulat bleiben muß). Man beschreibt das komplexe Entscheidungsgeschehen in Organisationen wahrscheinlich angemessener, wenn man davon ausgeht, daß es durch eine Pluralität von Entscheidungssituationen und -stilen und nicht durch Eindimensionalität geprägt ist.[39] Das gilt in allgemeiner Form nicht nur für das gesamte Aufgabenspektrum organisierten Entscheidens, es gilt auch für den hier im Zentrum des Forschungsinteresses stehenden Bereich des organisierten Umgangs mit Technik-, Stoff- und Haftungsrisiken. Nicht alle Entscheidungsprobleme, die sich hier stellen, haben das großformatige Kaliber von Entwicklungsrisiken.

Das jedenfalls ergibt sich, wenn man das typische Schadenprofil der sog. umwelthaftungsrelevanten Alltagsschäden betrachtet, deren Schadenpotential nach Einschätzung von Experten in der Summe erheblich höher liegen dürfte als das Schadenpotential der wenigen spektakulären Störfälle. Eine solche Betrachtung läßt erkennen und erahnen, wie vielfältig und breit gestreut das Möglichkeitsspektrum für eine erfolgreiche Anwendung des Präventionsprinzips sein muß.[40] Die Entscheidungssituatio-

---

38 Verwendet man die Begrifflichkeit von Knight (1921), der Risiko noch von Unsicherheit unterscheidet, könnte man statt von 'niedriger Unsicherheit' hier auch von Risiko sprechen.

39 Davon scheint ja im übrigen auch die verhaltenswissenschaftliche Entscheidungstheorie auszugehen. In ihr werden Entscheidungstypen unterschieden, die, je nach Entscheidungssituation (gut oder schlecht strukturiert, hohe oder geringe Unsicherheit) von 'optimizing' über 'satisficing' bis 'garbage can' reichen. Vgl. dazu zusammenfassend Berger/Bernhard-Mehlich (1993, 156/57).

40 Als typische Alltagsschäden, die i.d.R. zu sehr hohem Kostenaufwand bei der Reparation führen, nennt Gasser (1992, 34) etwa: „[...] Bei Umbauarbeiten wurde unterhalb eines Galvanikbeckens ei-

nen, um die es hier geht, zeichnen sich alle durch ein relativ geringes Niveau von Unsicherheit aus. Es bestehen (relativ) sichere Informationen über die kausalen Beziehungen zwischen einer Technik oder Handlung und ihren schädlichen Wirkungen. Daß etwa Öl, das in Tanks gelagert wird, den Boden und möglicherweise das Grundwasser verseucht, wenn die Tanks lecken - das ist 'sicheres' sachtechnisches Wissen über die Kausalbeziehung zwischen Technikeinsatz und Schadensfolge.[41] Verfügen die Entscheider über ein solches Kausalwissen, dann ist *eine* Bedingung der Möglichkeit für präventives Handeln erfüllt. Dann haben die Entscheider die Möglichkeit, durch den Vollzug geeigneter Maßnahmen dafür zu sorgen, mögliche zukünftige Schäden zu vermeiden oder zu begrenzen. Absolute Sicherheit, daß kein Schaden eintritt, wird dadurch selbstverständlich nicht hergestellt. Aber es wächst die Wahrscheinlichkeit, daß die Höhe des Schadens verringert und/oder sein Eintritt weniger wahrscheinlich wird.[42] Öltanks z.B. lassen sich durch den Bau von Auffangbecken für austretendes Öl im Hinblick auf Boden- oder Gewässerverseuchung schadenssicherer machen. Auch wenn absolute Sicherheit eine Fiktion ist, kann von daher nicht auf die Unmöglichkeit eines Zugewinns an Sicherheit geschlossen werden. Auch in komplexen Risikosystemen, wie z.B. der Produktionsanlage einer großen Chemiefabrik, bestehen vielfältige Möglichkeiten zur Risikovorsorge und -reduktion (für die das Beispiel des Öltanks vielleicht nur eine triviale Variante sein mag). Eröffnet werden diese Möglichkeiten durch vorhandenes sachtechnisches Wissen über bekannte Ursache-Wirkungs-

---

ne erhebliche Verunreinigung des Erdreichs und des Grundwassers mit Chromsäure festgestellt. Offensichtlich war Chromsäure bei einer drei Jahre zurückliegenden Betriebsstörung unbemerkt in den Untergrund gesickert. [...] Im Betriebsbrunnen wurden bei einer Analyse chlorierte Kohlenwasserstoffe gefunden. Weitere Beprobungen ergaben, daß das Betriebsgrundstück aufgrund mehrerer Betriebsstörungen großflächig kontaminiert war. [...] Aus einer Leckstelle einer Heizungsanlage trat Heizöl aus. Der Ölunfall wurde erst dadurch bemerkt, daß in der Reinstwasseraufbereitungsanlage einer benachbarten Firma, die betriebseigene Brunnen besitzt, die Osmoseanlage ausfiel. Die Osmoseanlage mußte erneuert werden. Bis zur Lieferung der neuen Anlage und Installation von Aktivkohlefiltern (Ölabscheidern) mußte die benachbarte Firma ihren Wasserbedarf aus dem öffentlichen Netz decken. Hierdurch entstanden zusammen mit der notwendigen Grundwassersanierung sehr hohe Kosten. [...] In einem Lager eines Unternehmens gelangte durch den Ausfall einer Abwasserreinigungsanlage eine erhebliche Menge schädlicher Stoffe in einen Fluß. Durch die Giftigkeit der Stoffe wurde das Wasser kontaminiert, und es entstand ein umfangreiches Fischsterben". Die Liste solcher Beispiele ließe sich nahezu beliebig verlängern.

41 Wissen natürlich nicht im Sinne letzter Gewißheiten, sondern im Sinne des (jeweils neuesten) Standes von Wissenschaft und Technik, der dynamisch ist, im Sinne eines von der wissenschaftlichen Gemeinschaft anerkannten Referenzwissens (Ewald), das fortschreitet und sich in der Zeit verändert.

42 Es versteht sich eigentlich von selbst, daß es sich bei der Art von Wahrscheinlichkeit, die hier gemeint ist, nicht um das Resultat von exakter mathematischer Kalkulation handeln kann. Der Eintrittszeitpunkt und die Eintrittswahrscheinlichkeit eines *singulären* Schadensereignisses lassen sich nicht exakt vorhersagen oder kalkulieren. Bei der Frage der Möglichkeit von Prävention geht es aber auch *nicht* um Kalkulationsrationalität in diesem Sinne. Prävention ist als Versuch, unsichere Schäden zu vermeiden oder zu vermindern, auch möglich, ohne den Möglichkeitshorizont einer Entscheidung rational durchzukalkulieren.

Zusammenhänge, die es relativ leicht machen, Zurechenbarkeiten herzustellen. Das sachliche Wissen über diese bekannten Kausalitäten und Interdependenzen zwischen verschiedenen Systemkomponenten, über den technischen Anlagen- und Systemaufbau, über Betriebsbedingungen und Betriebsabläufe, über gefährliche Stoffe und Anlagenzustände, vorhandene Sicherheits- und Schutzeinrichtungen, über potentielle anlageninterne und -externe Ereignisse, die zu Schäden führen können - all dies Wissen und die Erfahrung im Umgang mit der riskanten Technik selbst, die den Konstrukteuren und Operateuren zur Verfügung stehen, bilden die kognitive Basis für Entscheidungen und Maßnahmen, die auf eine Erhöhung der Sicherheit des Systems zielen.[43]

2.6.4. Wie wahrscheinlich ist Prävention in Unternehmen?

Daß ökologische Prävention in Unternehmen möglich ist, heißt nicht, daß Unternehmen diese Möglichkeiten auch nutzen. Kognitiv-instrumentelles Wissen ist eine Voraussetzung für Prävention; ob die Verfügbarkeit dieses Wissens dazu führt, daß es auch angewandt und zur Verbesserung des Umweltschutzes genutzt wird, ist eine andere Frage.[44] Im Fall von *marktabhängigen, ökonomischen* Rationalitätskalkülen fol-

---

43 Um es nochmals zu betonen: Es geht hier nicht darum, der Fiktion Vorschub zu leisten, durch wissenschaftlich-technische Risikoanalyse könne Unsicherheit in Sicherheit verwandelt werden. Und es geht auch nicht darum, kognitive Grenzen des risk assessment zu bestreiten. Behauptet werden soll lediglich, daß auch in komplexen Risikosystemen Möglichkeiten der Risikovorsorge und -reduktion bestehen, die genutzt werden können. Folgt man den Einschätzungen industrieexterner und durchaus -kritischer Beobachter, dann hat man sogar davon auszugehen, daß sich die Anlagensicherheit in den großen Unternehmen der chemischen Industrie in den letzten etwa zwei Jahrzehnten „radikal verbessert" hat und daß diese Unternehmen in Deutschland heute „auf höchstem Sicherheitsniveau" operieren (so etwa Vahrenholt 1996, 50f.). Wie wollte man das erklären, wenn man bestreiten würde, daß sicherheitstechnische und umweltschutzbezogene Fortschritte im Prinzip möglich sind?

44 Empirische Untersuchungen über Umweltschutz in Unternehmen zeichnen in dieser Hinsicht ein Bild, das eher ernüchternd ist. Obwohl das Bekenntnis zum integrierten Umweltschutz für Unternehmen schon seit den 70er Jahren ein Thema ist, ist der praktizierte betriebliche Umweltschutz zumindest in kleineren und mittleren Unternehmen „ganz eindeutig [...] reaktiv (d.h. auf gesetzliche bzw. behördliche Auflagen reagierend) und reparierend (d.h. auf die Beseitigung bestimmter Umweltschäden zielend)" (Birke/Schwarz 1996, 25). Fallbeispiele auch aus der Chemieindustrie zusammenfassend, heißt es in der Untersuchung weiter: „Die betriebliche Organisation von Umweltschutz entspricht in der Regel dem gesetzlich vorgeschriebenen Minimalzuschnitt und ist dementsprechend meist als spezielle Funktion oder Institution [...] vorgesehen, dem betrieblichen Arbeitsschutz- und Arbeitssicherheitssystem angegeliedert und bietet kaum realistische Möglichkeiten, innovative Impulse auszustrahlen. Im Mittelpunkt stehen Umweltprobleme, bei denen aus unterschiedlichen Gründen akuter Handlungsbedarf besteht, deren Bearbeitung sich voraussichtlich schnell amortisiert oder die Erschließung neuer und profitabler Marktsegmente erwarten läßt. Im Normalfall wird betrieblicher Umweltschutz auf das Nötigste beschränkt, auf unumstrittene Bereiche und Gegenstände konzentriert, nur insoweit prkatiziert, wie dadurch der Arbeitsablauf nicht gestört wird, keine zusätzlichen Kosten entstehen, keine größeren technischen oder organisatorischen Umstellungen erforderlich sind. Aktiver Umweltschutz ist weder bereits zum Sachzwang gewor-

genden Entscheidungssystemen hängt die Entscheidung über die Frage Prävention oder Nicht-Prävention immer auch, vielleicht sogar vor allem davon ab, ob ein effektiver monetärer Anreiz zur Prävention besteht. Die behauptete Diskrepanz zwischen dem Bekenntnis zu und der Wirklichkeit von ökologischer Prävention in Unternehmen wäre aus der Sicht einer solchen Position, die die besondere Systemrationalität der Wirtschaft ins Zentrum stellt, damit zu erklären, daß gegenwärtig „weder Umwelt*belastung* als Kostenfaktor noch Umwelt*entlastung* als Erlösfaktor im Marktgeschehen systematisch berücksichtigt werden. Die Umwelt wird daher übermäßig [...] genutzt. Das bedeutet: Der Produzent leistet freiwillig keinen hinreichenden Beitrag zum Umweltschutz, wenn und solange sich dadurch seine Kosten- und/oder Wettbewerbssituation verschlechtert; der Konsument leistet freiwillig keinen dauerhaften Beitrag zum Umweltschutz, wenn er dafür nur mehr zahlen muß; der Staat leistet keinen ausreichenden Beitrag zum Umweltschutz, wenn und solange er von der Umweltschädigung profitiert (Simonis 1996, 5/6). Natürlich ist das Umweltproblem nicht nur eine Frage ökonomischer Anreize und Kalküle (s. etwa Kap. 4 und 5). Aber es ist nach Einschätzung nahezu aller Experten mehr als unwahrscheinlich, daß eine wirksame Veränderung des Verhaltens von Produzenten und Konsumenten unter den gegebenen Rahmenbedingungen einer 'perversen Anreizstruktur' (keine oder zu schwache Anreize für Umweltschutz oder zu starke Anreize für Umweltbelastung) die *Breite, Intensität und Nachhaltigkeit* erreichen wird, die angesichts der (interregionalen und intertemporalen) Dimension und Dynamik des Umweltproblems eigentlich gefordert wäre.

Allerdings muß man sehen, daß die effektive Präventionsdynamik in Wirtschaftsunternehmen nicht auf dieser eher abstrakten Ebene wirtschaftlicher Anreizrationalitäten (jedenfalls nicht allein) generiert wird. In Wirtschafts*unternehmen* kommen die Besonderheiten *organisierter Unsicherheitsabsorption* hinzu, die erst den strukturellen Kontext für Präventionspräferenzen und für Einstellungen zu Rationalitätsstandards in Organisationen hervorbringen (s. Beckert 1996, Japp 1996: 79ff., ders. 1997c, sowie Kap. 4 und Kap. 6 dieses Berichtes).

---

den, noch ist ein verantwortliches und selbstverständliches Umweltmanagement schon Normalität, wie manche Verbände verkünden. Dort, wo Umweltschutz ansatzweise praktiziert wird, hat dies eher den Charakter von Flickwerk als den einer durchgängigen Strategie" (ebd.).

3. Die Versicherung des Umwelthaftungsrisikos

3.1. Haftungsrisiken und Versicherung

Die Gefährdungshaftung nach dem UmweltHG kann - wie ausgeführt - für die Anlagenbetreiber keine inhaltliche Erwartungssicherheit mehr stiften. Für den einzelnen Anlagenbetreiber kann das bedeuten, daß volkswirtschaftlich erwünschte Risiken nicht eingegangen werden können, weil die mit der Haftpflicht verbundenen Zahlungsrisiken von ihm ökonomisch nicht beherrscht werden können. Er steht vor dem Problem, das aus der Haftungsunsicherheit resultierende wirtschaftliche (Haftungs-)Risiko, möglicherweise ruinöse Schadensersatzzahlungen leisten zu müssen, beherrschbar zu machen. Der Anlagenbetreiber muß also die haftungsrechtlich konstituierte Unsicherheit durch andere Mechanismen absorbieren, die gewissermaßen als funktionales Äquivalent zum Recht eine kontrafaktische Erwartungsstabilisierung gewährleisten. Ein klassischer Mechanismus der Risikovorsorge in diesem Zusammenhang ist Versicherung. Versicherung ist für den Versicherungsnehmer ein risikopolitisches Mittel der finanziellen Vorsorge.

Da die Umwelthaftung nach dem UmweltHG versicherbar ist, hängt es entscheidend vom Verhalten der Versicherer ab, welche Effekte mit der reformierten Umwelthaftung verbunden sind. Das UmweltHG formuliert für die Betreiber bzw. Inhaber von besonders umweltgefährdenden Industrieanlagen explizit eine Verpflichtung zur Dekkungsvorsorge. Praktisch läuft diese Regelung darauf hinaus, das Haftungsrisiko für die besonders umweltgefährdenden Anlagen durch den Abschluß einer Haftpflichtversicherung abzudecken (obwohl sich der Gesetzgeber nicht auf eine bestimmte Form der Deckungsvorsorge festgelegt hat). Um also bestimmen zu können, ob von der *versicherbaren* Haftung gewisse Schadenminderungseffekte ausgehen können, sind zunächst basale Voraussetzungen der Versicherungsproduktion und hier besonders die Möglichkeiten eines präventionsorientierten Risikomanagements von Versicherungsunternehmen zu erörtern.

Die Versicherbarkeit industrieller Aktivitäten stellt für die Versicherungsnehmer einen Zuwachs an wirtschaftlicher Sicherheit dar: der Versicherer bietet dem Versicherungsnehmer gegen eine regelmäßige Prämienzahlung Schutz vor im Einzelfall unkalkulierbaren Zahlungsrisiken. Die versicherungsförmige Bereitstellung von Erwartungssicherheit ist damit aber nur auf einen Ausschnitt eines umfassenderen Schadensereignisses, auf die monetäre Schadensvergütung begrenzt. Sie bietet also nicht in bezug auf die Verhinderung von Schäden und Imageverlusten, sondern zunächst nur in bezug auf Zahlungsrisiken, die mit zufallsbedingten Schadensereignissen verbunden sind, Sicherheit.

Versicherung ermöglicht den Betrieb riskanter Anlagen dadurch, daß sie den mit Unsicherheiten belasteten Anlagenbetrieb kalkulierbar macht, Risiken kollektiviert und atomisiert. Durch die Externalisierung unternehmenseigener Risiken auf Versicherungen wird es für systemrational kalkulierende Wirtschaftsunternehmen möglich, riskante, aber sozial erwünschte Risiken zu wagen. Unter dem Regime einer unversicherten Umweltgefährdungshaftung wäre das Risiko riskanter Produktion, selbst bei Existenz von Haftungshöchstgrenzen, in vielen Fällen nicht tragbar, weil existenzbedrohend oder -vernichtend.

3.2. Die Funktion der Versicherung

Betrachten wir zunächst die Funktion der Versicherungsnahme für den Versicherungsnehmer. Einen möglichen Analyserahmen hierfür bietet die Entscheidungstheorie. Unternehmerische Entscheidungen, beispielsweise die Wahl zwischen verschiedenen Technologieoptionen, die unter der Bedingung unvollständiger Informationen über die Schadenspotentiale der verschiedenen Optionen getroffen werden müssen, versetzen den Entscheider in eine Risikosituation. Will der Entscheider seine Risikolage durch risikopolitische Maßnahmen günstig beeinflussen[1], so steht ihm primär das risikopolitische Instrument einer selbstorganisierten oder versicherungsförmigen finanziellen Vorsorge zur Verfügung.

Durch den Abschluß eines Versicherungsvertrags kann der Entscheider einen Teil der sich aus seiner riskanten Entscheidung (für eine bestimmte Technologie) ergebenden unsicheren zukünftigen Schadensfolgen neutralisieren. Der vertraglich definierte Teil der informationell nicht aufklärbaren, also unsicheren künftigen Ergebnisse der Entscheidung wird durch den Kauf von Versicherungsleistungen mit Sicherheit vorhersehbar. „Der Abschluß der Versicherung trägt offenbar dazu bei, die zunächst unvollständigen Informationen über dieses mögliche Ergebnis der Entscheidung zu vervollständigen.“ (Müller 1981, 165). Und zwar nicht indem der Versicherer gleichsam durch besseres Wissen über künftige Ergebnisse selbst, sondern indem er über bestimmte Konsequenzen von Entscheidungsfolgen Informationen an den Entscheider verkauft. „Das vom Entscheider wahrgenommene Informationsdefizit im Hinblick auf die möglichen Konsequenzen der Entscheidung wird also mit Hilfe der Versicherung reduziert“ (ebd.).

Der Versicherer reduziert das Informationsdefizit eines versicherten Entscheiders dadurch, daß er dem Versicherungsnehmer garantiert, daß die vertraglich definierten, als Folge einer Entscheidung des Versicherungsnehmers zufällig eintretenden Scha-

---

1 Wir vermuten, daß die Anlagenbetreiber sich faktisch in einer Risikolage befinden. Zwar stellen die Schwierigkeiten des Kausalitätsbeweises beispielsweise im Fall von Normalbetriebsschäden für den Geschädigten eine nur schwer zu nehmende Hürde dar, aber im Einzelfall kann diese Hürde eben doch genommen werden. Und außerdem kann die Risikolage nicht nur aus dem Gesetzestext selbst abgeleitet werden, sondern sie ist immer auch von den Unsicherheiten der zukünftigen Rechtssprechung und den unkalkulierbaren, durch das UmweltHG möglicherweise erst provozierten weitergehenden Ansprüchen der Öffentlichkeit abhängig. Desweiteren gehen wir davon aus, daß das Risikoverhalten der überwiegenden Mehrheit der industriellen Anlagenbetreiber risikoavers ist und daß aus der Risikoaversion - angesichts der faktischen Unsicherheiten - eine (begrenzte) Zahlungsbereitschaft des Anlagenbetreibers für risikopolitische Maßnahmen, also für die Bereitstellung von Erwartungssicherheit erwächst.

densereignisse für den versicherten Entscheider keine zahlungsförmigen Konsequenzen haben werden - außer der regelmäßigen Prämienzahlung. Wenn und soweit sich zukünftige Schadensrisiken durch Versicherung abdecken lassen, kann also das entsprechende Schadensrisiko einer Entscheidung überschaubar gehalten werden. Da Fälligkeit und Höhe der Prämienzahlung bekannt sind, sind die entsprechenden Schadensrisiken für den Entscheider bereits zum Zeitpunkt der Entscheidung wirtschaftlich kalkulierbar. Die gekaufte Zahlungsverpflichtung des Versicherers für vertraglich definierte Schäden hat für den industriellen Entscheider die Funktion einer prognostistischen Information, die an Zuverlässigkeit durch keine andere Prognoseform überboten werden kann. Oder anders formuliert: die Ungewißheit hinsichtlich möglicher, in Eintritt und Höhe unsicherer zukünftiger Schadenszahlungen, die aus dem Informationsdefizit bezüglich bestimmter Schadensrisiken einer Entscheidungsoption resultiert, ist durch den Kauf von Versicherungsleistungen absorbiert und damit zugleich die durch rechtliche Haftungsverpflichtungen verlorengegangene Erwartungssicherheit wiederhergestellt - selbstverständlich nur innerhalb der Grenzen der Vertragsvereinbarung.

Das Produkt der Versicherer sind „ganz bestimmte Arten von Informationen“, die das Informationsdefizit eines nachfragenden Entscheiders gewissermaßen als funktionales Äquivalent für Kausalwissen reduzieren und „ihm dadurch zuverlässigere Erwartungen über den künftigen Zustand des versicherten Gegenstandes ermöglichen“ (Müller, 1981: 166). Mit anderen Worten: Versicherung ist in diesem Zusammenhang gewissermaßen ein zur kontrafaktischen Erwartungsstabilisierung des Rechts funktional äquivalenter Mechanismus der Bereitstellung von Erwartungssicherheit. Durch diese Informationen vom Versicherer vermindert sich folglich das Prognoserisiko des Entscheiders. Der Versicherer übernimmt dagegen durch die Zahlungsverpflichtung für wohldefinierte Schädensmöglichkeiten des Anlagenbetriebs ein Prognoserisiko. Wenn und soweit der Versicherer Versicherungsschutz gewährt, findet also eine Verlagerung des Prognoserisikos, ein Risikotransfer vom Versicherungsnehmer zum Versicherer statt. (Müller, 1981:164). Und damit stellt sich die Frage, welche Risiken die Versicherer damit eingehen und wie sie die damit verbundene Unsicherheit absorbieren?

3.3. Grundlagen der Versicherungsproduktion

Für die Versicherer werden Schäden, die über das Haftungsrecht auf Verursacher zurechenbar sind, nur soweit relevant, wie sie sich in Geld kompensieren lassen. Unabhängig von ihrer sachlichen Eigenart sind Schäden als Versicherungsfall Zahlungs- und damit Kostenprobleme für die Versicherer. Die zentrale Frage für den Versicherer ist, wer einen Schaden tragen muß und (sofern er die Schadensersatzansprüche gegen einen bei ihm versicherten Kunden übernehmen muß) mit der Zahlung welcher Geldsumme jener sachliche Schaden zu kompensieren ist.

Private Versicherer sind Wirtschaftsunternehmen, die auf marktwirtschaftlicher Basis arbeiten. Für sie ist, wie für alle privatwirtschaftlichen Unternehmen, die Gewinnerzielung ein zentrales Unternehmensziel. Zentraler Wettbewerbsfaktor für die der Konkurrenz auf dem Versicherungsmarkt unterliegenden Versicherungsunternehmen ist die Preis-, d.h. Prämiengestaltung. Die Geschäftspolitik des einzelnen Versicherers ist unter Wettbewerbsbedingungen darauf ausgerichtet, die Risiken seiner Kunden möglichst umfassend und zu einer (im Vergleich zur Konkurrenz) möglichst günstigen Prämie zu decken - allerdings ohne dabei seine eigene wirtschaftliche Sicherheit zu gefährden. Ob das gelingt oder nicht, hängt somit zentral von der auf Erfahrung und Statistik beruhenden (Prämien)-Kalkulation, d.h. Risiko- und Kostenkalkulation ab.

3.4. Zur Risikoverarbeitung in Versicherungsunternehmen

Zunächst soll in einem ersten Schritt das technische Prinzip der Versicherungsproduktion skizziert (3.4.1), dann in einem zweiten Schritt die Grundsätze der Versicherbarkeit herausgearbeitet werden (3.4.2), um dann im Anschluß daran den Mechanismus der Unsicherheitsabsorption (3.4.3) und das daraus resultierende arteigene Risiko der Versicherungsunternehmen (3.4.3.1) bestimmen zu können.

3.4.1. Das zentrale technische Prinzip der Versicherungsproduktion: Die Organisierung eines Risikoausgleichs

Versicherung kann abstrakt als eine Technologie zur Transformation von Risiken beschrieben werden. Inhaltlich ist Versicherung als eine risikopolitische Maßnahme der kollektiven Reservebildung zum Ausgleich der finanziellen Folgen von zufälligen Schadensereignissen beschreibbar (Helten 1992). Sie leistet dies - so eine prominente Definition (von Farny, 1992: 33) - durch „die Übernahme vieler Wahrscheinlichkeitsverteilungen von Schäden gegen (Risiko-) Prämien und die Zusammenfassung dieser Schadensverteilungen zu einem Kollektiv. In diesem Kollektiv und im Ablauf der Zeit ergeben sich Risikoausgleichseffekte". Für die Versicherungsunternehmen ist die Herstellung einer Risikostreuung durch Bestandsbildung das zentrale Problem. Dieser Risikoausgleich wird unter Wirkung des Gesetzes der großen Zahlen durch die gezielte Gestaltung der Größe und Mischung des Kollektivs produziert. Die Organisierung des Risikoausgleichs durch eine an statistischen Gesetzmäßigkeiten orientierte Bestandsbildung ist gewissermaßen das technische Prinzip der Versicherungsproduktion. Wenn und soweit der Ausgleich innerhalb des Kollektivs gelingt, kann auch der wirtschaftliche Vorteil einer kollektiven (im Vergleich zur individuellen) Reservebildung realisiert werden. Stark vereinfacht ausgedrückt, geht es zum einen darum sicherzustellen, daß hohe Verluste im Einzelfall durch eine große Zahl geringer Verluste und verlustloser Verträge gewissermaßen überkompensiert werden, so daß das private Versicherungsunternehmen einen Gewinn erzielen kann.

Und zum anderen muß zugleich sichergestellt sein, daß die auf den einzelnen bezogenen Kosten der Reservebildung geringer sind als im Fall einer individuellen Reservebildung. Nur wenn und soweit sowohl die Versicherungsnehmer als auch die Versicherungsunternehmen durch den Abschluß eines Versicherungsvertrags ihren Nutzen erhöhen können, sind die Funktionsvoraussetzungen für das Versicherungsgeschäft gegeben.

Private Versicherungsunternehmen können ihren Bestand mittelfristig nur sichern, wenn das Prämienaufkommen größer als die Kosten, also als die Summe aus Schadenskosten, Organisationskosten und Kapitalverzinsung sind. Um das zu erreichen, müssen die Versicherer die mit den übernommenen Risiken verbundene ökonomische Unsicherheit beherrschbar und das heißt im Fall der Versicherungswirtschaft kalkulierbar machen.

Im folgenden geht es um die Frage, anhand welcher Kriterien die Versicherer entscheiden, welche Risiken überhaupt *gewerbsmäßig* versicherbar sind und welche nicht.

3.4.2. Kriterien der Versicherbarkeit von Risiken

Der Versicherer muß durch Entscheidung bestimmen, ob und - wenn ja - zu welchem Preis und zu welchen Bedingungen er ein Ausgangsrisiko eines Versicherungsnehmers in seinen Bestand aufnehmen will. Zunächst wird geprüft, ob das fragliche Ausgangsrisiko den basalen Versicherbarkeitsbedingungen genügt. Die Prüfung der Versicherbarkeit von Risiken bezieht sich auf die folgenden Kriterien (vgl. dazu etwa Berliner 1981; Karten 1984):

1. *Zufälligkeit (Ungewißheit) der Schadensereignisse*: Das fragliche Risiko darf nicht mit Sicherheit vorhersehbar sein; das Schadenereignis muß für den Versicherten im voraus ungewiß und von seinem Willen unbeeinflußbar sein. Die Erfüllung dieses Kriteriums ist für die Versicherer ein essential. In Zusammenhang hiermit stehen auch die Probleme einer asymmetrischen Informationsverteilung zwischen den Vertragspartnern, auf deren mögliche Folgen, wie einer adversen Selektion und moralischer Risiken an dieser Stelle nur hingewiesen werden soll (siehe unten).
2. *Eindeutigkeit (Identifizierbarkeit) der im Einzelfall zu erbringenden Versicherungsleistungen:* Die Versicherer müssen in der Lage sein, eindeutig festzustellen und rechtlich abzuklären, wann ein Ereignis, das zu einer Haftung führt, stattfand und welche Haftpflicht daraus für sie resultiert. Dies ist i.d.R. ein lösbares Problem.
3. *Schätzbarkeit*: Um ein Einzelrisiko versicherungstechnisch bewältigen zu können, müssen insbesondere mögliche Entschädigungsleistungen und deren Wahrscheinlichkeiten, also die durchschnittliche Schadenshäufigkeit und die durchschnittliche Schadenshöhe zahlenmäßig kalkulierbar sein. Wenn die Informationen über die Wahr-

scheinlichkeitsverteilung der Zufallsvariablen des fraglichen Einzelrisiko für den Versicherer zu gering sind und damit das Diagnoserisiko dem Versicherer als zu groß erscheint, ist das Einzelrisiko nicht versicherbar.

4. *Unabhängigkeit der Risiken:* Die Risiken in einer Klasse müssen unabhängig voneinander sein; denn wenn bei einem Schadensereignis zugleich mehrere Einzelrisiken betroffen sind, wird der Risikoausgleich im Kollektiv erheblich gestört. D.h. im Fall der positiven Korrelation der Schadenswahrscheinlichkeiten verschiedener Versicherungsnehmer können aufgrund eines Schadensereignisses Versicherungsleistungen in einer Größenordnung fällig werden, die die Leistungsfähigkeit des Versicherers übersteigen. Und als 5. und letztes Kriterium das der

5. *Größe:* Das Kriterium besagt, daß der Betrag der höchstmöglichen Versicherungsleistungen aus einem Schadensfall die Deckungskapazitäten des Versicherers nicht übersteigen darf. Wie schon im Fall des Kriteriums der Unabhängigkeit geht es darum, daß eine Grenze der Versicherbarkeit dort gegeben ist, wo der Schaden aus einem Ereignis einen Betrag überschreitet, der die Leistungsfähigkeit des Versicherers übersteigt.

Es zeigt sich, daß Versicherbarkeit letztlich ein pragmatisches Entscheidungsproblem und keine prinzipielle Frage ist. Außer im Fall des Kriteriums der Zufälligkeit ist die Grenze zwischen Versicherbarkeit und Unversicherbarkeit nicht scharf abgesteckt, sondern fließend. Die Versicherbarkeit ist in einem gewissen Übergangsbereich durch entsprechende risikopolitische Maßnahmen ausdehnungsfähig. So ist die Grenze für die Größe des noch versicherbaren Einzelrisikos zum einen eine Frage der individuellen Deckungskapazitäten des Versicherers, die von der Höhe seiner Sicherheitsmittel abhängig ist, und zum andern eine Frage der Prämienhöhe, die die Kunden noch zu zahlen bereit sind. Auch das Problem der mangelnden Schätzbarkeit aufgrund unzureichender Schadensinformationen muß nicht zwangsläufig zur Unversicherbarkeit der entsprechenden Risiken führen: durch eine entsprechende Bedingungsgestaltung, wie einer Begrenzung der Höchstentschädigungssumme im Verbund mit Prämienanpassungsklauseln, hohen Sicherheitszuschlägen oder einem Umlageverfahren kann das versicherungstechnische Risiko des Versicherers tragbar gehalten und damit die Versicherbarkeit der entsprechenden Risiken trotzdem noch hergestellt werden. Für den Versicherer ist die Frage, ob eine Risikolage versicherbar ist oder nicht, *letztlich* ein pragmatisches Entscheidungsproblem, das primär im Abwägen des Risikos gegen den am Markt erzielbaren Preis für die Risikoübernahme besteht.

Zusammenfassend läßt sich also feststellen, daß die Versicherbarkeit letztlich von drei Faktoren bestimmt ist:

1. Zufälligkeit der versicherten Ereignisse;
2. Ausmaß der dadurch einzeln oder in Abhängigkeit ausgelösten Versicherungshöchstleistungen und
3. dem erzielbarem Preis für den Versicherungsschutz (Karten).

3.4.3. Risikokalkulation: Der dominierende Mechanismus der Unsicherheitsabsorption

Das Versicherungsgeschäft besteht im *entgeltlichen* Transfer eines Einzelrisikos vom Versicherungsnehmer zum Versicherungsunternehmen. Für die Versicherungsunternehmen bedeutet die Annahme, sprich: die Versicherung eines industriellen Haftungs-Risikos, die vertragliche Übernahme einer geldförmigen Leistungsgarantie.

Für die Versicherungsunternehmen wird das industrielle Ausgangs-Risiko primär in seiner Eigenschaft als Schadensproduzent relevant. Risiko kann zunächst einfach als eine Situation unsicherer Ergebnisse verstanden werden. Der Ausdruck Risiko charakterisiert eine zuversichernde Anlage dann in ihrer Eigenschaft als Quelle von unsicheren Schadensereignissen. Da bezogen auf das Einzelrisiko aber unsicher ist, ob, wann und/oder in welcher Höhe Geld-Leistungen zu erbringen sind, kann das 'Einzelrisiko als die Ungewißheit der nach Eintritt und Höhe zufälligen vertraglichen Leistungen definiert werden' (Karten). Für die Versicherungsunternehmen sind Schäden der Versicherungsnehmer daher - unabhängig von ihrer sachlichen Eigenart - ebenfalls primär Zahlungs- und damit Kostenprobleme.

Da die Versicherungen aber nicht mit sicheren, sondern mit ungewissen wirtschaftlichen Größen operieren, sind auch sie prinzipiell mit einer beachtlichen eigenen Risikolage, mit dem Risiko wirtschaftlicher Verluste konfrontiert. D.h. obwohl die Versicherungsunternehmen prinzipiell mit ungewissen wirtschaftlichen Größen operieren müssen, müssen sie dennoch auf die eine oder andere Weise eine operationsfähige Grundlage für die Beitragskalkulation konstruieren.

Die traditionelle Risikokalkulation der Versicherungswirtschaft basiert vereinfacht gesagt auf der wahrscheinlichkeitstheoretischen Berechnung. Ein Risiko gilt als Produkt aus der Wahrscheinlichkeit, daß ein bestimmtes schädigendes Ereignis eintritt, und dem Ausmaß des Schadens, der mit dem Ereignis verbunden ist (Risiko=Schadenswahrscheinlichkeit x Schadenshöhe). Dabei wird der Schaden in Geld gemessen. Im Zusammenhang der versicherungstechnischen Bewältigung von Risiken interessiert das Risiko des Versicherungsnehmers mithin nicht als Sachproblem, sondern für den Versicherer ist nur „seine Operationalität und Quantifizierbarkeit, also seine Rechenbarkeit" relevant (Karten). Das Schadensrisiko soll primär anhand der Merkmale Anzahl der Schäden (Schadenszahl) und Höhe der Schäden (Schadenssumme) kalkuliert werden.

Da die Schadensproduktion sich aber in der Zukunft ereignen wird, kann die Größenordnung der Schadensproduktion nur geschätzt werden. Die klassische Grundlage für diese Schätzung sind statistische Beschreibungen *vergangener* Risikoverläufe, deren Fortschreibung in die Zukunft die Basis für die periodische Beitragskalkulation ist. Mit anderen Worten, die Versicherer „kalkulieren heute mit der Schadenserfahrung von gestern die Prämie für die Schäden von morgen" (Albrecht 1992).

Das arteigene Risiko der Versicherungsunternehmen

Anders als in den meisten Wirtschaftszweigen kennt der Versicherer die tatsächlichen Kosten seiner Produkte also letztlich erst, nachdem er sie verkauft hat. Daher trägt der Versicherer das sog. versicherungstechnische Risiko, das in der Möglichkeit von Diagnose- und Prognosefehlern und den daraus erwachsenden wirtschaftlichen Verlusten besteht. Die Versicherer sind also generell mit dem Irrtumsrisiko sprich: Schätzfehlern und dem Risiko von zufälligen Schwankungen des Gesamtschadensverlaufs konfrontiert. Hinzu kommt das Änderungsrisiko, das letztlich in der unaufhebaren Ungewißheit besteht, ob die Schadenserfahrungen aus den vergangenen Perioden auch in der Zukunft noch gültig sein werden. Denn wenn und soweit versicherte Risiken einer ungünstigen Änderung unterworfen sind, verlieren die Erfahrungen zwangsläufig ihre Gültigkeit. So kann es im Zeitablauf zu einer im voraus nicht erkennbaren Änderung der Risikosituation kommen, die jede Kalkulation auf der Grundlage von Erfahrungswerten falsch werden läßt. Da unter dieser Bedingung eines veränderungsbedingten Kontinuitätsabbruchs zwischen Vergangenheit und Zukunft die künftigen Schadensverläufe von anderen Risikofaktoren bestimmt werden als erwartet, sind Störungen des Risikoausgleichs und eine falsche Prämiengestaltung höchst wahrscheinlich. Mit anderen Worten, wenn der prognostizierte Gesamtschadensverlauf negativ vom tatsächlichen Verlauf abweicht, ist es wahrscheinlich, daß die tatsächlichen Schadensausgaben eines Kollektivs die kalkulierten Schadenzahlungen (und damit die Prämieneinnahmen) übersteigen.

Moralisches Risiko und das Risiko adverser Selektion

Eine Ursache für die negative Abweichung der Schadensprognose von der tatsächlichen Schadenskosten und damit von Prämieneinnahmen und Ausgleichszahlungen kann der fahrlässige Umgang der Versicherungsnehmer mit den Anlagenrisiken, das sog. 'moralische Risiko' sein. Das moralische Risiko ergibt sich aus dem Sachverhalt, daß mit der Übertragung der Haftung für die industriellen Risiken auf die Versicherer für die Versicherungsnehmer von der gesetzlichen Haftpflicht kein *besonderer* Anreiz zur Risikovorsorge mehr ausgeht. Daher sind die Versicherer bemüht, das Risiko einer übermäßigen und unkalkulierbaren Inanspruchnahme aufgrund von Fahrlässigkeiten der Versicherungsnehmer durch den Einsatz geeigneter versicherungstechnischer Instrumente zu unterbinden, bzw. mindestens zu begrenzen.

Da der zentrale Mechanismus der Unsicherheitsabsorption der kalkulatorische Schluß von der Vergangenheit auf die Zukunft ist, sind die Versicherer also generell mit dem Änderungsrisiko, dem Irrtumsrisiko sprich: dem Risiko von Schätzfehlern und zusätzlich mit dem Risiko von zufälligen Schwankungen des Gesamtschadensverlaufs konfrontiert. Die aus diesen versicherungstechnischen Risiken erwachsende

Risikolage versucht der Versicherer durch risikopolitische Instrumente unter Kontrolle zu bringen. Bei den risikopolitischen Instrumenten der Versicherer handelt es sich

- um Rückstellungen und Rücklagen,
- um eine Politik der Risikoteilung durch Mit- und Rückversicherung, wodurch ein Teil des übernommenen Risikos an andere Versicherer weitergeleitet wird und nicht zuletzt
- um den Einsatz ihrer risikopolitischen Instrumente und einer risikominimierende Produkt- und Prämiengestaltung.

Und damit ist der Anschluß an die Präventionsproblematik wieder hergestellt, denn einige dieser Instrumente zur Begrenzung der Inanspruchnahme können - unter bestimmten Bedingungen - auch schadensvermindernde Effekte zeitigen. Entsprechend der dem Forschungsprojekt zugrundeliegenden Grundhypothese, gehen wir davon aus, daß präventive Effekte zum einen durch die Versicherungsbedingungen induziert werden können und um so wahrscheinlicher werden, je effektiver die Versicherer die risikopolitischen Instrumente einsetzen können und zum anderen von der Gestaltung der Vertragsbedingungen abhängig ist.

3.5. Unsicherheitsabsorption durch Gestaltung der Versicherungsbedingungen - Die versicherungstechnischen Instrumente

Die versicherungstechnischen Instrumente setzen an den Versicherungsbedingungen, speziell an der Prämiengestaltung an und sollen - zumindest im Prinzip - einen (preislichen) Anreiz für den Versicherungsnehmer zur Aufrechterhaltung und Steigerung seiner Sorgfaltsanstrengungen und Vorsorgemaßnahmen einführen. Hier sind besonders zwei Instrumente zu beachten: 1. die Prämiendifferenzierung und 2. die Selbstbeteiligung der Versicherungsnehmer.

(1) Die Prämiendifferenzierung: Hierbei geht es um das Verhältnis von versichertem Risiko und Prämienhöhe. Wenn und soweit der Versicherer die Prämie (P) für ein individuelles Risiko schlicht durch eine Mischkalkulation bestimmt, wobei die Summe der erwarteten Schäden [Erwartungsschaden (ES)] eines Kollektivs einfach durch die Anzahl der Versicherungsnehmer (V) geteilt wird und somit jedes individuelle Risiko zum Durchschnittspreis versichert ist (Sum ES/n), besteht zwischen Risiko und Prämie kein signifikanter Zusammenhang. Wird dagegen das *individuelle* Risiko [ES (V)] zur Grundlage der Prämienkalkulation gemacht [erwarteter Schaden des VN = Prämie des VN (ES(V)=P(V)], kann (unter bestimmten weiteren Bedingungen) vom Preis ein monetärer Anreiz zur Steigerung von Vorsorgemaßnahmen ausgehen. Durch die gleichsinnige Koppelung von Risiko und Preis sollen preisliche Differenzen konstiuiert werden, die als monetäre Anreize wirken können: je höher das individuelle Risiko, um so

höher die individuelle Prämie und umgekehrt. Unter diesen Bedingungen einer risikoorientierten Prämienfestsetzung kann der einzelne Versicherungsnehmer durch zusätzliche Vorsorgemaßnahmen sein individuelles Risiko senken und das zahlt sich für ihn in entsprechend sinkenden Versicherungs-Beiträgen aus. (Ein beliebtes Beispiel für Vorsorgemaßnahmen, die durch Versicherungsbedingungen befördert wurden, sind Sprinkler, die als Anlagen zum Feuerschutz in der Feuerversicherung mit investionsrelevanten Beitragsermäßigung prämiert werden.) Dies Instrument kann in dem Maß praktisch wirksam werden, wie die Kosten für zusätzliche Vorsorgemaßnahmen durch die dadurch zu erzielende Prämienermäßigung in etwa finanziert werden können. Das aber hat zur empirischen Voraussetzung, daß die Prämienhöhe in Relation zu den gesamten Umweltschutzkosten bedeutsam ist, damit die Prämiendifferenzierung überhaupt Prämienrabatte in einer Höhe ermöglicht, die Präventionsmaßnahmen tatsächlich rentabel werden läßt. Da aber empirisch „der Anteil der Versicherungsprämien an den gesamten Umweltschutzkosten und daher auch die relative Bedeutung der Prämien gering" ist, in großen Unternehmen der chemischen Industrie liegt er zwischen zwei und fünf Prozent, bei kleineren Unternehmen etwas höher[2], wird die Anreizfunktion, sprich: Präventivwirkung seitens der Industrie als eher unbedeutend beurteilt (Fees-Dörr u.a., 1992: 119). Die modelltheoretische Annahme, daß ein Anlagenbetreiber die Schadensverhütung 'freiwillig' bis zu dem Punkt praktiziert, jenseits dessen sich weitere Maßnahmen betriebswirtschaftlich nicht mehr lohnen, weil die Kosten höher wären als die dadurch zu erzielende Prämienersparnis, ist (zwar theoretisch plausibel, aber unter derartigen empirischen Bedingungen) praktisch folgenlos. Die Kosten für zusätzliche Vorsorgemaßnahmen dürften i.d.R. höher sein als die dadurch zu erzielende Prämienersparnis, so daß die Präventionseffekte dieses Instruments praktisch eher gering sein dürften - wenn es überhaupt zum Einsatz kommt. Der zentrale Engpaß, an dem der Einsatz dieses versicherungstechnischen Instruments bisher scheitert, besteht schlicht in dem Sachverhalt, daß das individuelle Risiko einer zu versichernden Anlage bisher nicht hinreichend verläßlich ermittelt werden kann, da das ein einheitliches standardisiertes System zur Messung der technischen Risiken voraussetzt, anhand dessen jeder Sachverständige bei der gleichen Anlage zum selben Ergebnis kommt, was aber bis dato nicht verfügbar ist.

(2) Die Selbstbeteiligung des Versicherungsnehmers an der Schadensregulierung. Durch die vertragliche Vereinbarung einer Selbstbeteiligung bleibt der Versicherte einem Teilrisiko ausgesetzt. Wenn der Versicherungsfall eintritt, so muß der Versicherungsnehmer bei derartigen Verträgen einen prozentual oder summenmäßig festgesetzten Teil der Schadenskosten selbst tragen. Wenn und soweit der Versicherungs-

---

2 Diese Angaben beziehen sich allerdings auf die alten Tarife der Betriebshaftpflichtversicherung. Da die neuen Tarife der Umwelthaftpflichtversicherung über den alten Tarifen liegen, hat sich zwar auch die relative Bedeutung der Versicherungskosten in Relation zu den gesamten Umweltschutzkosten erhöht, aber praktisch dürfte das keine Veränderung bringen.

nehmer für den ungedeckten Teil 'Selbstversicherer' bleibt, so kann bei ihm ein stabileres Eigeninteresse an einem sorgfältigen Umgang mit dem Anlagenrisiko erwartet werden, als im Fall einer Vollversicherung. Insofern dürfte das Instrument der Selbstbeteiligung zwar das 'moralische Risiko' begrenzen, aber ob mit diesem Instrument darüber hinaus nennenswerte Präventionseffekte erzielbar sind, kann bezweifelt werden. Damit dies Instrument eine Präventivwirkung entfalten kann, muß die die Selbstbeteiligungsquote individuell, für jeden Versicherungsnehmer einzeln bestimmt werden. Je geringer die Risikoaversion des Versicherungsnehmers und je höher die Kosten pro Vorsorgemaßnahme, „desto höher muß die Selbstbeteiligungsquote sein um zu Vorsorgemaßnahmen zu reizen" (Endres/Schwarze 1991, 17). Das Modell arbeitet mit der fiktiven Annahme, daß die Versicherer über vollständige Informationen bezüglich der genannten Faktoren verfügen. D.h. die Wirksamkeit des Instruments hängt von höchst individuellen Faktoren ab, wie der Risikoneigung des Versicherungsnehmers (die sich im Niveau seiner Sorgfalts- und Vorsorgeaktivitäten ausdrückt) und der Kosten für zusätzliche Vorsorgemaßnahmen für die zuversichernde technische Anlage, also von Informationen, die den Versicherungsunternehmen gar nicht zugänglich sind (Informationsasymmetrie). Werden risikoaverse Versicherungsnehmer durch rigorose Selbstbeteiligungsregelungen mit einem hohen Risiko belastet, wächst die Wahrscheinlichkeit eines übervorsichtigen Umgangs mit Risiken. Daraus folgt, daß das Mittel der Selbstbeteiligung zurückhaltend dosiert werden muß, um nicht einen kleinen Gewinn an zusätzlicher Vorsorge mit einer hohen Risikobelastung der potentiellen Schädiger, die die Gefahr von Wohlfahrtsverlusten in sich birgt, zu erzielen. Außerdem besteht für die Versicherer die ‚Gefahr', daß ein zu hoch dosierter Selbstbehalt den Versicherungsnehmer veranlassen kann, auf die Nachfrage am Versicherungsmarkt zu verzichten und zur ‚Selbstversicherung'[3], zur Bildung von Captives überzugehen.

Wir vermuten, daß die Versicherer ihr versicherungstechnisches Instrumentarium zur Begrenzung der Schadenskosten um so nachdrücklicher einsetzen, je unsicherer die Grundlagen für die Kalkulation der wahrscheinlichen Schadenskosten sind. Mit anderen Worten, die Ausgestaltung der Versicherungsbedingungen ist gewissermaßen eine Funktion der Unsicherheit bezüglich der Haftungskosten: steigt die Unsicherheit hinsichtlich der Haftungskosten, so werden die Versicherungsbedingungen verschärft und je restriktiver die Versicherungsbedingungen für den Versicherungsnehmer sind, um so *unwahrscheinlicher* wird die Unterschreitung des basalen Sorgfaltsniveaus und um so *wahrscheinlicher* damit eine gewisse Begrenzung der Schadenskosten - und zwar des zumindest des Teils der Schadenskosten, der sich aus der Realisation der moralischen Risiken ergibt.

---

[3] Die Möglichkeit zur Eigenversicherung überzugehen, also das Risiko selbst zu kalkulieren und es selbst abzudecken, dürfte allerdings auf größere Industrieunternehmen mit einer entsprechenden eigenen Finanzkraft beschränkt sein.

Die Möglichkeiten der Verhaltenssteuerung durch die Versicherungsunternehmen sind zusätzlich noch durch einen grundsätzlichen Zielkonflikt begrenzt: zwischen den Zielen der Risikoallokation (also der Bereitstellung von Erwartungssicherheit in bezug auf zufallsbedingte Schadensereignisse (vgl. Endres/Schwarze 1991)) und der Risikoprävention besteht eine konfliktäre Beziehung, die private Versicherungsunternehmen schon aus Wettbewerbszwängen zu Gunsten der Risikoallokation entscheiden werden. Resümiert man die theoretischen Argumente, so zeigt sich, daß die versicherte Umwelthaftung nicht die Funktion eines preislichen Anreiz-Instruments erfüllen kann - als das es in umweltpolitischen Diskursen immer mal wieder ausgegeben wird. Zwar können die Versicherer versuchen durch eine Prämiendifferenzierung eine Beziehung zwischen Risiko und Preis herzustellen, aber eine verursachungsgerechte Zuordnung der Risikokosten kann durch die Prämiendifferenzierung nicht bewirkt werden. Generell kann bezüglich der Unfall-Risiken tendenziell ein *business as usual* im Sinne des Ausbleibens von nennenswerten Effekten erwartet werden, da die Versicherungsangebote den betrieblichen Erfordernissen weitgehend Rechnung tragen.

Die Bedeutung des neuen Umwelthaftungsgesetzes ergibt sich aber nicht zuletzt aus dem Sachverhalt, daß es das Umwelthaftungsrecht dadurch verschärft, daß es eine Haftungsverantwortung auch für das sog. Normalbetriebs- und Entwicklungsrisiko schafft. Die Aufnahme dieses Risikotyps war in der Diskussion vor Verabschiedung des UmweltHG besonders umstritten. Insbesondere die Industrie in Gestalt der Verbände BDI und DIHT, aber auch die Versicherungswirtschaft haben sich gegen eine Ausdehnung des Haftungsrisikos auf diese neue Risikoklasse ausgesprochen. Im folgenden wollen wir daher die kontroverse Frage aufgreifen, ob und unter welchen Bedingungen *die nicht quantifizierbaren und kalkulierbaren Gefahrenpotentiale* der sog. Normalbetriebs- und Entwicklungsrisiken überhaupt versicherbar sind. (vgl. dazu z.B. Wagner 1991a; Feess-Dörr/Prätorius/Steger 1991, 113ff.; Hager 1991, 142f.)

3.6. Zur Problematik der Versicherbarkeit von Normalbetriebs- und Entwicklungsrisiken

Im versicherungsmathematischen Kontext wird Risiko (R) als Produkt aus Schadensumfang (S) und Schadenseintrittswahrscheinlichkeit (W) definiert (R=SxW). Die Versicherer betonen daher, Gefährdungspotentiale nur bei Kenntnis ihrer durchschnittlichen Schadenshöhe und durchschnittlichen Schadenshäufigkeit bzw. -eintrittswahrscheinlichkeit versichern zu können.[4] Das heißt: dem Versicherer müssen

4 Neben der Meßbarkeit/Kalkulierbarkeit der beiden Faktoren 'Schadensumfang und –eintrittswahrscheinlichkeit' machen die Versicherer die Versicherbarkeit eines Gefahrenpotentials zusätzlich von der Erfüllung folgender Bedingungen abhängig: der Zufälligkeit des Schadenseintritts, der ausreichenden Unabhängigkeit von anderen Risiken und der eindeutigen Bestimmbarkeit des Vorliegens eines Versicherungsfalles. (Siehe oben 2.3.2. ...)

idealtypischerweise alle durch ein Ereignis (hier: dem Betrieb einer Anlage) auslösbaren Folgen bzw. Wirkungsmöglichkeiten bekannt sein und zusätzlich müssen den verschiedenen Wirkungsmöglichkeiten objektive Wahrscheinlichkeiten zugeordnet werden können. Zwar sind die Ereignisfolgen nicht eindeutig bestimmbar, sondern 'unsicher', da aber den verschiedenen Wirkungsmöglichkeiten (durch empirische Häufigkeitsanalysen) statistische Wahrscheinlichkeiten zugeordnet werden können, ist die Unsicherheit quantifiziert und damit kalkulierbar. Von diesen Risikosituationen im Sinne meßbarer, kalkulierbarer Unsicherheit sind (in Anlehnung an Knight (1921)) Situationen zu unterscheiden, die durch Ungewißheit gekennzeichnet sind.[5] Bei Entscheidungen unter Ungewißheit können den möglichen Wirkungen eines Ereignisses keine aus der Realität statistisch abgeleiteten, objektiven Wahrscheinlichkeiten zugeordnet werden, sondern allenfalls subjektive Wahrscheinlichkeiten, die aber keine realistische Schätzung eines Schadensrisikos ermöglichen. Sofern das Gefahrenpotential einer Anlage jedoch nicht hinreichend zuverlässig kalkuliert werden kann und damit auch die Höhe der Prämie nicht kalkulierbar ist, stellt sich für die Versicherer die Frage, inwieweit für derartige Risiken überhaupt verläßlicher Versicherungsschutz gewährt werden kann.

Die Normalbetriebs- bzw. Entwicklungsrisiken sind nun aber zum einen dadurch gekennzeichnet, daß über sie keine versicherungstechnisch verwertbaren Schadensstatistiken vorliegen und zum anderen, daß sie von ihrer Qualität her für die Versicherer neu sind. Entwicklungs- bzw. Verborgenheitsrisiken sind Risiken, die als solche im Zeitpunkt der Emission eines Stoffes nach Stand von Wissenschaft und Technik noch gar nicht bekannt waren. D.h. niemand kann wissen, ob bei einem genehmigten Normalbetrieb nicht trotzdem Schäden entstehen, die aber erst später beispielsweise durch neue Erkenntnisse oder durch bessere Meßmethoden beobachtbar werden. Mit anderen Worten, im Fall der Entwicklungsrisiken soll ein befürchtetes, aber gegenwärtig unerkanntes oder unbekanntes Schadenspotential versichert werden. Damit wird schon deutlich, daß das Entwicklungsrisiko im Grenzbereich der Versicherbarkeit angesiedelt ist. Schäden, die sich als Realisierung dieser Entwicklungsrisiken darstellen, haben zwar Zufallscharakter, aber die zukünftigen Schadenskosten sind prinzipiell nicht schätzbar und damit fehlt die entscheidende Grundlage für eine risikoadäquate Prämienkalkulation. Und auch die übliche Strategie im Umgang mit neuen Risiken, wonach zunächst mit groben Schätzungen gearbeitet wird, die aufgrund eines anwachsenden Erfahrungswissens laufend verfeinert werden, greift im Fall von Entwicklungsrisiken nicht, da es sich bei Entwicklungsrisiken um von Fall zu Fall anders geartete Risiken mit jeweils anderen Schadenspotentialen handelt - oder doch zumindest handeln kann.

Ohne hier ausführlich auf die kontrovers geführte Diskussion über die Versicherbarkeit nicht quantifizierbarer und kalkulierbarer Gefahrenpotentiale einzugehen (vgl. dazu z.B. Wagner 1991b, 254ff; Feess-Dörr/Prätorius/Steger 1991, 113ff.; Hager

---

[5] Im Unterschied zu Knight liegt der folgenden Untersuchung ansonsten ein Risikobegriff zugrunde, der Risiko im Sinne von Ungewißheit, von nicht quantifizierbarer Unsicherheit versteht.

1991, 142f.), dürfte deutlich geworden sein, daß die Versicherer im Bereich der Versicherung von Umweltschäden, insbesondere bei Schäden aus dem bestimmungsgemäßen Normalbetrieb, nicht mehr einfach auf die verfügbaren Methoden und Verfahren zur Kalkulation von Störfallrisiken zurückgreifen können. Viele der kontinuierlich anfallenden Emissionen des rechtmäßigen Normalbetriebs sind in ihrer Wirkungsweise auf die Umwelt noch gänzlich unerforscht, so daß hinsichtlich ihrer Schadensrisiken unkalkulierbare Unsicherheit besteht. Das heißt: die Schadensrisiken des bestimmungsgemäßen Normalbetriebs sind nicht vorhersehbar und somit sind auch die Schadenseintrittswahrscheinlichkeiten und -höhen dieser Entwicklungs- und Verdecktheitsrisiken für die Versicherer nicht bestimmbar.

3.6.1. Kalkulationsprobleme ökonomischer Art: Das Kumulrisiko

Die Probleme der Risikobewertung und der Prämienkalkulation verschärfen sich im Bereich der Normalbetriebsrisiken zusätzlich noch dadurch, daß hier die Korrelation von Schäden aus genehmigten Emissionen, also die wechselseitige Abhängigkeit der einzelnen Schadenswahrscheinlichkeiten verschiedener Versicherungsnehmer besonders hoch ist. Wird eine im rechtmäßigen Normalbetrieb über viele Jahre kontinuierlich emittierte Substanz plötzlich als gefährlich/gesundheitsschädlich erkannt[6] oder können durch verbesserte Methoden plötzlich Emissionen (bzw. Immissionen) nachgewiesen werden, die vorher nicht nachweisbar waren[7], so kommt es zu einer Kumulation von miteinander verbundenen Risiken verschiedener Versicherungsnehmer. Denn mit hoher Wahrscheinlichkeit haben alle Versicherungsnehmer, die gemeinsam einen bestimmten Stoff emittieren, dessen Gefährlichkeit ex post entdeckt wurde, auch alle (mehr oder weniger) gleichzeitig Schäden verursacht. Anders als bei Störfallrisiken, die in aller Regel Einzelereignisse sind, führt ein solcher Fall zu kumulierenden Schadensersatzansprüchen. Und dies macht das Risiko für die Versicherer aus, da es „nicht von der Standardabweichung des zu versichernden Einzelereignisses, sondern von der Auswirkung auf die Standardabweichung des Gesamtportefeuilles bestimmt wird“ (Feess-Dörr/Prätorius/Steger 1991, 114).

Verstärkt wird dieses Problem der positiven Korrelation der Schadenswahrscheinlichkeiten verschiedener Versicherungsnehmer zusätzlich noch „durch die ebenfalls positive Korrelation der Schadensereignisse der einzelnen Versicherungsnehmer im Zeitablauf (Autokorrelation der Schäden)“ (ebd., 115). Ein Versicherungsnehmer, der einen bestimmten Stoff bereits über Jahre emittiert hat, der sich dann ex post als

---

6 So ist beispielsweise die Wirkungsweise der meisten Chemikalien auf die Umwelt noch weitgehend unerforscht. Von den mehrheitlich im Labor entwickelten 493000 Chemikalien sind überhaupt erst 7000 Stoffe untersucht und davon wurden immerhin 3000 als gesundheitsschädlich bewertet.

7 Und die auch in kleinen Mengen ein Schadenspotential besitzen, das von den Gerichten als schadensersatzpflichtig beschieden wird.

schädlich erweist, hat mit hoher Wahrscheinlichkeit auch in den zurückliegenden Jahren bereits Schäden verursacht, für die der Versicherer nun ebenfalls haften muß. Die Versicherer stehen damit vor dem Problem, die Prämien kalkulieren zu müssen, ohne die Korrelation der Schäden quantitativ bestimmen zu können. Generell gilt: „Je höher das Ausmaß der Schadenskorrelation, desto höher die vom Versicherungsträger zu fordernde Prämie" (ebd.). Der Versicherer kann hinsichtlich des Ausmaßes der Schadenskorrelation aber nur mit groben Schätzungen arbeiten. Und das kann bedeuten, daß der Versicherer eine Prämie fordert, die der Versicherungsnehmer nicht zu zahlen bereit ist, so daß kein Versicherungsgeschäft zustande kommt; oder aber, daß der Versicherer das Risiko der Schadenskorrelation stark unterschätzt und sich später Ansprüchen ausgesetzt sieht, die seine Deckungskapazitäten übersteigen.

Zwar mag generell, wie Wagner (1991b, 258f.) hofft, das Ausmaß der Unsicherheit für die Versicherer durch Erstellung einer eingehenden Analyse des umweltbezogenen Schadenspotentials einer Anlage (auf Kosten des Versicherungsnehmers), durch Beschaffung und Auswertung versicherungsfremden Wissens über Stoffrisiken sowie durch Prämiendifferenzierung, Selbstbehalte und Bonus-Malus-Systeme verringerbar sein (vgl. auch Endres/Schwarze 1991, 17, 23); da die Wirksamkeit dieser Instrumente hinsichtlich unvorhersehbarer Schadensmöglichkeiten aber zwangsläufig nur unzulänglich sein wird, bleiben die Schadensrisiken des Normalbetriebs letztlich für die Versicherer unkalkulierbar. Und damit ist auch eine (modelltheoretisch) notwendige Voraussetzung für eine gewisse Präventivwirkung von Versicherung, daß nämlich die individuelle Prämie dem individuellen Erwartungswert zukünftiger Schäden annäherungsweise entsprechen muß, zumindest für diesen Schadensbereich praktisch nicht erfüllbar.[8]

3.6.2. Kalkulationsprobleme rechtlicher Art: Die Ungewißheit der rechtstatsächlichen Entwicklung

Für die Versicherer ergibt sich mit der Einführung der neuen Haftungstatbestände eine weitere Unsicherheit, die in der Unkalkulierbarkeit der rechtstatsächlichen Entwicklung (law in action) und der daraus resultierenden Entwicklung der tatsächlichen Versicherungskosten bzw. Schadensersatzansprüche besteht (vgl. Schmidt-Salzer 1992a; Breining 1990, 199f.; Feess-Dörr u.a. 1992, 79f., 127; Diederichsen/Wagner 1993,

---

[8] Wenn die Versicherungsnehmer mit hohen Risiken eine Versicherungsprämie unterhalb des Schadenserwartungswertes bezahlen, so bleiben die Versicherungskosten damit nicht nur ohne Wirkung auf die Vorsorgeentscheidung des Versicherungsnehmers (da sich Vorsorge nicht auszahlt), sondern unter diesen Bedingungen kann die Versicherung riskanter Aktivitäten auch dazu führen, daß "die Produktion die sozial optimale Produktionsmenge (übersteigt)", also die durch Versicherung ermöglichte Erhöhung der Umweltschäden nicht gleichzeitig die gesellschaftliche Wohlfahrt erhöht, sondern - im Gegenteil - der Nutzen die Kosten nicht aufwiegt (vgl. Feess-Dörr u.a. 1992, 124f.).

641f.). Die materiellen Konsequenzen der haftungsrechtlichen Vorschriften des UmweltHG hängen nicht nur vom Gesetzestext selbst, sondern ganz entscheidend von der zukünftigen Rechtsprechung ab. Denn die Konkretisierung der unbestimmten Rechtsbegriffe des Gesetzes vollzieht sich erst in einem langwierigen Rechtbildungsprozeß durch Richterentscheidungen. So müssen beispielsweise für die Umweltschäden, die weitgehend nicht-monetärer Art und daher auch nicht einfach an Marktpreisen ablesbar sind, monetäre Schadensäquivalente in anfechtbaren Aushandlungsprozessen festgelegt werden. „Da Umweltschäden gerade im Einzelfall nicht objektiv monetär bewertet werden können, beeinflussen normative Vorgaben und Wahrnehmungen auch das Verhalten der Behörden (z.B. Sanierungsauflagen) und damit die Höhe der Haftung" (Feess-Dörr u.a. 1992, 127). Ebenso kann sich die Definition des Schadensbegriffs im Gefolge des Wandels gesellschaftlicher Normen wandeln: ein Ereignis oder Zustand, die heute noch als hinzunehmende Beeinträchtigung eingestuft werden, können morgen als schadensersatzpflichtig klassifiziert werden. Diese Möglichkeit einer dynamischen Entwicklung des Schadensbegriffs und der Haftungsnormen erhöht für die Versicherer das Diagnoserisiko nicht unerheblich. „Letztlich beruhte die Furcht der Unternehmen darauf, daß sich durch verbesserte Anspruchsgrundlagen auch die Anspruchsmentalität ändert und zunehmend auch Schäden geltend gemacht werden, die zuvor einfach hingenommen wurden" (ebd., 80). Mit anderen Worten: auch die Rechtsprechung selbst ist keine unveränderliche Größe; auch die rechtlichen Plausibilitätsbedingungen unterliegen einem Wandel, der mit den gesellschaftlichen Normen und deren Wandlungen lose gekoppelt ist.

Da das Risikoproblem eben nicht nur ein wissenschaftlich-technisches, konventionelles Meßproblem, sondern immer auch ein soziales Aushandlungs- und Akzeptanzproblem ist, für das ein allgemein anerkannter, einheitlicher Maßstab zur Risikobewertung nur schwer denkbar ist, ist vorerst auf gesellschaftspolitischer Ebene wohl nur die Stabilisierung der Kommunikation zwischen wissenschaftlicher (Identifikation und Bearbeitung von Problemlagen) und öffentlich-politischer (Willensbildung) Technikbewertung erwartbar - nicht aber eine Auflösung technikpolitischer Konflikte durch wissenschaftlich-technische Meßoperationen.[9] Aus diesem Grund sind Rückwirkungen der öffentlichen Risikodiskurse auf die Rechtsentwicklung und -sprechung auch ein durchaus notwendiger und legitimer Vorgang.

Ob und inwieweit die massiven Befürchtungen der Versicherer und der Industrie hinsichtlich der vermuteten Ausweitung des Haftungsumfangs realistisch sind, ist theoretisch nicht zu entscheiden; aber daß die nicht auszuschließende Möglichkeit einer dynamischen Ausweitung der Haftung sowie der Risiko- und Prämienkalkulation der Versicherer nicht unerhebliche Probleme bereitet, das ist unstrittig.

---

[9] Vgl. zum Konzept des risk-assessement beispielsweise Fritsche 1986; zum Konzept der Technikfolgen Abschätzung beispielsweise Gloede 1991; Krüger 1986.

In Anbetracht dieser unauflösbaren ,Kalkulationsprobleme'[10] können die Versicherer die Grenzen der Versicherbarkeit nur dann erweitern, wenn und soweit es ihnen gelingt, durch eine entsprechende Bedingungsgestaltung das nicht-kalkulierbaren Risiko dennoch zu begrenzen.

3.6.3. Risikobegrenzung der Versicherer: Restriktive Bedingungsgestaltung

Der HUK-Verband hat ein der neuen Gesetzeslage angepaßtes Haftpflichtdeckungskonzept für Umweltschäden entwickelt, mit dem nach Einschätzung der Assekuranz „weitgehend Neuland betreten" wird und das für „Haftpflichtversicherer, Gewerbe und Industrie ein Schritt ins Ungewisse" ist (so Poschen 1993: 659). Dies betrifft insbesondere die Deckung von Verborgenheits- und Entwicklungsrisiken, die im genannten Umwelthaftpflicht-Modell in Form einer Öffnungsklausel von den Versicherern übernommen wird. Mit dieser Regelung übernehmen die Haftpflichtversicherer nach Poschen „sicherlich sehr hohe und weitgehend nicht überschaubare Risiken" (ebd. 657).

Angesichts der beschriebenen Unsicherheiten und der Höhe der Haftungssummen stößt der einzelne (Erst-) Versicherer schnell an seine Kapazitätsgrenzen. Daher

---

10 Einschränkend muß allerdings darauf hingewiesen werden, daß das Risiko für die Versicherer, also die Unsicherheit über die Größe der Haftungslast, von vornherein durch die gesetzliche Festlegung von Obergrenzen der Schadensersatzpflicht und durch den Ausschluß von imateriellen Schäden begrenzt wurde. Und auch die Haftung für Umweltschäden infolge des Normalbetriebs dürfte "keineswegs extreme Folgen" haben, da die Durchsetzbarkeit von Schadensersatzansprüchen durch enorme Beweisprobleme stark eingeschränkt ist (Hager 1991, 143). "Nachweisbare Schäden infolge Normalbetriebs ... (dürften) auf die Umgebung der Schadstoffquelle beschränkt sein ... (da) sich Emissionen jenseits der näheren Umgebung der emittierenden Anlage (verlieren)", nicht mehr (gerichtsverwertbar) verfolgen lassen (ebd.). Angesichts der Dichte und der Vielfalt von industriellen Schadstoffquellen stellen sich - trotz der begrenzten Beweislastverschiebung durch das UmweltHG - für den Geschädigten auch zukünftig weitgehend uneinlösbare Beweispflichten. "Eben diese Ubiquität von Schadstoffen verschiedener Provenienz wird auch zum Grund dafür werden, daß die Kausalitätspräsumption nicht zu einer wesentlichen Verschiebung der Schadentragungslast führt, da sie eine konkrete, also betriebs- und schadensbildbezogene Verursachungseignung voraussetzt" (Diederichsen 1990, 78; vgl. auch Lübbe-Wolff 1990, 17ff.; Salzwedel 1988, 159ff.). Für die Versicherer verringert sich die Unsicherheit über die Haftungslast zusätzlich noch dadurch, daß "das Haftungsrecht für den tatsächlichen Ausgleich von Personenschäden ... praktisch überhaupt keine Rolle (spielt)" (Wagner 1991a, 179). Abgesehen von den eher seltenen Fällen schwerer Dauerschäden mit nachfolgender Erwerbsunfähigkeit werden die Kosten umweltbedingter Gesundheitsschäden (Heilungskosten und Kosten der Lohnfortzahlung) de facto weiterhin von den Krankenversicherungen getragen, da sie nur geringe Chancen haben, Regreßansprüche gegen die Verursacher erfolgreich geltend zu machen (ebd. 179ff.; vgl. auch Brüggemeier 1989, 215). Wenn und soweit sich aber die Unsicherheit bezüglich der Schadentragungslasten der Versicherer durch die neuen Haftungsnormen des UmweltHG und/oder die Gestaltung des Versicherungsvertrages faktisch nicht nennenswert erhöhen, erhöht sich auch das Risiko für die Versicherer nicht nennenswert; und damit entfiele der Druck auf die Versicherer, das ihnen zur Verfügung stehende Instrumentarium zur Schadenskostenminimierung (versicherungstechnische Instrumente) auch in extenso einzusetzen.

ist es bei derartigen Großrisiken üblich, daß das Risiko auf mehrere (Erst-) Versicherer aufgeteilt wird. Neben dieser Risikoverringerung durch Mitversicherung kann und muß der einzelne Versicherer im Wege der Rückversicherung sein versicherungstechnisches Risiko tragbar machen und seine Eigenkapitalrelation stärken. Das heißt: der Erstversicherer gibt - entsprechend seiner Finanzkraft und Risikopolitik - einen Teil des von ihm übernommenen Risikos an sog. Rückversicherungsunternehmen weiter, auch er verringert die Folgen möglicher Schadenseintritte durch Abschluß einer entsprechenden (Rück-) Versicherung. Durch Mitversicherung, Rückversicherung und Weiterversicherung[11] werden eine Vielzahl von Versicherungsunternehmen an einem Großrisiko beteiligt, so daß das Risiko für die einzelnen Versicherungsunternehmen klein gehalten wird.

Diese Form der Minimierung des Verlustrisikos ist ein zentrales Instrument des Risikomanagements der Versicherer - nicht zuletzt bei der Versicherung von Großrisiken. Da jedoch die international operierenden Rückversicherer Zurückhaltung hinsichtlich der Deckung von Schäden aus dem genehmigten Normalbetrieb üben, können speziell letztere Risiken für die Industrieunternehmen zum Problem werden. Denn da in „der Normalbetriebs- und Allmählichkeitsdeckung ... ein hohes, nur zum Teil kalkuliertes Risiko (liegt), insbesondere bei Schadstoffkumuls aus dem Entwicklungs- und Verborgenheitsbereich", wird von Seiten der Versicherer auch nur eine geringe Deckung angeboten (vgl. Breining 1992: 1332f.). Das heißt: in der unverbindlichen Nettoprämienempfehlung des HUK-Verbandes wird die Deckung für Normalbetriebsrisiken von der Deckung für Störfälle getrennt. „Wir schlagen deshalb vor, mit getrennten Summen für definierte echte Störfälle einerseits und für Normalbetriebs- und Allmählichkeitsschäden andererseits zu arbeiten" (ebd.). Um also die Normalbetriebsrisiken im Rahmen privatwirtschaftlicher Versicherer zumindest begrenzt versicherbar und wirtschaftlich tragbar zu machen, wurde die Deckung für Normalbetriebsrisiken auf *höchstens* 20 Mio. DM *je Unternehmen* begrenzt - bei einer Haftungsobergrenze von 160 Mil. DM für Sachschäden und 160 Mil. DM für Personenschäden.

Und zugleich sichern sich die Versicherer zusätzlich noch durch eine vertragliche Begrenzung der Eintrittspflicht bei Normalbetriebsschäden ab: grundsätzlich sind (im Umwelthaftpflichtmodell des HUK-Verbands) Schäden durch betriebsbedingt unvermeidbare, notwendige oder in Kauf genommene Umwelteinwirkungen vom Versicherungsschutz ausgeschlossen (Ziff. 6.2, Abs. 1.). Dieser Ausschluß der Normalbetriebsschäden kommt nur dann nicht zur Anwendung ('Wiedereinschlußklausel/Öffnungsklausel' (Ziff. 6.2, Abs. 2.)) „wenn der Versicherungsnehmer den Nachweis erbringt, daß es nach dem Stand der Technik zum Zeitpunkt der schadensursächlichen Umwelteinwirkung unter den Gegebenheiten des Einzelfalles die Möglichkeit derartiger Schäden nicht erkennen mußte" (Salje 1993b, 594). Damit sind alle Schäden

---

[11] Der Rückversicherer seinerseits überträgt einen Teil des von ihm übernommenen Risikos (da es seine Kapazität übersteigt oder aus Gründen der Risikostreuung) auf andere Rückversicherer, die sog. Retrozessionäre.

des Normalbetriebs, die nach Stand der Technik hätten vorher »erkannt« werden können, nicht versichert.

Des weiteren sichern sich die Versicherer außerdem noch dadurch ab, daß alle Schäden aus derselben oder aus gleichen Ursachen als *ein* Versicherungsfall behandelt werden (Serienschadensklausel des Umwelthaftpflicht-Modell Zif. 7.2.). Erweist sich beispielsweise ein emittierter Stoff ex post als Schädlich, so werden alle dadurch verursachten Schäden als *ein Serienschaden*, d.h. als ein Versicherungsfall behandelt: der Umfang der Leistungen des Versicherers ist auf die Versicheungssumme begrenzt, die als Höchstleistung für *einen* Versicherungsfall vertraglich vereinbart wurde (wobei die Höchstleistung für Normalbetriebsschäden auf wesentlich niedrigerem Niveau festgelegt wird, wie für Störfallschäden). Damit wird ausgeschlossen, daß im Fall von hoher Autokorrelation der Schäden, also im Fall von Serienschäden „eine Vielzahl von Versicherungsfällen entsteht und auf den Versicherungsfall bezogene Deckungssumme in einer nicht verkraftbaren Weise kumuliert“ (Breining 1992: 1333)

Mit anderen Worten, hinsichtlich Normalbetriebsrisiken und hier besonders im Fall von Serienschäden, für die selbst finanzstarke Erst- und Rückversicherer aus Unkenntnis über die Wahrscheinlichkeitsverteilungen nur minimale Deckung gewähren, verbleiben den Versicherungsnehmern, also privatwirtschaftlichen Unternehmen weitgehend ungedeckte Risiken, so daß zumindest finanzschwache, mittelständische Unternehmen kaum in der Lage sein dürften, diese Risiken zu beherrschen.

Die Versicherungswirtschaft sieht in den neuen Haftungstatbeständen des UmweltHG's, den Normalbetriebs- und Entwicklungsrisikos ein nur schlecht kalkulierbares Risiko. Die gewerblichen Versicherungsnehmer müssen daher mit erheblichen Einschränkungen der Deckung bei Normalbetriebsrisken und Eigenschäden bei gleichzeitig höheren Preisen für den Versicherungsschutz rechnen. Daraus ergibt sich für die Betriebe - erfahrungsgemäß speziell für kleinere und mittlere Betriebe - die Frage: ob die eingeschränkten Versicherungsleistungen überhaupt einen *ausreichenden* Schutz vor zukünftigen, wenn auch ungewissen Zahlungsverpflichtungen bietet.

Da beim gegenwärtigen Stand der Versicherungsangebote (UH-Modell) eine vollständige Absicherung der gesetzlichen Haftpflicht für Schäden aus Normalbetriebs- und Entwicklungsrisiken nicht erreicht werden kann, ist fraglich, ob und wenn, wie die Betriebe das verbleibende Haftungsrisiko auf ein vertretbares Maß reduzieren: durch andere Maßnahmen, beispielsweise technischer und organisatorischer Art oder provoziert die rechtliche Haftungsverschärfung in nennenswertem Umfang nicht-intendierte Maßnahmen einer Risikoabwälzung, wie ein Fremdbezug umweltgefährlicher (Vor-)Produkte (aus dem Ausland), eine Verlagerung von gefährlichen Prozessen ins Ausland oder gar ein Verzicht auf entsprechende Innovationsaktivitäten in der Bundesrepublik?

Denkbare Optionen:

- eine Absenkung des Umweltgefährdungspotentials, beispielsweise indem die Lagerung umweltgefährdender Substanzen auf ein notwendiges Minimum reduziert wird;
- eine »Modernisierung« der Umweltschutzmaßnahmen, beispielsweise durch den Einbau eines dem Stand der Technik entsprechende neuen Abluftfilters und
- eine kontinuierliche Dokumentation der Emissionen als Nachweis des bestimmungsgemäßen Betriebs einer Anlage (vgl. Lattwein, A.; Schmidt, F.-P., 1993: 63).

Wir gehen davon aus, daß die für die Bewältigung der Umwelthaftungsrisiken maßgeblichen Unternehmensbereiche, in denen Maßnahmen zur Risikoreduktion *und* Prävention durchgeführt werden können, folgende Bereiche sein können:

a) *anlagenbezogene Risiken*: Emissionsminderungstechnik, Störfallsicherheit, Lagersystem, sonstige technische Sicherheitsmaßnahmen, wie z.B. Installation von zusätzlicher Sicherheitstechnologie (containment etc.).
b) *stoffliche Risiken*: Gefährlichkeit der Stoffe, mit denen umgegangen wird oder die entstehen können (Brand- und Explosionsgefahren, eine Substitution von umweltgefährlichen durch weniger umweltgefährliche Vorprodukte/ Stoffe);
c) *organisationsbezogene Risiken*: Sicherheit von Stoffumschlägen, Lagerorganisation, räumliche Trennung von technischen Anlagen, Qualifikation der Mitarbeiter, strategische Bedeutung des Umweltschutzes;
d) *standortbezogene Risiken:* Schadstoffausbreitung, Zahl und Ort der exponierten Personen oder Umweltgüter.
e) der Bereich der *Notfallorganisation:* Formen der Organisation von Rettungsaktivitäten bei drohenden und/oder eingetretenen Schadensfällen sowie
f) der *Bereich der F&E:* konstruktive Ausrichtung der F&E-Aktivitäten am Ziel einer Steigerung der Stoff- und Anlagenensicherheit (konstruktionsbedingte Schadensbegrenzungsmaßnahmen, wie z.B. sog. Fail Safe-Prinzipien, Redundanzen (mehrfache Kontrollinstrumente, Abdichtungen etc.), Diversifizität von Sicherheitsmaßnahmen).
g) der Bereich der *rechtlichen Haftungsrisiken* selbst (Organisierung von rechtlichen Entlastungsbeweisen)
h) der Bereich der *Image- bzw. Akzeptanzrisiken.*

Zusätzlich besteht die Option der *Risikoabwälzung*, die keine präventiven Effekte hat, wie

- dem Fremdbezug umweltgefährlicher (Vor-)Produkte,
- einer Verlagerung von besonders gefährlichen Prozessen ins Ausland,
- eine Haftungssegmentierung durch Konzernbildung und
- einem Verzicht auf Innovationen.

3.6.4. Prävention im Bereich von Normalbetriebs- und Entwicklungsrisiken

Da es sich bei den Entwicklungs- und Verborgenheitsrisiken des Normalbetriebs um unsichere Schadensmöglichkeiten handelt, bleibt allerdings unklar, inwiefern die Einführung der Gefährdungshaftung für den Normalbetrieb eine präventive Wirkung entfaltet. Dies ist zumindest dann fraglich, wenn man davon ausgeht, daß „gerade die Unkenntnis ... eine gezielte Risikopolitik verhindert" (Feess-Dörr/Prätorius/Steger 1992, 98). Eine etwas andere Situation ergibt sich jedoch „bei der Einführung neuer Technologien, bei der möglicherweise eher versucht wird, den Umgang mit nicht genau einschätzbaren Risiken zu vermeiden" (ebd.).

Zwar verhindert die Unkenntnis eine gezielte Schadensprävention, aber da erkannt ist, daß der Erkenntnisstand nicht statisch ist, könnten gerade diese unbestimmten Risiken ein Anreiz für die Wirtschaft sein, die praktische Realisation neuer Technologien gezielt einer Risikobeobachtung auszusetzen; denn wenn sich bisher nicht erkannte Schadensmöglichkeiten entwickeln, kann dies am ehesten von den Anlagenbetreibern beobachtet werden. Des weiteren könnten gerade die unbestimmten Risiken ein Anreiz für Unternehmen sein, die Aktivitätsniveaus in den Bereichen der Reduzierung der Menge von freigesetzten Schadstoffen, der vorbeugenden Substitution von bekannten Schadstoffen und generell der allgemeinen Sicherheitsforschung zu steigern (vgl. Hager 1991, 136f.). Paradoxerweise könnten - unter Umständen - gerade die unbestimmten Risiken, also die Möglichkeit, von erheblichen und bis dato unbekannten Schadenspotentialen völlig unerwartet und in unkalkulierbarer Weise getroffen zu werden, das Interesse der Wirtschaft an einem systematischen Risiko- und Sicherheitsmanagement verstärken - denn Risiken aus dem genehmigten Normalbetrieb kann überhaupt nur durch die Entwicklung von Frühwarnsystemen und eine Intensivierung der Sicherheitsforschung begegnet werden.

3.6.5. Innovationsdruck auf die Versicherer: Erweiterte Funktionen der Versicherungsunternehmen im Risikomanagement

Da die ökonomischen Signale, die von einer differenzierten Prämiengestaltung und einer Selbstbeteiligung ausgehen können, eher gering sein dürften und damit auch die Präventivwirkung der Haftpflichtversicherung wahrscheinlich auch entsprechend gering zu veranschlagen ist, setzen einige Autoren ihre Präventionshoffnungen auf das - in Ansätzen bereits vorhandene - eigene technikbezogene Risikomanagent der großen Versicherer. Von dieser Seite wird der Versicherungswirtschaft zugetraut, als 'Frühwarnsystem' zu fungieren. Neben das öffentlich-rechtliche Regulationssystem soll gewissermaßen ergänzend ein privatversicherungswirtschaftliches Regulationssystem treten. Entsprechend wird erwartet, daß die Versicherungswirtschaft über ihre primäre Funktion des Risikotransfers und des Schadensausgleichs hinaus, Informationen über Umweltrisiken zusammenführt, analysiert und zur allgemeinen Information zugänglich macht, also Risikoforschung, Frühwarnsyssteme und Beratung betreibt. Begründet wird diese Forderung nach einer Funktionserweiterung mit dem Argument, daß die Versicherungsträger von vielen Seiten Informationen, 'weiche Signale' über mögliche neue Risiken beziehen und diese in einem Ausmaß systematisieren können, das die Kapazitäten der meisten Unternehmen übersteigt. Der Informations- und know-how-Vorsprung der Versicherer (zumindest gegenüber Klein- und Mittelbetrieben) ist zwar nicht von der Hand zuweisen, aber bisher ist gänzlich ungelöst, wer in welcher Form die entstehenden Kosten für derartige Leistungen trägt. Die entscheidende Grenze für die Realisation einer präventionsbezogenen Funktionserweiterung stellt der Wettbewerb und damit der Zwang zur einzelbetrieblichen Wirtschaftlichkeit dar - und d.h. die Kosten für derartige Leistungen müssen *ohne Wettbewerbsnachteile* über den Preis am Markt realisierbar sein; denn für den Versicherungsnehmer ist der Preis(vergleich) für das Produkt Versicherung immer noch primäres Beurteilungs- sprich Kaufkriterium. Aber auch wenn es gelänge derartige präventionsbezogene Leistungen ohne Wettbewerbsnachteile in das Produkt Versicherung zu integrieren, also die Finanzierung der Funktionserweiterung beispielsweise durch eine wettbewerbsneutrale Verbandslösung zu finanzieren, so dürften sich die enorm hohen Erwartungen, die an eine solche Entwicklung geknüpft werden, wohl kaum erfüllbar sein.

Inwieweit bestehende Möglichkeiten der Verhaltenssteuerung im Sinne einer verbesserten Risikovorsorge von den Versicherern auch genutzt werden, hängt nicht zuletzt vom Selbstverständnis der Versicherungswirtschaft ab. Die traditionelle Funktion der Versicherung ist darauf beschränkt, so die Standarddefinition, den Einzelwirtschaften Leistungen zum Ausgleich eingetretener Schäden zu gewähren. In dem Maße jedoch, wie die Möglichkeiten präziser Schadensprognosen durch Instabilisierung und die Klärung der kausalen und finalen Beziehungen durch die Komplexifizierung der Risiko-/Schadensursachen- und wirkungssysteme erschwert werden, erweist sich das traditionelle, auf Schadensausgleich reduzierte Funktionsverständnis als unzureichend. In den Beschreibungen der Versicherungswissenschaft gibt es Anzeichen für einen allmählichen Wandel des Selbstverständnisses der Versicherungswirtschaft, der auf Funktionserweiterung und präventionsorientiertes Risikomanagement hinauslaufen könnte (vgl. etwa Frey 1989; Frey/Walter 1988; Bayerische Rückversicherung 1987; Farny 1992). Als neue Funktionen, die die Versicherungswirtschaft angesichts eines beschleunigten Evolutions- und Veränderungstempos zu übernehmen habe, nennt z.B. Farny (ebd., 36f.) ein verstärktes Engagement in den Bereichen der Risiko- und Schadensforschung, die systematische Arbeit an der Entwicklung von Frühwarnsystemen, Beratung und Abwicklung des Risikomanagements von Industrieunternehmen sowie eine Fortentwicklung und Optimierung des versicherungstechnischen Instrumentariums, um die Grenzen der Versicherbarkeit zu verschieben.

Wir nehmen an, daß umweltbezogene präventive Effekte dann zu erwarten sind, wenn der Versicherungsträger gegenüber den Unternehmen über einen höheren Informationsgrad - etwa über das Schadenspotential bestimmter Stoffe, über die Organisierung eines effizienten betrieblichen Risk-Managements etc. - verfügt und diese Kenntnisse den Unternehmen auf die eine oder andere Weise zur Verfügung stellt. Zu vermuten ist, daß eine solche Situation ungleicher Informationsverteilung zugunsten der Versicherungen vor allem in bezug auf kleine und mittlere Unternehmen vorliegt. Während die Versicherungen »weiche Signale« über mögliche Zukunftsgefahren zulässiger Emissionen von vielen Seiten beziehen und systematisieren können, übersteigt das die Kapazitäten der meisten kleineren und mittleren Unternehmen.

Obwohl es, wie aus der einschlägigen versicherungswissenschaftlichen Literatur hervorgeht, eine theoretische Diskussion über Funktionserweiterungen gibt, liegen über die Intensität und das Ausmaß eines solchen Wandels gesicherte, empirisch fundierte Erkenntnisse und Untersuchungen nicht vor.

3.7. Zusammenfassung

Zunächst werden durch die rechtliche Haftungsregelung des UmweltHG Schäden aus dem Anlagebetrieb in monetäre Schadensersatzleitungen transformiert und diese dem Schädiger als Zahlungsverpflichtung wieder zugewiesen, so daß die Schadensausgleichsfunktion der Haftungsregelung zum Tragen kommt und damit für die Schadensopfer die Sicherheit konstituiert, daß ihr Schaden, soweit er durch Geldzahlungen zu kompensieren ist, auch ausgeglichen werden muß.

Die durch die Haftungsverpflichtung beim Anlagenbetreiber erzeugte Unsicherheit in Form des Zahlungsrisiko für zufällige Schäden kann er gegen eine regelmäßige Prämienzahlung an ein Versicherungsunternehmen weitergegeben, so daß für den Anlagenbetreiber - zumindest wenn und soweit keine oder nur eine geringe Differenz zwischen der Haftungsobergrenze und der versicherten Deckungssumme besteht - die Erwartungssicherheit wiederhergestellt ist. Und damit wird der von rechtlichen Haftungsregeln ausgehende Anreiz zur Durchführung von Maßnahmen zur Schadensvermeidung wieder weitgehend aufgehoben.

Indem Versicherungen riskantes Handeln ermöglichen, leisten sie zugleich und genau dadurch immer auch einen Beitrag zur ‚Vermehrung' von Risiken. Das paradoxe Ergebnis: (ökonomische) Sicherheit vermehrt die Bereitschaft, (hier: ökologische) Risiken einzugehen. Genauer formuliert: indem Versicherungen das Haftungsrisiko des einzelwirtschaftlichen Produzenten übernehmen, minimieren sie auf mikroökonomischer Ebene das Risiko dadurch, daß sie es kalkulierbar machen; durch diese Bereitstellung von Erwartungssicherheit verhindern sie einen übervorsichtigen Umgang mit Risiken - und ermöglichen riskante Produktion.

Grundsätzlich folgt die private Versicherungswirtschaft dem Risiko und kann obendrein durch die Übernahme der (Zahlungs-)Risiken bei den Versicherungsnehmern Anreize zu moralischem Risiko auslösen. Die Beiträge der privaten Versicherungswirtschaft zum Risk-Management im Umweltbereich bestehen primär in der Gewährleistung eines Schadensausgleichs und damit der Risikostreuung gegen Zahlung einer Prämie.

Vordringliche Aufgabe im Bereich der Risikokontrolle ist für die Versicherungsunternehmen die *Ausschließung schlechter Risiken* durch Anwendung der Risiko-Analyse und die Begrenzung der moralischen Risiken durch geeignete versicherungstechnische Maßnahmen wie einer Selbstbeteiligung des Versicherungsnehmers beispielsweise. Die Beiträge der privaten Versicherungswirtschaft zur Risiko-Begrenzung im Umweltbereich sind wahrscheinlich eher Nebeneffekte. Die durch eine risikobezogene Differenzierung der Prämien erzielbaren finanziellen Anreize sind eher gering, d.h. erwartbar sind hier bestenfalls Maßnahmen zur Schadensminderung nach einem Unfall (Stichwort: containment). Schließlich und endlich können die Versicherungsunternehmen durch Beratung der Versicherungsnehmer in Fragen des betrieblichen Risk-Managements einen gewissen Beitrag zur Schadensprävention leisten, wobei die Beratungskompetenz aber primär gegenüber Klein- und Mittelbetrieben besteht, da sie auch nur ihnen gegenüber einen know how-Vorsprung besitzen.

Da aber beim augenblicklichen Stand der Dinge zumindest für Normalbetriebsrisiken das Problem der Deckungsvorsorge nicht gelöst ist, stehen (besonders mittelständische) Unternehmen vor dem Entscheidungsproblem, ob sie in der Lage sind, solche nur niedrig gedeckten Risiken einzugehen. Es besteht - zumindest theoretisch betrachtet - die Möglichkeit, daß die niedrige Deckung für Normalbetriebsrisiken den Unternehmen nicht ausreicht und sie daher die mit entsprechenden wirtschaftlichen Aktivitäten immer verbundenen Risiken (angesichts der geringen eigenen Finanzkraft) nicht eingehen können oder wollen. Es kann daher nicht ausgeschlossen werden, daß das UmweltHG durchaus stärkere präventive Wirkungen haben kann, dann aber um den Preis einer nicht-intendierten Einschränkung der wirtschaftlichen Aktivitäten, entsprechender Investitionen sowie wissenschaftlich-technischer Innovationen (zumindest im Geltungsbereich des UmweltHG).

Aber auch diese (Entwicklungs-) Option (s. Priest 1990) ist abhängig von organisationsinternen Formen der Unsicherheitsabsorption, insofern erst diese Formen die Ausdifferenzierung risikoaverser Rückzugs- oder aber riskanter Präventionsstrategien effektiv orientieren (vgl. Japp 1997c, sowie Kap.4 und Kap. 6 dieser Untersuchung).

4. Risikosoziologische Konzepte

4.1. Vorbemerkung[1]

Im Folgenden wird eine risikosoziologische Folie entwickelt, die zum besseren soziologischen Verständnis der anschließenden Ergebnispräsentation des Forschungsprojekts dient. Sofern moderne Gesellschaften als 'Risikogesellschaften' beschrieben werden (Beck 1986), impliziert dies einen strukturellen Bezug zu Versicherungssystemen: Diese ermöglichen durch ihre Schadensausgleichsfunktion überhaupt erst die kalkulierte Übernahme von Risiken, jedenfalls im Kontext von wirtschaftsspezifischen Aktivitäten. Andererseits scheint der Titel der 'Risikogesellschaft' gerade an die Nicht-Versicherbarkeit von Risiken mit unkontrollierbaren Schadensfunktionen gebunden zu sein (Bonß 1995). Autoren wie Beck (1986/88) und Bonß (1995) deuten Phänomene der Nicht-Versicherbarkeit als Indizien für die Entwicklung der modernen Gesellschaft zur 'Risikogesellschaft'. Daran ist jedenfalls so viel wahr, daß nicht versicherte Risiken Grenzen der Risikoübernahme durch andere indizieren und daß entsprechend Korrelationen zwischen Nicht-Versicherung und Wohlfahrtsverlusten gezeigt werden können (Fess-Dörr et al. 1992, Priest 1990). Es ist also der Zusammenhang von Haftung und Versicherung, der - in diesem Fall - für gesellschaftliche Strukturänderungen verantwortlich gemacht wird. Diese Strukturänderungen lassen sich vielleicht am ehesten mit der Relativierung von gesellschaftlich zentralen Konflikten um die Verteilung wirtschaftlich knapper Güter in Verbindung bringen. Konflikte um die Verteilung der Lasten quer durch die Gesellschaft streuender Risikobereitschaften gewinnen demgegenüber zunehmend an Relevanz (Lau 1989, Luhmann 1991). Für diese 'moderne' Konfliktform ist der Zusammenhang von Haftung und Versicherung von erheblicher Relevanz[2]. Dies gilt insbesondere, wenn man bedenkt, daß Haftung und Versicherung generelles ökologisches Nichtwissen (Luhmann 1992) für wirtschaftliches Handeln insbesondere in der Form des Risikos spezifiziert. Auch wenn die ökologischen Folgen unbekannt sind, kann gehandelt werden, insofern im Notfall das Haftungsrecht die Zurechnung auf verantwortliches Handeln trotzdem erlaubt.

---

1 Dieses Kapitel stützt sich in Teilen auf einen Aufsatz, der im Kontext der Forschungsarbeiten zum vorliegenden Text publiziert wurde (Japp 1997c).

2 Kleindorfer (1987: 3) notiert einen generellen Krisenherd: „Angesichts der bundesgesetzlich verlangten Pflichtversicherung für Umwelt-Haftpflichtrisiken stellt der Zusammenbruch des Marktes für solche Versicherungsdeckungen für Regierung, chemische Industrie und Versicherungswirtschaft ebenso eine schwere Krise dar, wie für die Gemeinden und die Öffentlichkeit, die in der Unversicherbarkeit des Umgangs mit gefährlichen Stoffen ein deutliches Zeichen daraus drohenden Unheils sieht. Es zeigt sich sogar, daß diese Nichtversicherbarkeit sich nicht nur auf die Vereinigten Staaten beschränkt. Jüngere Berichte über die internationale Lage sprechen von ähnlichen Problemen in Europa".

Beck scheint eine Zunahme objektiver Schadensgrößen als Grund für die Zunahme dieser Relevanz zu unterstellen. Die Folgen von Tankerunglücken, Chemieunfällen oder Fehlmedikationen waren jedoch vor fünfzig Jahren nicht minder verheerend als heute. Was sich entscheidend geändert hat, ist neben der Generalaversion gegenüber zugemuteten Entscheidungsfolgen, die spezifische Aversion gegen (nicht versicherte) Folgen von Entscheidungen anderer, wie etwa im Falle von (emissionsbedingten) Einkommensverlusten ortsansässiger Drittbetroffener (Fischer, Autobesitzer u.a.) oder im Falle von toxischen Effekten von Mülldeponien (Fowlkes/Miller 1987). Wir gehen deshalb von einem Zusammenhang zwischen gesellschaftlicher Risikoaversion, politisch induzierter Ausdehnung des rechtlichen Haftungsrahmens und Problemen der Deckung durch Versicherungen bei ökologischem Nichtwissen aus. Gewisse, eher politisch zu verantwortende Großrisiken waren demgegenüber ohnehin noch nie - jedenfalls nicht allein gewerblich - versicherbar: Kernkraft, Kohleverstromung, Raumfahrt. Ein Ansatz, der mit vermeintlich 'objektiven Kriterien' arbeitet, übersieht, daß die Gesellschaft ihre Risikoaversion, die sich in Versicherbarkeits- und verschärften Haftungskriterien dokumentiert, selbst erzeugt[3]. Nur deshalb lohnt es sich auch zu fragen, wie sie das macht.

Im folgenden soll ein Zusammenhang zwischen der Idee ökologischer Prävention, modernen Formen der Umwelthaftung und organisatorischen Formen des Umgangs mit ökologischem Nichtwissen herausgearbeitet werden. Dieser Zusammenhang wird grundsätzlich durch die Institution der Versicherung vermittelt. Diese verarbeitet Haftungsanforderungen, (ökologisches) Nichtwissen und Präventionserwartungen. Die Thematisierung der modernen Gesellschaft als 'Risikogesellschaft' wird jedoch primär mit dem Phänomen der Nicht-Versicherbarkeit in Verbindung gebracht. Nicht-Versicherbarkeit indiziert Unkalkulierbarkeit von Schadensfunktionen (Nichtwissen) und den potentiellen Rückzug aus Aktivitäten, für die keine Schadenskompensation generiert werden kann. Allerdings wollen wir zeigen, daß die Kommunikation von Sicherheitserwartungen diese ‚Exitoption‘ blockieren kann. Im Gegenzug zu derartigen Sicherheitserwartungen führen störfallbedingte Vertrauensverluste (vgl. etwa: BSE) zu kognitiven Anpassungen (Grenzwerte[4]), die jedoch immer nur die Grenze zum ökologischen Nichtwissen verschieben. Dieses bleibt der 'Risikogesellschaft' erhalten, so daß sich keine Funktion für das 'richtige Maß' an Prävention ermitteln läßt. Sicherheit

---

[3] Es ist ja weithin bekannt, daß 'objektive' Risikomaße und soziale Risikoaversion gewöhnlich nicht übereinstimmen (vgl. nur Douglas 1985).

[4] Zum Beispiel: Rinder bis zum Alter x sind ungefährlich, alle anderen nicht. Die Risikokommunikation kann diese Differenz nutzen und Sicherheitserwartungen plazieren. Weiterhin sei angemerkt, daß die Identifikation von BSE mit der Kategorie 'Störfall' einen sehr weiten Störfallbegriff voraussetzt. Jedenfalls diskriminiert er nicht zwischen konventionellen Störfällen und Normalbetriebsrisiken gemäß der Umweltgefährdungshaftung (s.w.u.).

scheint nur im Hinblick auf 'zuviel' und 'zuwenig' Prävention gegeben - zumindest für die jeweiligen Beobachter[5].

4.2. Umwelthaftung

Die Institutionalisierung einer verschuldensunabhängigen Gefährdungshaftung für den erlaubten Normalbetrieb (1991), also einer Schadensersatzpflicht für rechtmäßige Handlungen, mit denen nach dem bisherigen Stand von Technik und Wissenschaft kein konkretes Schadensrisiko verbunden war, läßt sich als Versuch begreifen, mit neuen Rechtsformen dem Problem der wissenschaftlich-technisch ermöglichten und wirtschaftlich exekutierten Risikoproduktion zu begegnen. Damit jedoch wird die Form der kontrafaktisch geltenden Rechtsnorm gesprengt, die sicherstellt, daß die Rechtsfolgen vorhersehbar, daß das Urteil über Recht oder Unrecht einer Handlung unabhängig von seinen in der Zukunft liegenden Folgen bestimmbar ist. Die Einbeziehung der Entwicklungs- und Verborgenheitsrisiken, eben die Risiken des *Normalbetriebs*, in die Gefährdungshaftung läßt diese Formveränderung prägnant hervortreten[6]. Wurde die Gefährdungshaftung bisher, etwa im Kraftfahrzeugbereich, „wegen erkannter oder bekannter Gefahren, die sich bei unsachgemäßem Gebrauch ... verwirklichen, zum Schutz der Opfer eingeführt", so geht es in „ihrer 'modernen Ausgestaltung' ... dagegen um ein Substitut für zur Zeit nicht erkennbare, damit auch nicht kalkulierbare, aber befürchtete, aus technischen/naturwissenschaftlichen Entwicklungen sich ergebende Risiken - eben 'Entwicklungsrisiken'" (Breining 1990: 198).

Die Politik transformiert gewisse Risiken des technisch-wissenschaftlichen Fortschritts über das Rechtsinstitut der verschuldensunabhängigen Gefährdungshaftung für den genehmigten Normalbetrieb gewissermaßen in das Wirtschaftssystem zurück[7]. Tritt ein Schaden ein, so muß im Prinzip auch für rechtmäßige Handlungen (Normal-

---

5 Die gesellschaftliche Referenz der Präventionsidee verweist also auf 'Kontingenz als Eigenwert der Moderne' (Luhmann 1992a): Prävention ist hochgradig beobachtungsempfindlich. In Anlehnung an eine bekannte Formulierung kann man fragen: Wieviel und welche Prävention ist präventiv genug - und man wird keine verbindliche Antwort erhalten. Darin ist das gesellschaftliche Moment an Modernität des Mythos Prävention zu sehen: In seinem hohen Kommunikationswert als Dauerproblem mit immer nur temporären Lösungen. Das ist interessant für Politik, Wissenschaft und Recht als Funktionssysteme der Gesellschaft, die für die Fortsetzung ihrer Operationen verstärkt Probleme ansaugen, für die es keine abschließenden Lösungen gibt. Die Organisationsreferenz spezifiziert dieses Modernitätskriterium auf die regelgebundene Vorsorge für zukünftig mögliche Schäden. Wie mit der Kontingenz dieser Vorsorge (und eben nicht: kausaler Antizipation) in Organisationen umgegangen wird, ist Gegenstand der folgenden Überlegungen.

6 Als geradezu klassisch gelten in dieser Hinsicht die Fälle Asbest und Thalidomid. In beiden Fällen kann man nicht von einem (betrieblichen) Störfall sprechen, insofern die gesundheitsbeeinträchtigenden Wirkungen der Stoffe erst nach Markteinführung und auch dann erst im Zuge sich *entwikkelnder* wissenschaftlicher Beobachtungen zu Tage traten.

7 Zum Begriff der Risikotransformation: Japp 1996: 143f.

betrieb entsprechend den 'Verkehrspflichten'[8]) gehaftet werden. Durch diese Rechtskonstruktion sollen die Wirtschaftsunternehmen als Risikoproduzenten dazu veranlaßt werden, unsichere externe Effekte zu internalisieren, also die Möglichkeit eines Schadens vorsorglich in Rechnung zu stellen. Da es sich bei den Entwicklungs- und Verborgenheitsrisiken des Normalbetriebs, im Unterschied zu konventionellen Störfällen, um Schadensmöglichkeiten mit sehr geringer Eintrittswahrscheinlichkeit handelt, bleibt allerdings unklar, inwiefern die Einführung der Gefährdungshaftung für den Normalbetrieb eine präventive Wirkung entfalten kann. Dies ist zumindest dann fraglich, wenn man davon ausgeht, daß 'gerade die Unkenntnis ... eine gezielte Risikopolitik verhindert' (Feess-Dörr et al. 1992: 98). Wie bei allen Risikofragen gilt auch hier, daß man die Zukunft nicht kennen kann, daß man mit 'ökologischem Nichtwissen' zu rechnen hat (Luhmann 1992). Dies alles schließt eine präventive Einstellung in bezug auf Entwicklungsrisiken natürlich nicht aus. Sie wird ganz erheblich erschwert, aber das wäre nichts weiter als die Normalschwelle für jegliche Art von Innovation. Innovationen basaler Art sind ja immer eine Art Schwellenereignis und gerade nicht im technisch-wirtschaftlichen Normalverlauf zu erwarten.

Gleichwohl, dieses Problem des Nichtwissens, das sich gleichsam durch die Massierung von unerwünschten Nebeneffekten der Technikentwicklung dokumentiert, lenkt die Aufmerksamkeit vordringlich auf Kriterien der Versicherbarkeit im Kontext der Haftung für Entwicklungsrisiken (s. Abschnitt 3.6). Versicherungen können ja gerade dort erneut Erwartungssicherheit schaffen, wo das Recht durch den Fall einer vom Verschulden unabhängigen Haftung Unsicherheit schafft: Unsicherheit hier in dem spezifischen Sinne der Unabhängigkeit des Haftungsfalles von vorsätzlichem oder fahrlässigem Verhalten und seiner Abhängigkeit von *allgemeinen* Entwicklungen von Technik und Wissenschaft. In diesem Falle entsteht auch für Versicherungen ein außergewöhnliches Risiko schlecht oder gar nicht kalkulierbarer Schadensfunktionen[9]. Sie können darauf reagieren, indem sie Versicherungsschutz bis zu den gesetzlichen Haftungsobergrenzen zu wirtschaftlich kompatiblen Bedingungen gewähren. Dieser Fall würde Präventionsanreize auf der Seite der Versicherten eliminieren - das Risiko würde auf die Seite der Versicherer übergehen, einmal abgesehen von speziellen Versicherungskonditionen, die dies verhindern könnten (Prämiendifferenzierung, bonus-malus-Systeme, Selbstbehalte u.a.; s. Abschnitt 3.6.3). Der Anreiz läge hier in hohen Prämien bei geringen Schadenseintrittswahrscheinlichkeiten mit allerdings hohem Schadenspotential. Der Gegenfall bestände in der Minimierung des Versicherungsschutzes, bei Konzentration auf wenige 'sichere' Geschäfte, mit der möglichen Folge ‚perverser' Präventionseffekte in Gestalt unterlassener Investitionen und Innovationen

---

8 Das schließt auch Konformität mit dem 'Stand von Wissenschaft und Technik' ein.

9 „Der bei weitem störendste Aspekt bei der Schätzung der Daten für die Versicherungswirtschaft lag im „Erahnen" der richterlichen Auslegung von Versicherungsverträgen. In dieser Hinsicht werden täglich neue Präzedenzfälle geschaffen und in Berufungen wieder angefochten" (Kleindorfer 1987: 18).

oder Kapitalflucht (Wohlfahrtsverluste). Hier läge der Anreiz gerade umgekehrt in der Senkung des versicherungseigenen Risikos. Der erste Fall gilt aus risikopolitischer Sicht, der zweite aus wirtschaftspolitischer Sicht als unerwünschtes Risiko. Allerdings scheinen die Konkurrenzbedingungen auf Versicherungsmärkten und politisch-rechtliche Rahmenbedingungen dafür zu sorgen, daß diese Extreme - zumindest längerfristig - ausscheiden. Selbst in Amerika scheint dies der Fall zu sein (Kleindorfer 1987).

Der Übergang zu Formen der Gefährdungshaftung hängt mit der Ausdehnung des Haftungsrahmens zusammen[10]. Die Einbeziehung des bestimmungsgemäßen Betriebs und der sog. Entwicklungsrisiken sind dabei von zentraler Bedeutung, insofern nicht auf Verschulden zugerechnet und trotzdem gehaftet wird - und dies im Kontext dessen, was als 'ökologisches Nichtwissen' (Luhmann 1992) bezeichnet werden kann. In diesem Zusammenhang werden Diskussionen geführt, die die (relative) Unmöglichkeit von Prävention (Kirsch 1988), deren Unproduktivität (Wildavsky 1989), sowie schließlich deren Möglichkeit *und* deren Produktivität (Jänicke 1986/1992) betonen. Auf der eher gesellschaftstheoretischen Ebene, auf der diese Positionen angetroffen werden können, lassen sie sich kaum entscheiden. Sie sind, aus den entsprechend allgemeinen Beobachterperspektiven, alle im Recht und auch wieder nicht (siehe etwa Wildavsky et al. 1989). Da es in jedem Fall um Entscheidungen geht, die im Schadensfall als Risiken zugerechnet werden, wollen wir uns im folgenden auf die Ebene des Sozialsystems Organisation beziehen, um den Status der 'Idee ökologischer Prävention' einzugrenzen. Dabei geht es ersichtlich nicht um ökologische Prävention allgemein, sondern um Prävention unter Bedingungen ökologischen Nichtwissens. Aber dies ist natürlich auch keine eng gesetzte Bedingung. Noch nicht einmal die irgendwann einmal ganz sicher (!) als harmlos unterstellte Verfütterung von Tiermehlen (BSE-Konflikt) fällt aus dieser Bedingung heraus.

4.3. Rationalität und Wirtschaftlichkeit

Als Ausgangspunkt für die folgenden Überlegungen dient uns das Verhältnis von rechtlichen Haftungsobergrenzen und Deckungsgrenzen durch die Industrieversicherungen im Kontext der Normalbetriebsrisiken. Dieses Verhältnis hat sich in der Bundesrepublik auf jeweils 160 Millionen DM als Haftungsobergrenze für Personen- und Sachschäden im Rahmen der Umweltgefährdungshaftung und demgegenüber auf 20 Millionen (pro Unternehmen) versicherte Deckung eingestellt. Es ist also nicht der Fall unversicherter Haftung und auch nicht der Fall vollständig versicherter Haftung gegeben, sondern eine *Differenz* zwischen diesen Polen. Diese Differenz könnte man als Irritationszone etwa für die versicherten Unternehmen der Chemiebranche auffassen, in-

---

[10] Immerhin werden dabei größere Umbauten des Rechtssystems in Kauf genommen, die allerdings kontrovers beurteilt werden. Vergleiche etwa Luhmann (1986) und dagegen Ladeur (1992).

sofern die Deckungslücke zu gesteigerten Unsicherheiten im Bereich unkalkulierbarer Entwicklungsrisiken führen könnte. Zwei gegenläufige Optionen, die allerdings einen Rahmen strikter wirtschaftlicher Zweckrationalität unterstellen, könnten folgendermaßen aussehen: Wegen der Deckungslücke werden *umfassende* Präventionsanstrengungen unternommen, um dem Fall einer ungedeckten (oder nur zum Teil gedeckten) Haftung für Schäden aus dem genehmigten Normalbetrieb zu entgehen. Dies ist empirisch (s. Kap. 5) nicht der Fall und auch der einschlägigen Literatur kann eine derartige Reaktion nicht entnommen werden (vgl. etwa Feess-Dörr et al. 1992). Eine ebenfalls den Rahmen wirtschaftlicher Zweckrationalität unterstellende Option wäre die, wegen der unsicherheitsbedingten Aussichtslosigkeit erfolgreicher Prävention im Falle von Entwicklungs- oder Normalbetriebsrisiken diese Prävention *ganz* zu unterlassen und sich 'irgendwie' mit dem mangelnden Versicherungsschutz abzufinden. Auch dafür gibt es keine empirischen Belege (s. Abschnitte 5.3.2, 5.4.2) und auch keine stichhaltigen Hinweise aus der einschlägigen Literatur (ebd.). Wenn diese (wirtschaftlich zweckrationalen) Optionen je für sich nicht haltbar erscheinen, welche kommen dann in Frage[11]?

Wir wollen im folgenden argumentieren, daß nur der scheinbar paradoxe Fall der Gleichzeitigkeit beider Optionen theoretisch anschlußfähig und empirisch haltbar ist. Ermöglicht wird dies durch die entlastende Wirkung struktureller Differenzen (bzw. Differenzierungen) der Organisation. Dabei schleifen sich die genannten Extreme gleichsam aneinander ab: Präventionsoptionen sind nicht in einem irgend 'rationalen' Sinne frei verfügbar, sondern durch die Geschichte, die Struktur und die Umweltbeziehungen des betroffenen Systems 'gebunden' (Brunsson/Olsen 1993: 18ff.). Mit anderen Worten: Sie folgen nicht womöglich 'autonomen' zweckrationalen Optimierungskriterien, sondern innerorganisatorischen 'Regeln der Angemessenheit' (March/Olsen 1989)[12]. Hintergrund für diese Differenz sind die rationalitätsblockierenden Effekte ökologischen Nichtwissens durch Unsicherheit über Alternativen und deren Konsequenzen. Diese Effekte können jedoch durch Sicherheitskommunikatio-

---

11 Daß die Unterstellung 'autonomer' wirtschaftlicher Zweckrationalität offenbar keinen hohen Erklärungswert hat, soll hier ausdrücklich notiert werden. Der mainstream der einschlägigen Literatur läßt sich gleichwohl von dieser Unterstellung leiten (Brüggemeier 1989, Breining 1990, Feess-Dörr et al. 1992, Kirchgässner 1992, Klöpfer 1988). Wir verweisen an dieser Stelle auf die Diskussion um 'embeddedness' (Granovetter 1985, Beckert 1996). Für die hier verfolgten Zwecke macht diese Diskussion auf das Problem aufmerksam, wie Kosten- und Nutzenbegriffe einer wirtschaftsrationalen Kalkulation sich auf 'Kontexte' (Granovetter) stützen können, die Stoppregeln der Informationssuche vorgeben, also sichere Abstützpunkte für prinzipiell 'offene' Kostenkalkulationen generieren und in diesem Sinne die Technik wirtschaftsrationaler Kalkulation überhaupt erst tragfähig machen. Andernfalls müßten Unsicherheiten in die relevanten 'Kosten' und 'Nutzen' eingerechnet werden. Es sind genau die dies erübrigenden Kontexte, die wir im folgenden mit der Suche nach rationalitätsentlastenden Mechanismen der organisationsinternen Kommunikation meinen. Eine über den 'embeddedness'-Ansatz hinausgehende Position wird von March vertreten: "In this view, meaning is not established to make decisions; decisions are made to establish meaning" (1994: 208).

12 Siehe zu diesem Problemkreis auch Beckert (1996), Japp (1996) und Zey (1992).

nen kompensiert werden, die Erwartungen im Hinblick auf überraschungsfreie, kontinuierliche Produktion sedimentieren. Wenn dies gelingt, können wirtschaftsrationale Kalkulationen (lohnt sich Versicherung?, lohnt sich Prävention?) gleichsam als post hoc-Argumente mit Rationalitätsreferenz wirksam werden. Diese Kalküle transportieren also immer schon Sicherheitsprämissen der Kommunikation, die für die organisationsinterne Relationierung von Präventionserwartungen *kritische* Schwellen konstituieren. Vor diesem Hintergrund ist es nicht überraschend, daß Präventionspräferenzen in Wirtschaftsorganisationen maßgeblich an der Überzeugungskraft von Sicherheitserwartungen orientiert werden - wie in anderen Organisationssystemen auch, ob sie nun an die Rationalität von Kosten/Nutzen-Kalkülen oder an die Rationalität von kalkulierten Machtdifferenzen oder auch an die von Wahrheitsdifferenzen gebunden sind.

Unsere eigenen Forschungsresultate diskriminieren ziemlich stark zwischen den skizzierten Präventionsoptionen, und zwar zugunsten einer deutlichen Abneigung gegen zusätzlichen Präventionsaufwand. Die Resultate aus Befragungen des Verbandes großer Industrieversicherer (Verband der Schadensversicherer, ehemals HUK), dem Verband der Chemieindustrie (VCI) und großen Chemieunternehmen inspirieren durchaus zu einer vorsichtigen Hypothesenbildung im Kontext bewährter Theorien. Eine erste Hypothese läßt sich auf den Punkt zusammenziehen, daß Prävention im Kernbereich der technischen Produktion eher marginalisiert wird: Als eine Art Standard gilt: 'Wir arbeiten immer schon am oberen Limit. Und wir können in aller Bescheidenheit sagen, unser Know-how über unsere Anlagen ist Weltspitzen-Knowhow'. Größere Bedeutung wird präventiven Optionen in den Versicherungs- und Rechtsabteilungen der Unternehmen beigemessen und erst recht in den Versicherungen und ihrem Verband selbst (s. Abschnitt 5.4.1). Der Präventionsbezug besteht hier allerdings recht deutlich in einem selbstreferentiellen Bezug auf vorbeugende Operationen für den *Haftungsfall*: Versicherungen organisieren Dokumentations- und Informationsaktivitäten und Systeme, die den bestimmungsgemäßen Normalbetrieb dokumentieren können und es Chemieunternehmen ermöglichen, eine Art haftungsbezogene 'Beweislastprävention' zu betreiben, die den 'technologischen Kern' (Thompson 1967) der Chemieproduktion gleichsam 'exkulpiert'[13]. Vom 'technologischen Kern' der produzierenden Unternehmen zu den Versicherungen hin nimmt die kommunizierte Relevanz von Entwicklungsrisiken zu und in umgekehrter Richtung nimmt sie ab. Jene Deckungslücke scheint also differentielle Präventionsoptionen zu generieren. Zunächst wird zwischen technischer und haftungsbezogener Prävention unterschieden, und des weiteren scheint sich eine starke Asymmetrie zugunsten *haftungsbezogener* Präventionsaktivitäten herauszubilden, für die sich vor allem Versicherungs- und Rechtsabteilungen interessieren (5.2.5). Die technische Produktion selbst wird dann jedenfalls von Rationalitätszumutungen 'entlastet', die möglicherweise außerhalb der eigenen Entwicklungspfade (Knie/Helmers 1991) auch der umweltbezogenen Investi-

---

13 Wenn der Betrieb die Einhaltung der normalbetrieblichen Verkehrspflichten für die vergangenen zehn Jahre dokumentieren kann, entfällt die partielle Beweislastumkehr ('Kausalitätsvermutung').

tionen liegen[14]. Die Folge besteht in einer zirkulären Stärkung des Vertrauens in die Sicherheit und Effektivität der industriellen Produktion im Sinne einer selbst produzierten 'Kompetenzfalle': „The positive feedback loop produces considerable competence in using a current rule and makes substitution of another (potentially superior) rule difficult through a learning process. In this way the natural processes of learning can easily lead to a competency trap, a stable suboptimal solution" (March 1994: 96). Es bleibt allerdings die Frage, was im Kontext ökologischen Nichtwissens eine *optimale* Lösung sein könnte. Immerhin aber sollte deutlich geworden sein, daß ein System durch zirkulär sich verstärkende Sicherheitskommunikation Kontingenz ausschaltet und womöglich *einen* technischen Entwicklungspfad konserviert (Knie/Helmers 1991, Ladeur 1987)[15].

Wir resümieren an dieser Stelle die wichtigsten Punkte zum Verhältnis von (wirtschaftlicher) Kalkulationsrationalität und organisationsspezifischen Verarbeitungsmustern von Unsicherheit. Zunächst ist festzuhalten, daß ein in der einschlägigen Literatur verbreitetes Argument empirisch nicht zutrifft: Bei gegebenen Haftungsobergrenzen und (vollständigem) Versicherungsschutz führt nur Gefährdungshaftung zu einer (paretooptimalen) Beziehung von Sorgfaltsniveau (i.w.S. Prävention) und Aktivitätsniveau (Produktion/Innovation). Das mag modelltheoretisch so zutreffen (s. Fees-Dörr et al.: 103f.), empirisch werden die Bedingungen vor allem versicherungsseitig nicht erfüllt[16]. Aber auch wenn die Bedingungen empirisch erfüllt wären, gäbe es doch erheblichen Anlaß zum Zweifel am angenommenen Resultat. Bei nur partieller Versicherungsdeckung müßte ja aus denselben Wirtschaftlichkeitskalkülen heraus auf ein überproportionales Sorgfaltsniveau (Prävention) geschlossen werden, insofern dieses drohende Deckungslücken zu kompensieren hätte.

Wie wir gesehen haben, trifft genau dies nicht zu. Dafür werden gewöhnlich drei Argumente in Anschlag gebracht, die man wirtschaftsrational interpretieren kann, insofern sie einen zentralen Bezug zwischen Ertrag und Kosten zum Ausdruck bringen

---

14 Mit 'Rationalität' meinen wir in diesem Zusammenhang die Implikation jeglichen *rational choice*: Eine über das Übliche hinaus gesteigerte Kontingenz durch Aufmerksamkeit für Alternativen und deren vermutete Konsequenzen (Brunsson 1985, March 1994). Daß das System sich selbst von solchen Rationalitätszumutungen entlasten kann, soll jedoch nicht heißen, daß alle verfügbaren Irritationsquellen neutralisiert werden. Es soll allerdings heißen, daß Irritationsquellen pfadabhängig *begrenzt* werden.

15 Die Fälle, die Kleindorfer für kalkulationsabhängig hält, sind es unter der Prämisse verschärfter, i.e. sich selbst verstärkender Sicherheitskommunikation eben nicht mehr (vgl. auch Brunsson 1985): „Das Unternehmen hat die Wahl zwischen mehreren Handlungsalternativen, die die Eintrittswahrscheinlichkeit für einen Unfall (...) beeinflussen. Es hat zu entscheiden, wieviel es für Sicherheitsmaßnahmen (...) ausgeben will, um Unfälle zu vermeiden. Ebenso muß es die geeignete Versicherungsdeckung für die Haftung im Falle eines Unfalles auswählen" (Kleindorfer 1987: 6). In all diesen Hinsichten kann sich ein System, das sich mit stabilen Sicherheitserwartungen versorgt, ganz beträchtlich entlasten. Und der deutsche Haftungskontext scheint diese Selbstentlastung jedenfalls nicht sonderlich zu behindern.

16 Allerdings gibt es auch nach wie vor keine 'Deckungsvorsorgeverordnung' seitens des Gesetzgebers.

(s. Abschnitte 2.6, 5.3): Erstens wird die geringe Eintrittswahrscheinlichkeit von Entwicklungrisiken, in Verbindung mit dem hohen Technikstandard der eigenen Anlagen, mit *daran gemessen* zu hohen Kosten forcierter Prävention in Verbindung gebracht (s. Abschnitt 5.3.1). Zweitens wird (zumindest bei Großunternehmen) die Höhe der Haftungsgrenzen, in Verbindung mit der (relativ geringen) Ausgabenquote für Umweltschutz, mit den *daran gemessen* zu hohen Kosten forcierter Prävention in Verbindung gebracht (s. Abschnitt 5.3.1). Und schließlich wird drittens die technische Unwahrscheinlichkeit von Präventionserfolgen (im Falle von Entwicklungsrisiken) mit *daran gemessen* zu hohen Kosten forcierter Prävention in Verbindung gebracht (2.6). Diese Kalküle sollen fehlende zusätzliche Präventionsbemühungen (wirtschaftsrational) rechtfertigen. In allen Fällen wird der 'Ertrag' in Form der Risikoreduktion mit 'überproportionalen' Kosten relationiert.

Zum ersten Argument ist zu sagen, daß zwar zuzugeben ist, daß die Eintrittswahrscheinlichkeit von Entwicklungsrisiken gering ist, dagegen aber ihr potentiell unbegrenztes Schadenspotential gerade aus wirtschaftsrationalen Erwägungen heraus zusätzliche Prävention als zweckdienlich erscheinen lassen würde[17]. Offenbar wird *diese* Konstruktion durch stabile Sicherheitserwartungen (Erwartungen, daß ein katastrophaler Störfall extrem – vernachlässigbar extrem – unwahrscheinlich ist), maßgeblich gestützt durch den hohen eigenen Technikstandard, blockiert. Zum zweiten Argument ist zu sagen, daß es schlicht unwahrscheinlich erscheint, dieser Konstruktion *ohne* stabile Sicherheitserwartungen im Hintergrund Bindungswirkungen zuzumuten. Zum dritten Argument schließlich ist zu sagen, daß zwar unsicher sein mag, wie Entwicklungsrisiken vorzubeugen ist, andererseits aber nicht zu sehen ist, wie das allein Präventionsunterlassung rechtfertigen kann, wenn es *keine* Sicherheiten im Hinblick auf zu erwartende Kosten in einer unbekannten Zukunft *gäbe*[18]. Auch hier müssen wir also um der Haltbarkeit der kommunikativen Konstruktion (von Rationalität!) willen stabile Sicherheitserwartungen voraussetzen. Erst diese Erwartungen[19] oder 'Eigenwerte' der Kommunikation (v. Foerster 1993) ermöglichen eine sich darauf stützende rationale Kalkulation von Kosten und Nutzen der Prävention in einem wirtschaftlichen Sinne[20]. Diese bezieht ihre Geltung aus dem Prozeß des *retrospective sensemaking* (Weick 1995a) einer immer schon zugrunde liegenden Realität *sicherer*, i.S.v. umweltangepaßter, Kommunikation (Luhmann 1990). Der - für Wirtschaftsorganisatio-

---

17 Schließlich geht es nicht nur um die mögliche (begrenzte) Haftung, sondern um Änderungen der Rechtssprechung, der Gesetzgebung und um die wirtschaftspolitischen Evolutionschancen der Chemieindustrie insgesamt.

18 Siehe außerdem (und darüber hinaus) die Argumentation von March u.a. (1991), die auf Präventionskapazitäten trotz sehr kleiner Grundgesamtheiten (,small samples') zielt.

19 Genau genommen handelt es sich um Erwartungserwartungen. Erst diese wirken strukturbildend (Luhmann 1984: 411f.

20 Diese Kalkulation folgt dem Code: Es lohnt sich/es lohnt sich nicht; jedoch nicht in Form einer 'autonomen' Rationalität: „Goals and preferences, being so changeable, are not causes, but rather they are spun after the fact as part of accounting for what has already happened" (White 1992: 8).

nen - identitätsverbürgende Bezug auf rationale Wirtschaftlichkeit allein reicht nicht aus, bzw.: kann aus sich heraus keinen ausreichenden Kommunikationshalt generieren.

Diese soziologische ‚Rahmung' des Kalkulationsproblems läßt sich auch dahingehend zusammenfassen, daß *jegliche* technisierte (Risiko-) Kalkulation *Vertrauen* in deren Prämissen voraussetzt. Andernfalls gewinnt keine (Risiko-) Kalkulation die nötige innere Sicherheit (!)[21].

4.4. Erfahrungen und Erwartungen unter Unsicherheit

Um diese Einbettung ‚rationaler Kalküle' in zugrunde liegende Erwartungsstrukturen beschreiben zu können, wollen wir einige basale Befunde der Risikoforschung referieren, von denen wir annehmen, daß sie sich auch in den hier zur Diskussion stehenden empirischen Befunden zeigen werden. Wichtiger ist jedoch, daß risikosoziologische Befunde und Argumente die Annahme stützen, daß auch in Wirtschaftsorganisationen ‚autonome' Rationalitätskriterien eher die Ausnahme sind. Prinzipiell gehen wir mit March (1994) u.v.a. davon aus, daß sich technische und soziale ‚Rationalitäten' voneinander unterscheiden und daß dies gravierende Folgen für jegliche Art der Risikokommunikation hat. „Technically valid estimates are those that reflect the true situation faced by the situation maker. Socially valid estimates are those that are shared by others, are stable, and are believed with confidence" (1994: 36). Unter Bedingungen mehr oder minder hoher Entscheidungsunsicherheit wird eine ‚true situation' diejenige sein, die der Entscheider mit anderen teilt, die stabil ist und der er vertraut. „Risk is a Construct" (Bayerische Rück 1993). Im Folgenden sollen die wichtigsten Resultate der empirischen Risikoforschung eingeführt werden und dies unter dem Gesichtswinkel, daß einer ihrer Hauptbefunde, informationsverarbeitende Heuristiken, ihre Funktion der Reduktion von Komplexität auf sozial anschlußfähige Beurteilungskriterien auch im vorliegenden Untersuchungszusammenhang erfüllen. „The use of shortcuts, or heuristics, is sometimes efficient in that they facilitate judgements without tremendous information-processing costs" (Gowda 1999: 60)[22].

Wie anderen Bewertungen auch, liegen Risikobewertungen (konstruierte oder einfach: interpretierte) Erfahrungen und darauf gestützte Erwartungen zugrunde. Zum

---

[21] Womit auch noch einmal klar wird, daß es nicht etwa um Ausblendung wirtschaftlicher Kalkulationsrationalität geht, sondern nur um deren ‚soziale Rahmung'. Durchaus i.S. von *framing*, wie wir noch sehen werden.

[22] An der Diskussion ob der Gebrauch dieser Heuristiken ‚rational' oder nicht ist – etwa im Verhältnis zur Expertenkommunikation – wollen wir uns hier nicht beteiligen. Über den alten Gegensatz von rational/irrational ist die Diskussion jedenfalls seit langem hinaus. Eher geht man (s. Perrow 1987) davon aus, daß Experten auch Heuristiken benutzen (müssen) und daß Laien eher auf qualitative Bewertungen von Risiken zielen, Experten dagegen auf übertragbare Messungen – wie Tote pro Unfall oder montäre Belastungen des Gesundheitssystems durch schädliche Emissionen. Was davon ‚rational' ist, darüber entscheiden die Effekte der Risikokomunikation etwa in der politischen Öffentlichkeit (s. z.B. Rescher 1983).

Beispiel generiert die Erfahrbarkeit eines Risikos (eines aktuellen Störfalles etwa), dessen Präsenz in den Medien und entsprechend in der öffentlichen Kommunikation die Erwartung, daß gerade dieses Risiko (dieser Risikotyp) besonders relevant, häufig vorkommend und zu bekämpfen sei. Dieses Phänomen der an *Verfügbarkeit* von Wahrnehmungen und Informationen orientierten Erfahrung und Erwartungsbildung wird in der Risikosoziologie als *availability-Heuristik* geführt (Kahnemann et al. 1982). Bei Prozessen der Risikobewertung führt diese Heuristik regelmäßig zur Überbewertung gerade verfügbarer Ereignisse gegenüber denen, die einen aktuell geringeren Erinnerungswert haben. Ursprünglich eher individualpsychologisch konzipiert, werden solche Heuristiken zunehmend soziologisiert (Heimer 1988), d.h., sie werden in einen Zusammenhang gestellt, der die Prägung der Risikokommunkation durch große Organisationen und insb. die Massenmedien herausstellt, die solche Heuristiken benutzen und verbreiten.

Eine weitere Heuristik, die zu bestimmten *biases* in der Bewertung von Risikoereignissen führt, ist die *representativeness*-Heuristik (Kahneman et al.: a.a.O.). Ohne Rücksicht darauf, ob ein Risikoereignis relativ häufig auftritt, wird es als besonders relevant bewertet, wenn es als *repräsentativ* angesehen wird. Zum Beispiel werden häufig die Todesfälle aufgrund der Folgen des Rauchens für geringer gehalten als diejenigen aufgrund der Teilnahme am Straßenverkehr obwohl es - statistisch gesehen - gerade anders herum ist. Die Teilnahme am Straßenverkehr wird einfach für das prototypische oder eben repräsentative Risiko gehalten und deshalb - quantitativ jedenfalls - überbewertet. Auch diese Heuristik hängt natürlich maßgeblich von öffentlich wirksamen *framing*-Effekten ab (Heimer 1988) und ist keinesfalls ein lediglich individualpsychologisches Phänomen. Z.B. wird (immer noch) die Teilnahme am Straßenverkehr als ‚unfreiwilliges' und das Rauchen als ‚freiwilliges' Risiko gesehen. Freiwillige Risiken werden jedoch strukturell unterbewertet (vgl. schon Starr 1969).

Diese von der sog. kognitivistischen Psychologie (Slovic et al. 1980) ‚entdeckten' Heuristiken verweisen auf die basale Abhängigkeit von Risikobewertungen von sozialen Kontexten, die Bewertungsunsicherheit reduzieren und – dies gilt auch für die sog. ‚Experten' – Entscheidungen ermöglichen, die ansonsten in der Oszillation von Unsicherheit verschwinden würden. Dieser Zusammenhang wird weiterhin gestützt durch *reference point effects* (Kahneman/Tversky 1974), die ein Risiko wie AIDS je nach Hintergrundsdeutung z.B. der eigenen Risikobereitschaft (Hahn et al. 1992) anders (d.h. normalerweise hoch oder niedrig) verankern (*anchoring*).

Weiterhin zeigen die Heuristiken, daß Entscheider (und natürlich auch Betroffene) von Erwartungen abhängig sind, die auf Erfahrungen gründen, die wiederum ziemlich ‚sichere' Einschätzungen ermöglichen. Erfahrungen, die sich auf verfügbare und repräsentative Risiken beziehen, produzieren stabile Erwartungsmuster. Solche stabilen Erwartungsmuster bilden z.B. den Grund für die Tendenz zur *overconfidence* in die eigenen Entscheidungsprämissen. Entscheider tendieren dazu, auf sich selbst mehr Kompetenz zuzurechnen als auf ihre Umwelt. Diese Tendenz wird natürlich erleichtert, wenn *sichere* Erwartungen oder eben Erwartungssicherheit aufgebaut werden können (Japp 1996: 85ff.). Außerdem wird diese Tendenz wiederum stabilisiert durch (die Konstruktion von) *Erfolg*. Moderater Erfolg generiert die Erwartung, daß es vermutlich so weiter gehen wird und insofern Risikoaversion angebracht ist. Die Risikostrategie wird *Redundanz* generieren. Umgekehrtes gilt für den Fall des Mißerfolges (die Risikostrategie wird *Varietät* generieren) und wieder andere Konsequenzen für den Fall, daß der Erfolg (oder der Mißerfolg) als außergewöhnlich wahrgenommen werden. „Probably the best established situational effect stems from the way decision makers distinguish between situations of success (or expected success) and situations of failure (or expected failure)" (March 1994: 42). Diese Differenzen hängen dann auch wieder mit den bereits genannten *framing*-Effekten zusammen, insofern nämlich eine Bewertung ‚desselben' Risikos ganz anders ausfallen kann, je nachdem, ob dieses als Gewinn oder als Verlust gesehen (‚gerahmt') wird (s. Gowda 1999).

Diese *biases* befinden sich in einem zirkulären Verhältnis mit *Häufigkeitswahrnehmungen*. Wenn ein (unerwünschtes) Ereignis sehr selten eintritt (atomare Großunfälle etwa), dann besteht die Tendenz, es für (alle praktischen Zwecke) ausgeschlossen zu halten. Daraus folgt dann eine stabile Indifferenz diesem (immerhin möglichen) Ereignis gegenüber und wegen der dadurch ausgelösten Aufmerksamkeitsdefizite im Hinblick auf den unwahrscheinlichen Störfall eine ‚Kompetenzfalle' (March/Olsen 1995: 215f.). Für den Fall erwünschter Ereignisse gilt komplementäres: Wer selten einmal einen innovativen Durchbruch erlebt hat, hält ihn tendenziell für ausgeschlossen und verhält sich dann so und bestätigt auf nicht intendierte Weise die zugrunde gelegte Bewertung. Diese Fälle sind prototypisch für Kompetenzfallen (oder Inkompetenzfallen), weil sie aus einer Erwartungshaltung des Erfolges (oder des Mißerfolges) heraus sich entfalten und gleichzeitig langfristig zur Degeneration der Systembedingungen beitragen. ‚Inkompetenzfallen' stehen in einem Zusammenhang mit Mißerfolgen und Erwartungen weiterer Mißerfolge, so daß aus einer Tendenz zur Unterbewertung von realisierten Alternativen eine sich selbst verstärkende Tendenz zu Mißerfolgen im Kontext von Varietät (Risikobereitschaft) resultiert, eine Falle eben (ibid.). In diesem Zusammenhang sollte noch Erwähnung finden, daß Verlustaversion zu einer status-quo-Präferenz führt, daß damit auch ein *zero risk bias* gegeben ist und eine Bevorzugung von *certainty effects* einhergeht (Gowda 1999). Daraus folgt z.B., daß Präferenzen für einen Wechsel der Risikostrategie nur zu erwarten sind, wenn das *anchoring* oder der *reference point* im Bereich von Verlusten plaziert wird. Erst dann setzen Risikobereitschaft und kostentolerante Suchstrategien nach besseren Alternativen ein. Allerdings müssen dann wieder gesonderte Bedingungen gegeben sein, die eine Tendenz zur Selbstverstärkung von Mißerfolgserwartungen (‚Inkompetenzfalle') verhindern können.

Ein für die Interpretation der vorliegenden Untersuchung zentrales Resultat dieses Bedingungsgefüges von Risikofaktoren ist die Figur der Kompetenzfalle: „Decision maker experience is not random but is strongly biased in at least two ways: Decision makers are characteristically successful in their past performance in the organization, and they rarely experience rare events. These two mundane facts produce systematic effects in the estimation of risk" (March 1994: 46). Diese Effekte liegen maßgeblich in sehr niedriger Risikobereitschaft wegen stabiler Erfolgswahrnehmung und entsprechend hohem Vertrauen in die Unwahrscheinlichkeit seltener (Entwicklungs-) Risiken. Sie tragen maßgeblich zur Produktion von (aus der Sicht anderer Beobachter: kontrafaktischen) Sicherheitserwartungen bei. Entscheider erwerben Vertrauen in Entscheidungssituationen nicht durch ‚rationale Informationsverarbeitung' sondern sie trauen den Informationen, die das Vertrauen in ihre (voreingestellten Erwartungen bestärken (Feldman/March 1981). Vor diesem Hintergrund kann dann ein *framing* von Entscheidungen erfolgen, das eine *kalkulierte* Präventionszurückweisung in der ‚Logik der Konsequenz' plausibilisiert. Dies hat dann eine Art Kontinuitäts-*frame* (Heimer) zur Folge, der etwa *ökologische Prävention* in Bezug auf Kosten, in Bezug auf die Stabilität von Produktionsprogrammen als *Risiko* erscheinen läßt, welches man wegen unterstellter Erfolgskontinuität nicht einzugehen bereit ist. Diese Interpretation entspricht auch dem organisationssoziologischen Befund, daß Erfolg Risikoaversion, Mißerfolg dagegen (mehr oder minder riskante) Suchprozesse generiert (March/Olsen 1995: 215f.).

Unsicherheitsabsorption ist Festlegung in einer unbekannten Welt und mangelndes Vertrauen in vorhandene Informationen (Unsicherheit) ist nicht durch mehr oder bessere Informationen kompensierbar, sondern nur durch Schließungseffekte gegenüber Zweifeln an der Solidität dieser Informationen, und das heißt, durch Produktion von Vertrauen auf der Basis von *begrenzter* Information oder auch 'brauchbarem Unwissen'. Hier liegt die Funktion jener Heuristiken und es sind deren vertrauenbildende Schließungseffekte, die für eine Virtualisierung des Unbekannten, des möglicherweise Überraschenden und längerfristig dann auch für Enttäuschungen sorgen. So gesehen ist Unsicherheitsabsorption immer eine Überschätzung von Sicherheit, die sich aber nur so vor unsicherheitsgenerierenden Rationalitätseffekten schützen kann[23].

Wir wollen mit all dem keineswegs behaupten, daß Organisationen ganz generell zu wenig lernen. Dafür gibt es keine verallgemeinerbare Vergleichsreferenz[24]. Allerdings scheint wenig dagegen zu sprechen, daß Organisationen grundsätzlich konservativ operieren, wie vor allem die Konvergenz von risikosoziologischen und organisationssoziologischen Befunden nahelegt (vgl. auch Wiesenthal 1995). Wie sieht es dann aber mit dem Lernpotential von Organisationen aus, wenn es nicht um Alltagsroutinen geht (die wenig Lernbereitschaft erfordern), auch nicht um langsame, aber kontinuierliche Veränderungen und auch nicht um notorische, aber abrupte, untereinander verbundene Änderungen (Turbulenz, z.B. Störfalle, die zumindest eine ‚mittlere' Lernbereitschaft erfordern), sondern um seltene Ereignisse, insbesondere Schadensereignisse,

---

[23] Vergleiche dazu Japp (a.a.O.) sowie March und Olsen (1995: 212), die in diesem Zusammenhang eine *Kompetenzfalle* vermuten.

[24] Eher lernen sie *zu viel* (March/Olsen 1995: 223f.). Sie haben dann das Problem, sich selbst mit zu vielen Optionen zu versorgen und nicht mehr ‚nachhaltig' aus den eingegangen Risiken zu lernen, gleichsam hektisch in vorweggenommener Enttäuschung zuviele Alternativen zu schnell (‚rapid learners') als ‚Mißerfolge' abzubuchen' (*Inkompetenzfalle*).

deren Eintrittswahrscheinlichkeit gering ist (also etwa ‚Entwicklungsrisiken')? Für diesen Fall vermuten wir eine strukturell begrenzte, das heißt zu geringe Lernfähigkeit, u.a., weil primäres Erfahrungslernen praktisch ausgeschlossen ist, so daß Informationen nicht *verfügbar* sind und wenn sie mitgeteilt werden, nicht für *repräsentativ* gehalten werden. Auf diese Mißlichkeit stellen sich Organisationen häufig dadurch ein, daß sie auf neue (noch ‚unbekannte') Probleme durch Rückgriff auf Erfahrungen mit bereits bekanntem (‚verfügbarem') Ereignismaterial reagieren (Levitt/March 1988). Es gehört gleichsam zur üblichen Risikoaversion von Organisationen, im Falle neu auftauchender Probleme zunächst einmal zu testen, ob Routinen (Nicht-Lernen) ausreichen (*representativeness*). Dies überrascht auch keineswegs, wenn man weiß, daß Organisationen eine 'Logik der Angemessenheit' gegenüber einer 'Logik der Konsequenz' (March/Olsen 1989) bevorzugen. Die verwendeten informationellen *shortcuts* dokumentieren dann jenen Typus der redundanzverstärkenden ‚Kompetenzfalle'.

Organisationen neigen dazu, seltsame und unbekannte Umweltvariationen auf Sachverhalte zu reduzieren, mit denen sie vertraut sind[25] und in deren Einzugsbereich sie Erfolge notieren können[26]. Bekannte Beispiele für diese Typik von *organizational response* sind etwa der Einsatz von Hausmeistern im Falle eines toxisch verseuchten Gebäudes. Das Problem wurde reduziert auf etwas, was man gut kannte: Schmutz (Clarke 1989). Ein ähnlicher Fall kann in der Identifikation von Ölplattformen mit Schiffen gesehen werden. Diese kannte man ebenfalls besser, insbesondere im Falle von ungewohnten Problemstellungen wie dem Nachweis von Sicherheitsnormen auf solchen Plattformen. Mit Schiffen hatte man da bereits reichlich Erfahrung (March/Olsen 1989)[27]. Erst wenn Organisationen mit solchen Konstruktionen scheitern (failure), schalten sie auf die Suche nach Alternativen um (*risk seeking in domains of losses*)[28].

Wenn wir von Organisationen annehmen können, daß sie starke Tendenzen zur Reduktion von Lernchancen hervorbringen[29], dann läßt sich dies in ganz besonderem Maße bei 'seltenen Ereignissen' vermuten, die besondere Schwierigkeiten beim Aufbau von Erfahrungen bereiten (LaPorte 1981/March et al. 1991)[30]. Formale Organisationen tendieren dann dazu, Ereignisse mit hoher und mittlerer gegenüber solchen mit

---

25 Framing, anchoring.

26 Success-induced risk aversion.

27 Clarke und Short (1993: 392) beziehen solche Fälle auf den Zwang, Voraussehbarkeit, also Zukunftssicherheit zu gewährleisten: „Depending on organizations for rescue creates something of a paradox: organizations are built on predictability, but accidents by definition involve unpredictability."

28 Zum Beispiel Versicherungen, wenn sie mit Allmählichkeits- und Entwicklungsrisiken konfrontiert sind (s. unten: Abschnitt 4.6).

29 Wir nehmen dieses Thema in Kap.6 unter der Rubrik ‚Risiko und Lernen' wieder auf.

30 Es gibt allerdings immer den komplementären Fall des übermäßigen Lernens und die Tendenz zu Inkompetenzfallen wegen zu geringer Enttäuschungsresistenz (*rapid learners*). Irgendwo dazwischen läge ein ‚Optimum', das nur durch ‚gemäßigte' Risikobereitschaft ‚erreicht' werden kann.

sehr niedriger Eintrittswahrscheinlichkeit in ihrer Wahrnehmung (*availability*) zu bevorzugen (Clarke/ Short 1993, Douglas 1992)[31]. Um dieser Präferenz organisationsintern Strukturwert geben zu können, spalten Organisationen sich auf in ein Segment mit niedriger, aber effektiver Lernfähigkeit und eines, das 'viel' lernt, aber ohne effektive Resultate[32]. Seltene Ereignisse und ihre Folgen können dann im zweiten Segment *diskutiert* und im ersten *bearbeitet* (oder eben gerade *nicht* bearbeitet) werden. So, wie toxische Stoffe unter Umständen als 'Schmutz' und Ölplattformen unter Umständen als 'Schiffe' bearbeitet werden.

In diesem Sinne hat Nils Brunsson (1989) einen Theorievorschlag gemacht, in dem das Risiko zu starker Lernpräferenzen durch *lose Kopplung* zwischen einem Aktionssegment und einem Politiksegment (*political organizations*) abgepuffert - asymmetrisiert - wird. Dabei ist das Aktionssegment durch strikte Koordination und Irrationalität (i.S. geringer Alternativen- und Folgenreflexion: *action*) gekennzeichnet und das politische Segment durch geringe Koordination und hohe Rationalität (i.S. hoher Alternativen- und Folgenreflexion: *talk*). Das Gesamtresultat dieser inkongruenten und asymmetrischen Konstellation besteht in schwacher, aber effektiver Lernpräferenz des Aktionssegments und hoher, aber ineffektiver Lernpräferenz des politischen Segments. Ineffektiv in dem Sinn, daß Lerneffekte nicht – ungebremst - auf das Handlungssegment durchschlagen. Effektivität besteht im Hinblick auf die Verarbeitung einer inkonsistenten und mehrdeutigen Umwelt durch inkonsistente und mehrdeutige 'Entscheidungskommunikation'. Diese Trennung von *talk* und *action* reflektiert gleichsam den organisationsinternen Konservatismus gegenüber den dadurch abgespaltenen Kommunikationsanforderungen einer längst öffentlich gewordenen Gefahrenproduktion. Sie *organisiert* Lernprozesse zwischen Kompetenz und Inkompetenz ohne daß irgend zuverlässig mit *kognitiven Erwartungen* dergestalt gerechnet werden könnte, daß beide sich *nicht* zu komplementären Fallen entwickeln. Die Differenz ‚bearbeitet' gleichsam die Frage, wie der ‚strukturelle Konservatismus' von Organisationen trotz zunehmender gesellschaftlicher Erwartungen an organisatorische Anpassungskapazitäten durchgehalten werden kann.

Bei Nils Brunsson sieht es so aus, als ob mit dem *talk*-Instrument eine erfolgreiche Umweltanpassung vollzogen wird, die den *technical core* (Thompson 1967) der Organisation gegen Umweltturbulenzen abpuffert[33]. Brunsson geht davon aus, daß komplexe Organisationen sich zunehmend gegen institutionelle Umweltansprüche wehren müssen. Sie tun das, indem sie Organisationssegmente 'politisieren': Inkonsistente und heterogene Umweltansprüche werden durch die Organisation inkonsistent und hetero-

[31] Vertrauen, das sich auf Informationen über die wahrscheinlicheren Fälle bezieht, ist weniger riskant.

[32] Siehe die Kriterien für Inkompetenzfallen.

[33] Im Anschluß an Brunsson (1989) meinen wir mit 'technical core' das koordinationsbedürftige *action*-Element - im Gegensatz zum eher diffusen symbolischen Element, und mit Umweltturbulenzen vor allem - aus der Sicht der Organisation - inkonsistente und heterogene Ansprüche an die Organisation.

gen reflektiert. Typisch ist etwa die gleichzeitige Betonung von wirtschaftlichen *und* ökologischen Anforderungen. Das auf Koordination und Konsistenz angewiesene Handlungsprogramm der Organisation wird auf diese Weise gegen eben jene Umweltansprüche abgepuffert[34]. Man könnte urteilen, daß solche Organisationen in Segmente zerfallen, die entweder *zu wenig* oder *zu viel* lernen, mit dem Ergebnis, daß im einen Fall Kompetenz- und im andern Inkompetenzfallen generiert werden[35]. Aber dies sind keine unvermeidlichen Zwänge – es sind lediglich naheliegende Möglichkeiten, die jedenfalls nicht – so viel sollte deutlich geworden sein – durch ‚rationale' Kalkulation vermieden werden können. Insgesamt müssen in diesem Zusammenhang jene (heuristisch basierten, erfolgs- oder mißerfolgsgesteuerten) Erwartungen in Rechnung gestellt werden, die im Zuge des Umgangs mit Risiken aufgebaut werden und von denen die Verwendung informierter Kalküle maßgeblich abhängt. ‚Optimale Resultate' sind dann das Resultat der Relation von Redundanz und Varietät (Risikoaversion und Risikobereitschaft). Dieses Resultat kann aber niemand antizipieren. Es bleibt der Evolution vorbehalten und kann bestenfalls nachträglich rationalisiert werden (Weick 1995b).

4.5. Vertrauen und Differenz

Übergreifend geht es um die Unterscheidung zwischen symbolischer und funktional-instrumenteller Kommunikation im Kontext von Mehrdeutigkeit oder in unserem Fall: mangelndem ökologischen Wissen. Dieses hat wesentlichen Anteil daran, daß Prävention (resp. Entwicklungsrisiken) nicht etwa frontal aufgegriffen wird, aber auch nicht gar nicht aufgegriffen wird: Beides wäre unrealistisch rational. Vielmehr wird Prävention *angemessen* und d.h., *differenziert* behandelt: Über Prävention wird über die Organisationsgrenzen hinweg kommuniziert: Versicherungs- und Rechtsabteilungen, insbesondere aber Presse- und Öffentlichkeitsabteilungen kommunizieren im Sinne von *talk*. Im Binnenverhältnis wird Prävention abgewertet, hier dominiert der Bezug auf technische Produktion im Sinne von *action*. „Similarly, two sets of organizational processes also evolve, one concerned with the production of goods and services, and one which is displayed to the rest of the world but has little or no effect on production. These second processes can be described as rituals" (Brunsson/Olsen 1993: 9). Allerdings betreiben Versicherungs- und Rechtsabteilungen nicht nur *talk*. Eher müßte man sagen, daß sie die operative Haftungsprophylaxe nach außen für symbolische Verge-

---

34 Etwa so wie eine politische Partei Umweltheterogenität intern reflektiert, um ihre effektiven Handlungsprogramme *dennoch* durchbringen zu können. Vgl. dazu den Fall der schwedischen Kernenergiepolitik, die einen Ausstieg in 25 Jahren in Aussicht stellt, in der Gegenwart und nahen Zukunft aber auf Ausbau setzt (Brunsson 1985). In dieser organisationsinternen Reflektion von Umweltheterogenität (*talk*) sieht Brunsson das politische Element komplexer Organisationen, ohne deshalb nur *politische* Organisationen zu meinen. Ein anderes Beispiel bestünde in der Einbindung von Gewerkschaftsfunktionären in Vorstände von Industrieorganisationen.

35 Auch dieses Thema wird in Kap. 6 wieder aufgenommen.

wisserungen präventiver Rationalität nutzen. Im Binnenverhältnis der Organisation wirkt sich die *Abkopplung* von (rechtsbezogenen und versicherungsbezogenen) Präventionsaktivitäten stabilisierend auf die Produktion von Sicherheitserwartungen aus. Dieser Effekt verdankt sich also nicht einer irgend faktischen Kontrolle von Unsicherheit, sondern gerade ihrer *symbolischen* Begrenzung, wenn nicht Vernichtung durch nur lose mit der Produktion gekoppelte Aktivitäten, zu deren Thema interne und externe Unsicherheitsprojektionen (z.B. in Gestalt von Entwicklungsrisiken) werden können.

Aus der Sicht von Versicherungs- und Rechtsabteilungen der Unternehmen, die im Unterschied zum technologischen Kern *Grenzstellen* darstellen[36], ist *Umwelt inkonsistent*: Zum Beispiel entsprechen die Haftungsanforderungen (Recht) nicht den Dekkungsmöglichkeiten (Versicherung). Zusätzlich gibt es Präventionserwartungen aus einer institutionell, d.h. mehrdeutig und inkonsistent, z.B. ökologisch *und* ökonomisch, kommunizierenden Umwelt. Man könnte von daher weiter zuspitzen und sagen, daß jene Abteilungen mit dem Instrument von Dokumentations- und Informationsaktivitäten über den bestimmungsgemäßen Betrieb *politics* betreiben: Nach außen, an die Adresse von Versicherungen, aber auch an die von Öffentlichkeit, Recht und Politik, wird Risikoprävention in einem generellen (unspezifischen!) Sinn symbolisiert. Nach innen geht es vor allem um Herstellung der rechtlichen Bedingungen für Haftungsausschluß (oder doch zumindest der Verhinderung der Geltung von Kausalitätsvermutungen) und entsprechenden Konditionen für Versicherungseinschluß. Dies wäre ein klassischer Fall von *double talk*, wie er etwa von Brunsson (1989) beschrieben wird. Nach außen wird die Verpflichtung auf ökologische Prävention symbolisiert, nach innen geht es 'nur' um die Abwehr des Haftungsrisikos. Die technische Produktion reduziert sich demgegenüber selbst auf *action*: Konsistenz, Koordination, Abwertung von Entwicklungsrisiken, Sicherheit. Zwischen Grenzstellen der Organisation und dem 'technologischen Kern' herrscht wegen dieser Unvereinbarkeitsbedingungen ein Verhältnis loser Kopplung. Lose Kopplung kommt z.B. durch Differenzierung, durch Trennung von Organisationeinheiten zustande. „Lastly, politics and action can be separated organizationally: some units can respond to political demands and are organized in such a way as to resemble the ideal political type, while other units can respond to demands for action and are organized in a way that closely resembles the ideal type of the action organization" (Brunsson 1989: 37). Auf diese Weise nimmt der 'Mythos der Prävention' Pufferfunktionen zwischen der Organisation und ihrer Umwelt wahr, ohne daß es im 'Zentrum' der Organisation zu nachhaltigen Irritationen kommt. In methodischer Hinsicht sei angemerkt, daß es sich bei solchen Konstellationen nicht um das Ergebnis intentionaler Strategien handeln kann. Dazu ist das Ganze zu voraussetzungsvoll. Eher hat man sich eine organisatorische Evolution in *domains of uncertainty* vorzustellen, die sich auf jene Heuristiken stützt, die wiederum organisationsspezifische Ausdiffe-

[36] Vergleiche zu diesem organisationssoziologischen Thema grundsätzlich: Luhmann 1995a: 220ff.

renzierungen zwischen niedriger (*zu* niedriger?) und hoher (*zu* hoher?) Lernbereitschaft oder eben: zwischen *talk* und *action* ermöglichen.

Die Vorstellung, daß in Versicherungs- und Rechtsabteilungen der Unternehmen *Haftungsprävention* betrieben wird (Dokumentations- und Informationsaktivitäten), impliziert die Unterstellung einer *gewisssen Wahrscheinlichkeit* von Entwicklungsrisiken[37]. Die Vorstellung, daß in der technischen Produktion keine (zusätzliche) *technische Prävention* betrieben wird, impliziert die Unterstellung einer *gewissen Unwahrscheinlichkeit* von Entwicklungsrisiken (vgl. Abschn. 5.2.5). „In (...) high-reliability systems, most individual decision makers never experience a failure. They come to think the system is more reliable than it is. This exaggerated confidence in the reliability of the system is likely to lead to relaxation of attention to reliability and to a degradation of reliability over time" (March 1994: 48). Es ergeben sich Präferenzen für *verfügbares* Wissen und für (heuristisch gesteuertes) Vertrauen in die *Vergangenheit* (*repräsentative* Ereignisse), mit der Folge ansteigender *Unsicherheit* im Hinblick auf Abweichungen, die dann *unerwartet* auftreten, als längerfristig *latentem* Resultat. Auch wenn es nur an der faktischen Aussichtslosigkeit technischer Prävention angesichts der ökologischen Intransparenz von Entwicklungsrisiken zu liegen *scheint*: Erwartungen sind adaptiv: Sie führen zur Dominanz des kurzfristig Erreichbaren über das langfristig Mögliche (‘competency traps'). Generalisiertes Vertrauen in die Sicherheit der Produktion ermöglicht Entlastung von (etwa präventiven) Rationalitätszumutungen (Brunsson 1989). Dies wiederum generiert Steigerungs-, bzw. Beschleunigungseffekte der technischen Produktion. Das Entscheidungstempo nimmt zu, weniger Aufmerksamkeit für Rückkopplungsschleifen steht zur Verfügung und dies erhöht prinzipiell die Wahrscheinlichkeit von Abweichungen vom Normalbetrieb (Störfälle). Langfristig hätten wir es mit einer stabilen ‚Kompetenzfalle' zu tun.

Wenn diese Beschreibungen zutreffen, dann sind die Aussichten für präventive Wirkungen durch das Umwelthaftungsrecht im Bereich der Normalbetriebsrisiken eher schwach und die Bedingungen für diese Schwäche selbst riskant[38]. Darüberhinaus sind

---

[37] Es gibt Anzeichen dafür (s. weiter unten), daß in den Grenzstellen der Rechts- und Versicherungsabteilungen die (impliziten) Sicherheitserwartungen im Hinblick auf Entwicklungsrisiken weniger solide ausfallen als in der produktionsorientierten Kommunikation. Darauf deutet u.a. hin, daß man hier auf expliziten, politisch gemeinten Widerstand gegen die entsprechenden Regelungen der Umweltgefährdungshaftung stoßen kann. Darin äußert sich dann eher eine Art Unsicherheitserwartung im Gegensatz zu Erwartungen, die sich auf den Umgang mit herkömmlichen Störfällen richten. Offenbar reduziert diese Konstellation das Vertrauen in die eigene Haftungsprophylaxe und provoziert politische Kontroversen um die Zumutbarkeit der Haftungsregeln. Wir interpretieren das als weiteren Beleg für die Stabilität jener Sicherheitserwartungen (Risikoaversion): Gegen diese können sich etwaige Präventionsvorbehalte (Risikobereitschaft) nicht durchsetzen, deshalb liegt es nahe, die Kommunikation zu politisieren (*politics*), zumal dadurch eine weitere Öffentlichkeit erreicht werden kann. Diese wird mit (symbolischen) Verweisen auf den eigenen technischen Sicherheitsstandard traktiert - gewissermaßen en passent zur politischen Abwehr der besonders irritierenden Haftungsanforderungen.

[38] Immerhin wäre aber auch zu überlegen, was eigentlich verlangt oder erwartet wird, wenn von der impliziten Vorstellung einer Art Kompaktprävention ausgegangen wird. Schließlich ist es unter-

die Auswirkungen der Haftungsprävention auf den Produktionsbereich ungewiß. Denkbar ist aber immerhin ein symbolischer Zusammenhang der Stärkung von *Aufmerksamkeit* gegenüber der spezifischen *Selektion* von präventiven Maßnahmen. Die Entkopplung von *talk* und *action* wird dadurch allerdings nicht nachhaltig gestört: Auf der Ebene der technischen Produktion wird unter der Prämisse kommuniziert[39], daß allemal schon das technisch Mögliche an Prävention realisiert wird (*risk aversion in a domain of gains*; vgl. auch: Brunsson/Olsen 1993: 94f.). Und mit Bezug auf den 'herrschenden' Stand von Wissenschaft und Technik trifft das ja auch zu[40]. Jedenfalls kann durch diese organisatorischen Differenzierungen das nötige Systemvertrauen (Luhmann 1973) generiert werden, das wiederum Beschleunigungseffekte vor allem der technischen Produktion ermöglicht. Dem stehen immer mögliche Komplexitätsverluste an Systemoptionen gegenüber, die auf unsicherheitsbedingte Vertrauensverluste, möglicherweise durch Präventionsbedenken, zurückgeführt werden können. Vertrauensverluste, die Reduktion von Systemvertrauen auf bloß personales Vertrauen oder sogar Mißtrauen, scheinen eher durch überraschende Störungen selbst ausgelöst zu werden[41]. Die daraufhin eintretenden Verlangsamungen von Entscheidungstempi stehen mit der Annahme von Rationalitätszumutungen in der Form von Alternativenkontingenz (Brunsson 1985) in Zusammenhang und ermöglichen die Produktion von (Sicherheits-)Wissen, etwa in Gestalt von Grenzwerten zwischen dem, was *dann* als sicher oder als unsicher kommuniziert werden kann. Dieser Prozeß führt - begleitet durch die sichtbare Übernahme von Verantwortung - im Normalfall zur Erneuerung von generalisiertem Vertrauen. Und von all dem kann man annehmen, daß es sich zirkulär verstärkt, mit der Folge der *Pfadabhängigkeit* des dann noch möglichen Organisationslernens (Japp 1996: 163ff., Wiesenthal 1995)[42]. Die 'Steuerung' dieses Prozesses erfolgt also durch Überraschungen, durch kontraintuitive Effekte, die dann Anpas-

---

nehmensintern naheliegend, die eigene Technik *so* zu beobachten, daß ihr Einschluß in Versicherungskontrakte wahrscheinlich wird. Und es ist auch naheliegend, die eigene Technik *so* zu beobachten, daß eine Beweislastumkehr im Schadensfall unwahrscheinlich wird. Man kann sich fragen, ob *darüber* hinaus gehende Prävention (im Kontext des genehmigten Normalbetriebs) mit funktionalen Anforderungen des 'technologischen Kerns' kompatibilisierbar sind (siehe die folgenden Fußnoten). Zugleich ist *fraglich*, ob die Riskanz präventionshemmender Faktoren riskanter ist als ein scharfer Präventionskurs, den man den obigen Befunden zufolge ja ohnehin nur in Fällen von ‚failure induced search for alternatives' zu gewärtigen hätte. Nur ein seiner Bewertungsprämissen sicherer Beobachter kann sich in diesen Hinsichten ‚sicher' sein.

39 *Reference point, anchoring*, die in der Folge die konservative Risikowahrnehmung steuern.

40 Auch in dieser Formulierung versteckt sich wieder eine 'kritische' Implikation in Gestalt der Frage, auf was ein *nicht-herrschender* Stand von Wissenschaft und Technik eigentlich verweist.

41 BSE war schon schlimm, aber erst die mögliche Verbindung zu Creutzfeld-Jakob-Erkrankungen wurde als *Störfall* inszeniert.

42 Natürlich ist auch hier wieder fraglich, wie nicht-pfadabhängiges Lernen gedacht werden könnte. Vergleiche wiederum: Japp 1996: 163ff., Wiesenthal 1995).

sungsaktivitäten erzwingen und nicht etwa durch (womöglich präventive) Rationalität[43].

4.6. Nichtwissen und symbolische Kommunikation

Es gibt also keinen einseitig rationalen Kompaktzugriff auf Prävention. Ebensowenig gibt es einen einseitig rationalen Totalverzicht auf Prävention. Vielmehr spielt sich alles in einem 'angemessenen' Kontext der Verarbeitung von Differenzen ab. Die Differenz von Wissen und Nichtwissen betreut die Sachdimension präventiver Operationen. Diese betreffen die kausale Kontrolle schadensvermeidender Problemlösungen. Die (Zeit-)Differenz von kognitivem und normativem Erwarten betreut die Lernbereitschaft der Organisation, von der das Ausmaß an Strukturänderungen abhängt. Die Differenz von Vertrauen und Mißtrauen betreut die Sozialdimension präventiver Operationen. Man muß davon ausgehen, daß diese Differenzen rekursive Beziehungen unterhalten und jeweils asymmetrische Inkongruenzen im Verhältnis ihrer Ausprägungen generieren (Japp 1996: 77f. und pass.): So wie Wissen und Nichtwissen inkongruente Perspektiven erzeugen und gerade wegen ihrer Gleichzeitigkeit asymmetrisiert (oder entkoppelt) werden müssen, z.B. durch die Differenz von *talk* und *action*. Symmetrie wäre Entropie und entsprechend werden ja auch jene Heuristiken als *biases* gelesen (Kahneman et al. 1982, Douglas/Wildavsky 1983). Ähnliches gilt für die beiden anderen Differenzen, wobei wir der Annahme folgen wollen, daß der (komplexitätsermöglichende) Vertrauensbedarf und der (komplexitätsbegrenzende) Mißtrauensbedarf des Systems bei diesem Auf- und Abbau asymmetrischer Inkongruenzen eine Art Führungsrolle übernehmen. Vertrauen überzieht vorhandene Information und erfordert deshalb symbolische Kommunikation, die die Reflexion von Folgen relativiert und eben dadurch Beschleunigungseffekte ermöglicht. Mißtrauen scheut gerade das Risiko, vorhandene Information zu überziehen und tendiert zur Beachtung von Folgen. Hier werden instrumentelle Kommunikationen, verbunden mit - allerdings begrenzten (Brunsson/Olsen 1993) - Rationalitätseffekten der Beachtung von Alternativen und ihrer vermuteten Konsequenzen zu erwarten sein. Symbolische und instrumentelle Formen der Kommunikation sind gleichsam das Dach, unter dem die Differenzen zwischen Wissen und Nichtwissen, zwischen normativem und kognitivem Erwarten und schließlich zwischen Vertrauen und Mißtrauen aufeinander eingestellt werden[44]. Symbolische und instrumentelle Kommunikation sind nicht „distinguished in their status as thoughtful action. They are distinguished by the demands they make on the abilities of

---

[43] Eher wäre von Evolution zu sprechen (Weick 1995b).

[44] Angemerkt sei an dieser Stelle, daß Vertrauen und Mißtrauen, oder: generalisiertes Systemvertrauen und bloß personales Vertrauen (Luhmann 1973) die Differenz global/lokal spezifizieren. Ein eindringliches Beispiel bildet der Fall BSE, wo das Vertrauen in globale Märkte im Störfall auf lokale Interaktionen mit dem benachbarten Metzger heruntergefahren wird.

individuals and institutions. One makes great demands on the abilities of individuals and institutions to anticipate the future and to form useful preferences. The other makes great demands on the abilities of individuals and institutions to learn from the past and to form useful identities“ (March 1994: 101).

Organisationsintern spiegelt die Differenz von Wissen und Nichtwissen die Differenz von *action* und *politics*. Der Bezug auf *action* impliziert Elemente wie Konsens, ‘starke Ideologien’, Handlungsrationalität, Konsistenz zwischen Ideologien und Handlungen, Spezialisierung, Fokus auf Lösungen, nicht Probleme, Vertrauen in die eigenen Sichtweisen und begrenzte Rationalität (Brunsson 1989: 14f.). „There is thus a good basis for coordinated action without first having to go through a long process of analysis and discussion which can easily arouse conflict and uncertainty, which in turn will often inhibit action“ (ebd.: 16). Konsistentes Wissen und geteilte Transparenz charakterisieren die ‘action organization’[45]. In diese Funktionsstelle rücken denn auch jene Heuristiken der Risikobewertung, mit deren Hilfe die prinzipiell unbegrenzte Suche nach Informationen gestoppt wird und solche Informationen begünstigt werden, die sich an soziale Identitäten anschließen lassen. Demgegenüber impliziert der politische Aspekt von Organisationen (*talk, double talk* gegenüber *institutional environments*) vor allem die Reflexion inkonsistenter Normen und erfordert deshalb Elemente wie Dissens, ‘schwache Ideologien’, Entscheidungsrationalität, Fokus auf Probleme, nicht Lösungen, Generalisierung, Mißtrauen und unbegrenzte Rationalität (ebd.: 19f.) „Insoluble problems are a splendid vehicle for the reflection of many ideas and values. They can be endlessly discussed from all sorts of angles and without ever reaching a conclusion. Solutions that can reflect an equal variety of ideas are rare indeed“ (ebd.: 22). Inkonsistentes Wissen, gemessen an den Anforderungen von stabiler Handlungsrationalität handelt es sich um Nichtwissen, und Intransparenz charakterisieren die ‘political organization’.

Etwas locker formuliert, könnte man sagen, daß das politische Segment (Grenzstellen, *boundary spanning units*) von Organisationen die blinden Flecken (das Nichtwissen) der internen technischen (Um-) Welt bearbeitet. Dies zeigt etwa die Störfallserie bei Hoechst im Jahre 1993: Hoechst beschuldigt (den damaligen Umweltminister) Töpfer wegen der rechtlich erzwungenen *Bürokratisierung* des betrieblichen Umweltschutzes. Töpfer beschuldigt Hoechst wegen *marktwirtschaftlich* bedingter Nachlässigkeiten im Umweltschutz. Keiner weiß um die ‘wirklichen’ Gründe der Störfallserie und das kommt in der Inkonsistenz, im Dissens und den ‘rational’ nicht beendbaren Unstimmigkeiten zum Ausdruck. Beide Positionen schützen sich vor den Ansprüchen der anderen Seite durch Rekurs auf selbstreferentielle Identitätskonstruktionen, die *für*

---

[45] Es sei angemerkt, daß starke Präventionsanforderungen genau diese Form von selbstsicherer Handlungsrationalität ruinieren könnten. Ein weiterer Grund für die - wie immer latente - Tendenz, solche Anforderungen aus dem ‘technologischen Kern’ der Organisation herauszuhalten. Und auch ein Grund, an Präferenzen für stabile Sicherheitserwartungen festzuhalten - selbst, wenn etwas passiert. Vergleiche etwa die in dieser Hinsicht erstaunliche Berichterstattung (FAZ, SZ, FR) zu den Vorfällen beim Chemiekonzern Hoechst im Januar dieses Jahres.

sich (Hegel!) *sicher* kommuniziert werden, im Dissens aber ein unlösbares Problem traktieren: Nichtwissen und dessen ‚Behandlung' durch Symbolkommunikation. Es geht gerade nicht um kausale Folgenreflexion, sondern um (bürokratische vs. marktwirtschaftliche) 'Regeln der Angemessenheit' (March/Olsen 1989), um *Identitätsreflexion*, die - gleichsam auf Heuristiken und *biases* der Risikokommunikation gestützt - als Filter für anschlußfähiges Kausalwissen fungiert. Und auf beiden Positionen wird Systemvertrauen generiert und dementsprechend die operative Komplexität stabilisiert. Daß dieses (und ohnehin jegliches) Vertrauen riskant ist, wird dann sichtbar in einer erneuten Störfolge bei Hoechst im Januar 1996. Das kann allerdings nicht heißen, riskantes Vertrauen zu meiden, denn diese Option würde zum komplementären Risiko des passiven Wartens auf sicheres Wissen führen (Japp 1992, Wildavsky 1989). Und wie sollte diese Option sich einlösen lassen, wenn es gerade um unsichere Zukünfte geht.

5. Ergebnisse der Befragung

Im folgenden Kapitel werden die zentralen Ergebnisse unserer Untersuchung präsentiert. Es bestanden zwei zentrale Untersuchungsfelder: Einerseits das Umweltschutz- und Sicherheitsmanagement von Unternehmen der chemischen Industrie, andererseits das Risikomanagement der Haftpflichtversicherer. Im Zentrum der Untersuchung stand die Frage, ob die Betreiber umweltgefährdender technischer Anlagen durch die Reform des Umwelthaftungsrechts zu einer freiwilligen Erhöhung ihrer umweltschutzrelevanten Sorgfaltsanstrengungen motiviert werden. Es werden deshalb zunächst die Ergebnisse der Interviews präsentiert, die wir mit Experten aus den Rechts-, Versicherungs-, Umweltschutz- und Produktionsbereichen großer Unternehmen der Chemieindustrie geführt haben (Kap. 5.2 und 5.3). Die Darstellung ist dabei eng am empirischen Datenmaterial orientiert, bemüht sich also darum, die Befragten selbst ausführlich zu Wort kommen zu lassen; theoretische Überlegungen treten demgegenüber in den Hintergrund.

Das gilt auch für die Darstellung der Ergebnisse der mündlichen Befragung, die wir in ausgewählten Unternehmen der Versicherungswirtschaft, unserem zweiten Untersuchungsfeld, durchgeführt haben. Daß die Versicherung des Umwelthaftungsrisikos einen entscheidenden Einfluß ausübt auf die Bereitschaft von Unternehmen, ökologische Prävention in ihre Entscheidungs- und Handlungsprogramme einzubauen, ist in den vorherigen Kapiteln ausführlich erörtert worden. In den Gesprächen, die wir mit den Experten (Underwritern und Technikern bzw. Ingenieuren) aus Versicherungsunternehmen führen konnten, interessierte uns vor allem die Frage, ob die Verabschiedung des UmweltHG zu Änderungen im Risikomanagement der Haftpflichtversicherer geführt hat (Kap. 5.4). Die Aussagen der Experten zeigen, daß sich etwa zeitgleich mit der durch das UmweltHG notwendig gewordenen Anpassung der Umwelthaftpflichtversicherungsbedingungen an die neue Haftungssituation Veränderungen im Risikomanagement der Versicherer vollzogen haben, die sich insbesondere auf die im Breitengeschäft der Versicherer inzwischen zum Regelfall gewordene Praxis der Erfassung und Bewertung von Umwelthaftungsrisiken beziehen.

Während das UmweltHG also in der Versicherungswirtschaft einen Wandel im Umgang mit der Versicherung von Umwelthaftungsrisiken induziert zu haben scheint, finden sich für solche Veränderungsprozesse in den von uns untersuchten Industrieunternehmen kaum Belege. Folgt man den Aussagen unserer Gesprächspartner aus den großen Chemieunternehmen, dann hat das UmweltHG diesen Unternehmen bis heute wirksame Impulse für ökologische Prävention, die über das vom Umweltordnungsrecht geforderte Mindestmaß hinausführen, nicht vermittelt. Welche Gründe für diese Wirkungsschwäche der Umwelthaftung aus der Sicht der von uns befragten Experten verantwortlich zu machen sind, dafür liefert das Datenmaterial, aus dem wir im folgenden ausführlich zitieren werden, eine Reihe von nützlichen und aufschlußreichen Hinweisen.

5.1. Anmerkungen zur Methode

Bei stark theoriegeleiteten und nicht nur hypothesenüberprüfenden Fragestellungen - wie auch im gegebenen Fall - sind in der Sozialwissenschaft leitfadenzentrierte Interviewformen üblich. Dieser von Witzel (1982) geprägte Begriff umschreibt Fragesituationen, in denen eine Offenheit gegenüber neuen Themenaspekten gewahrt bleibt, wenngleich die grobe Struktur in Form eines roten Fadens vorgegeben ist: „Das Interview läßt den Befragten möglichst frei zu Wort kommen, um einem offenen Gespräch nahezukommen. Es ist aber zentriert auf eine bestimmte Problemstellung, die der Interviewer einführt, auf die er immer wieder zurückkommt. Die Problemstellung wurde vom Interviewer bereits vorher analysiert; er hat bestimmte Aspekte erarbeitet, die in seinem Interviewleitfaden zusammengestellt sind und im Gesprächsverlauf von ihm angesprochen werden." (Mayring 1993: 46)

In unseren Interviews ging es speziell darum, in systematischer Form Erkenntisse über den organisationalen Umgang mit dem UmweltHG zu gewinnen. Dazu mußten Mitarbeiter befragt werden, die Einsicht in und Einfluß auf die Problemlösungs- und Entscheidungsstrukturen der Unternehmen hatten. Deshalb handelte es sich bei den Befragten um Mitarbeiter, die in den Industrie- und Versicherungsunternehmen an den Regelanpassungen mitarbeiteten, die das Gesetz erforderlich gemacht hatte, und zwar in der Regel in leitender Funktion. Entsprechend speziell und voraussetzungsvoll wurden die Leitfäden konzipiert, eben als Experteninterviews.[1] Diese sind stets „auf die Generierung bereichsspezifischer und objekttheoretischer Aussagen angelegt, nicht auf die Analyse von Basisregeln des sozialen Handelns bzw. auf universale konstitutive Strukturen. Ihr Gegenstand sind Wissensbestände im Sinne von Erfahrungsregeln, die das Funktionieren von sozialen Systemen bestimmen. [...] Das mit ExpertInneninterviews erhobene Wissen ist explizit an sozialstrukturell bestimmte Handlungssysteme gebunden, an Insider-Erfahrungen spezifischer Statusgruppen" (Meuser/Nagel 1991: 466).

Die Kontaktaufnahme und Terminvereinbarung für die Interviews stellte einen wesentlichen Tätigkeitsschwerpunkt in der zweiten Phase des Projekt dar. Während der Kontakt zu den großen Unternehmen in der Regel einfach herzustellen war, erforderte die Bereiterklärung zu Interviews bei den kleinen Unternehmen einige Überzeugungsarbeit und war trotzdem nicht so erfolgreich, wie wir es uns versprochen hätten; deshalb sind die Großunternehmen in den Aussagen sozusagen überrepräsentiert. Allerdings kann man andererseits darauf verweisen, daß allein durch die Anzahl umweltgefährdender Anlagen, die sich auf dem Gelände der großen Chemiekonzerne befinden, diese ein besonderes 'Potential' für Umweltschäden bilden, so daß die Wirkungen, die das UmweltHG in diesen Organisationen entfaltet, sehr wichtig für die Beurteilung des (volkswirtschaftlichen) Gesamteffekts des Gesetzes sind.

---

1 Dabei handelte es sich um zwei verschiedene Leitfäden, jeweils einen für die Industrie- und einen für die Versicherungsunternehmen.

Die Interviews, die mittels Tonband aufgenommen wurden, fanden teils mit einem einzelnen Befragten, teils mit mehreren Befragten statt; dementsprechend variierte die Länge zwischen 60 und 120 Minuten. Die Auswertung der Interviews geschah nach inhaltsanalytischen Kriterien, die natürlich schon im Leitfaden ihren Ausdruck gefunden hatten, dessen Struktur wiederum durch die zentralen Diskussionspunkte der Literatur zum UmweltHG mitgeprägt war. Bei der Auswertungsarbeit orientierten wir uns zwar am häufig verwendeten 6-Stufenschema von Mühlfeld u. a. (1981). Die Auswahl der relevanten Textstellen erfolgte bei uns aber in der Weise, daß die Interviews jeweils von zwei Codierern durchgelesen wurden. Eine Textpassage wurde dann in den Kreis relevanter Stellen aufgenommen, wenn sie von beiden Codierern - unabhängig voneinander - als interessant und aussagekräftig angesehen wurde. Dieser Kreis wurde später - getrennt nach Themengebieten - in einem zweiten Durchlauf gemeinsam erörtert; dabei wurde den einzelnen Stellen eine Rangzahl zugeteilt, die die Priorität ausdrückte, mit der die jeweilige Passage im Endbericht auftauchen sollte.

Im Bericht finden sich diese markierten Textstellen zu einem speziellen Unterthema, die nach dieser Klassifikation die ersten Plätze belegten. Dabei wurde darauf geachtet, daß die ausgewählten Passagen möglichst aus unterschiedlichen Interviews stammten; pro Gesprächspartner tauchen maximal zwei Stellen zu einem Unterthema auf. Die Textstellen sind natürlich anonymisiert worden. Es handelt sich weiterhin nicht um Originalausschnitte aus den Transkripten der Tonbandaufnahmen, sondern in manchen Fällen wurden solche Wörter und Teilpassagen entnommen, die der Argumentation kaum dienten, die Lesbarkeit jedoch deutlich erschwerten.

Zu Beginn der folgenden empirischen Kapitel wird zunächst in knapper Form eine Einleitung zu den kritischen Punkten des jeweiligen Bereichs gegeben. Daran anschließend oder darin eingebettet wird dargestellt und mit Zitaten belegt, wie die Problematik in den Unternehmen wahrgenommen wurde und welche daran anknüpfenden Maßnahmen uns berichtet wurden. Dabei wird - wenn nötig - der Zusammenhang erwähnt, in dem das Zitat steht, besonders wenn es sich um kürzere Passagen handelt. Die Interviewstellen werden somit direkt kurz kommentiert, und die Schlüsse, die wir aus den Aussagen gezogen haben, werden am Ende des einzelnen Bereichs nochmals gesammelt dargestellt.

5.2. Auswirkungen der Umwelthaftung auf Industrieunternehmen

Wenn wir im folgenden die Ergebnisse unserer Untersuchung im Hinblick auf die Frage darstellen, ob das UmweltHG einen Beitrag zur Verbesserung des präventiven Umweltschutz- und Sicherheitsmanagements in Unternehmen der Chemieindustrie geleistet hat, dann liegt diesen Ausführungen das in Kap. 2.6 explizierte allgemeine Verständnis von (ökologischer) Prävention zugrunde. Prävention wird hier also verstanden als eine spezifische Form organisierten Handelns, das darauf ausgerichtet ist, durch den Vollzug geeigneter Maßnahmen unsichere zukünftige Schäden zu vermeiden oder zu vermindern. Ließen sich solche Maßnahmen direkt oder indirekt[2] der durch das UmweltHG verschärften Haftungssituation im Umweltbereich zurechnen, dann wäre von präventiven Wirkungen des UmweltHG auszugehen. Ökologische Prävention, die *haftungsinduziert* ist, sich also dem Umwelthaftungsrecht zurechnen läßt, und die *freiwillig* durchgeführt wird, also über das vom Umweltordnungsrecht normierte Mindestmaß an Umweltschutz und Sicherheit hinausführt - auf diesen Typus von betrieblichen Maßnahmen war unser Forschungsinteresse gerichtet.

Was die relevanten Risikodimensionen betrifft, auf die sich betriebliche Präventionsmaßnahmen beziehen können, haben wir uns für eine Klassifizierung entschieden, in der zwischen (a) der Organisation des Risikomanagements, (b) anlagen-, produktions- und produktbezogenen Risiken und (c) der Dokumentation riskanter Betriebsabläufe unterschieden wird. Als Indikator für die organisationsinterne Relevanz dient uns die Intensität, mit der in den Unternehmen das Thema Umwelthaftung kommuniziert worden ist. Die folgende Darstellung folgt in ihrem Aufbau dieser Differenzierung.

5.2.1. Umwelthaftung als Kommunikationsthema

In der wissenschaftlichen und politischen Öffentlichkeit war das UmweltHG vor seiner Verabschiedung Gegenstand einer umfassenden Diskussion. Auch in den Industrieverbänden sind die Entwürfe für eine neue Umwelthaftung intensiv diskutiert, sogar eigene Entwürfe vorgelegt worden. Unsere Vermutung war, daß eine solche intensive Diskussion über das Gesetz auch in den Unternehmen stattgefunden haben müsse. Und zwar nicht nur in den für Haftungsfragen in erster Linie zuständigen Unternehmensbereichen, wie den Versicherungs- und Rechtsabteilungen, sondern auch in den für Umweltschutz und Sicherheit zuständigen Abteilungen sowie im Bereich der technischen Produktion. Der Untersuchung lag also die hypothetische Annahme zugrunde, daß das UmweltHG wegen seiner umweltschutz- und sicherheitsbezogenen Relevanz Thema einer intensiven bereichsübergreifenden Kommunikation in den Unternehmen hätte sein müssen. Diese starke Annahme läßt sich durch das vorliegende Datenmaterial indesssen nicht bestätigen. Es trifft zwar zu, daß die Frage, welche Auswirkungen die Reform des Umwelthaftungsrechts auf die Unternehmen hat, für eine begrenzte Zeit Gegenstand von Diskussionen in den Unternehmen war. Es wäre jedoch verfehlt, würde man aus der bloßen Tatsache, daß solche Diskussionen in den Unternehmen stattgefunden haben, den Schluß ziehen, dies sei ein untrügliches Indiz dafür, daß Unterneh-

---

[2] Mit der Einschränkung 'indirekt' soll in diesem Zusammenhang darauf verwiesen werden, daß es die Haftpflichtversicherer sind, die durch eine entsprechende Prämiengestaltung sowie eine entsprechende Ausgestaltung der Umwelthaftpflichtversicherungsbedingungen in entscheidender Weise Einfluß nehmen auf die Haftungssituation der Unternehmen. Impulse für ökologische Prävention werden den haftpflichtigen Unternehmen vor allem über diesen 'indirekten' Weg des Risikomanagements der Versicherer vermittelt.

men das Umwelthaftungsthema mit einer hohen kommunikativen Intensität behandelt hätten. Die Aussagen der von uns befragten Experten zeigen, daß das nicht der Fall war. Aus ihnen ergibt sich erstens, daß die Beschäftigung mit Fragen der reformierten Umwelthaftung auf die *haftungsnahen* Organisationseinheiten der Unternehmen beschränkt war. Nur in diesen haftungsnahen Organisationsbereichen, also vor allem den Rechts- und Versicherungsabteilungen, gehörte das UmweltHG für eine kurze Zeit unmittelbar nach seinem Inkrafttreten zu den Themen, denen aus versicherungstechnischen und haftungsrechtlichen Gründen eine erhöhte Aufmerksamkeit zukam. Es war jedoch nicht die vom Gesetzgeber intendierte Umweltschutzwirkung, die bei dieser zeitweiligen Thematisierung des Gesetzes im Vordergrund stand. Auch das belegen die Äußerungen der Experten, die wir aus den genannten Bereichen dazu befragt haben. Nach Inkrafttreten des Gesetzes waren für die Unternehmen versicherungsökonomische Fragen nach der Adäquanz des bestehenden Versicherungsschutzes zu überprüfen sowie haftungsrechtliche Spezialfragen zu klären, etwa die Frage, welche möglichen Auswirkungen die im Gesetz normierte Beweislastverteilung für die Unternehmen haben könne. Daß das Gesetz auch Fragen des Umweltschutzes und der technischen Sicherheit berühren könnte, dieser Zusammenhang wurde selbst dann, als die Umwelthaftung Gegenstand von bereichsinternen Erörterungen war, nicht hergestellt.

Von einer solchen Entkopplung von gesetzlicher Umwelthaftung von den Angelegenheiten des betrieblichen Umweltschutzes und der betrieblichen Sicherheit zeugt auch der Sachverhalt, daß das UmweltHG in den für Umweltschutz und Sicherheit zuständigen Unternehmensbereichen nach den übereinstimmenden Aussagen der von uns befragten Experten zu keinem Zeitpunkt ein Thema war, das in der kommunikativen und operativen Praxis dieser Bereiche eine auch nur untergeordnete Rolle gespielt hätte. Die folgende Äußerung des Leiters der Sicherheitsabteilung eines großen Unternehmens haben wir in ähnlicher Form in allen Unternehmen gehört:

> F: Aber kann man denn sagen, das war ein Thema, oder zumindest eine zeitlang, unmittelbar nach Verabschiedung oder in der Vorphase der Verabschiedung des Gesetzes? Ist es auch Thema im Unternehmen gewesen?
>
> A: Nein, also wirklich, in der Raffinerie war das zu keinem Zeitpunkt ein Thema. Es war ein Thema in der Öffentlichkeit, weil eben das grüne Spektrum Interesse an solchen herausgehobenen Themen hat und da kann man auch noch darüber diskutieren, weil immer mal wieder in der Öffentlichkeit der Verdacht da ist, daß eben solche Risiken nicht ausreichend abgesichert sind. Aber bei uns in der Werksgruppe ist das zu keinem Zeitpunkt thematisiert worden."

Dieser Äußerung ließen sich andere hinzufügen, in denen es immer wieder darum ging, daß die neue Umwelthaftung, im Unterschied zu anderen Umweltgesetzen, -verordnungen und -richtlinien, ein Nicht-Thema der organisationsinternen Kommunikation war. Es würde natürlich ein kontinuierlicher Gedanken- und Erfahrungsaustausch mit Angehörigen anderer Unternehmen über umweltpolitische und sicherheitstechnische Fragen stattfinden, behauptete der Direktor der Abteilung Umweltschutz, Sicherheit und Gesundheit eines Unternehmens, „ich kann Ihnen aber sagen, daß bei keiner dieser Diskussionen das Umwelthaftungsgesetz eine Rolle gespielt hat. Wirklich nicht, ich habe es nicht erlebt". Ganz im Sinne der (oben – Kap. 4 – diskutierten) Differenz von *talk* und *action* deutet also vieles darauf hin, daß die Kopplung zwischen UmweltHG und dem ‚technical core' der Unternehmen eher *schwach* ausfällt.

5.2.2. Organisation des Risikomanagements

Ein zweiter Komplex von Fragen, der in den Gesprächen, die wir in den Unternehmen führten, eine Rolle spielte, bezog sich auf die Organisation des Umweltschutz- und Sicherheitsmanagements. Wir wollten wissen, ob die Verschärfung der Umwelthaftung zusätzlichen Handlungsbedarf in diesem Bereich hat offensichtlich werden lassen. Die Fragen bezogen sich also auf die Angemessenheit der bestehenden Aufbau- und Ablaufstruktur des Risikomanagements. Sind nach Inkrafttreten des UmweltHG neue Abteilungen auf- oder bestehende Abteilungen personell ausgebaut worden, sind haftungsnahe Organisationseinheiten, etwa die Rechts- oder Versicherungsabteilungen, in das Risikomanagement einbezogen worden, sind bestehende Koordinationsformen modifiziert oder Kommunikationswege umstrukturiert worden - das waren die Fragen, die im Zentrum standen.

Folgt man den Aussagen der befragten Experten, dann verfügen inzwischen alle großen Unternehmen über funktionsfähige Umweltmanagementsysteme, die sich praktisch bewährt haben. Diese Systeme sind in den letzten zehn bis zwanzig Jahren aufgebaut und sukzessive angepaßt worden. Exemplarisch für die Interviews sind die folgenden Ausführungen des Leiters einer Umweltschutzabteilung, die deshalb in einem längeren Gesprächsausschnitt wiedergegeben werden sollen:

> „Ja, wir können also sagen für die X, daß wir ein Umweltmanagementsystem haben, ein Sicherheits- und Umweltmanagementsystem, das hat sich in den letzten 20 Jahren entwickelt und hat sich zunächst mal entwickelt völlig ohne gesetzliche Rahmenbedingungen, rein aus Eigenverantwortung, um mit den Risiken, die wir in der chemischen Industrie haben, verantwortungsvoll umgehen zu können. ... Sie sehen, wenn Sie den Energiebereich mit einbeziehen, daß sich etwa 2.000 Mitarbeiter hier im Werk mit diesen Fragen Umwelt, Arbeitssicherheit und Energie beschäftigen. Mit integriert sind die operativen Einheiten, das ist die Energieversorgung, also die Kraftwerke und auch die Entsorgungseinrichtung, die natürlich den Hauptteil der Mitarbeiter stellen. Also Sie sehen auch die Abteilung Emissions-

überwachung und Ökologie mit 230 Mitarbeitern in etwa, Genhemigungsverfahren, d.h. das sind die Mitarbeiter, die sich darum kümmern, daß alle unsere Projekte den Gesetzen entsprechend umgesetzt werden und genehmigt werden. Das sind etwa 60 Mitarbeiter und die Abteilung Sicherheit und Arbeitsschutz hat etwa 70 Mitarbeiter. Das ist also in den letzten 20 Jahren um diese Dimensionen gewachsen. D.h. hier am Standort X haben wir 350 einzelne Betriebe und durch diese Vielzahl der Betriebe ist es möglich, viele Funktionen, die an den anderen Standorten auf Betriebsebene durchzuführen sind, zu zentralisieren und damit auch mit Spezialisten zu besetzen und dadurch kommt diese Vielzahl der Mitarbeiter zustande. Das sind also über 150 naturwissenschaftlich ausgebildete Mitarbeiter oder technisch ausgebildete Mitarbeiter, jeweils spezialisiert ziemlich weit, also ich sage mal, das Thema Lärm genauso wie das Thema Ökologie. Wir haben Biologen, wir haben Geologen, wir haben natürlich Chemiker, usw. Und die betreuen praktisch als zweiter Sicherheitsring die operativen Einheiten, also die Betriebe selber. Bei uns ist es so geregelt, daß die Verantwortung, die direkte Verantwortung ausschließlich in der operativen Linie liegt, also vom Vorstand runter bis auf den Betriebsleiter und zusätzlich haben wir ein Umwelt- und Sicherheitsmanagementsystem, was sicherstellt, daß die direkt zuständigen Einheiten zusätzlich nochmal überwacht, beraten usw. werden. Als Stabshorizont. Ich kann Ihnen auch ein Bild zeigen, wie das aufgebaut ist. Hier kann man sehen, daß hier, selbstverständlich ist der Vorstand in erster Linie verantwortlich. Er kriegt Auflagen durch die Gesetzgebung, die Behörden, aber auch eigengesetzte Umweltpolitik als Ziele. Und der Vorstand delegiert diese Aufgaben an die operativen Einheiten und delegiert das über Richtlinien für Umweltschutz und Arbeitssicherheit und gleichzeitig mit der Delegation werden Verantwortungsmittel weitergegeben, aber eben auch Hilfen und Kontrollen. Und die Hilfen, das sind diese Stabseinheiten, die wir vorgestellt haben, die beraten, schulen und organisieren notfalls auch das Störungsmanagement für diese operativen Einheiten. Und dann gibt es Überwachungseinheiten, die es nochmal kontrollieren. Alles zusammen wird abgerundet durch ein Berichts- und Informationswesen, was sowohl die Texte und Kommunikation sicherstellt, aber vor allen Dingen auch die interne Rückmeldung an den Vorstand, ob alles in Ordnung ist. So ist das eben aufgebaut. Und diese Stabseinheiten hier sind in dieser Organisationsform, organisieren sich, wie ich sie eben vorgestellt habe und überwachen etwa mit an die 300 einzelnen Geschäftsprozesse, das hier praktisch alles seinen normalen Gang geht. Und dieses System, wie gesagt, hat sich in den letzten 20 Jahren entwickelt. Anfangs weitgehend unabhängig von der Gesetzgebung. Später hat natürlich die Gesetzgebung eine deutliche Rolle gespielt. Die Aufgaben, die der Gesetzgeber vorgegeben hatte, die mußten natürlich auch über diese Stabseinheiten mit abgewickelt werden. Das ist eigentlich der Zustand auch gewesen und der ist bis heute unverändert, auch bevor dieses Umwelthaftungsrecht sich geändert hat. Also man kann sagen, das hatte zunächst mal auf diese Organisation keinen neuen Einfluß ausgewirkt. Umweltmanagement hat bei uns eigentlich schon lange Bestand, es ist halt einfach nur eine neue Wortschöpfung. Bei uns hieß es Umweltschutz. Und von daher gab es ja eigentlich für uns durch das Umwelthaftungsgesetz keine wesentlichen Änderungen in unserer Struktur, sondern wir haben eigentlich nur gesehen, daß wir das jetzt anders dokumentieren."

Alle Befragten stimmten darin überein, daß die Organisation des Risikomanagments im wesentlichen vor Inkrafttreten des UmweltHG entwickelt war und daß sich durch die Verschärfung der Haftungssituation kein Bedarf für eine grundsätzliche Umstrukturierung oder Reorganisation ergeben hat. Alle empfanden die bestehenden organisatorischen Regelungen als ausreichend und angemessen. „Organisatorisch hat das UmweltHG nichts bewirkt", so die Aussage eines Mitglieds des Vorstandes eines Unternehmens.

In einzelnen Fällen gab es lediglich interne Richtlinien zum Umgang mit der neuen Umwelthaftung, die in den Gremien zur Kenntnis genommen worden sind. In einem Fall ließ man ein externes Gutachten erstellen, um zu prüfen, ob das neue UmweltHG neuen Handlungsbedarf schafft.

„Also die Rechtsseite der X hat sich nicht nur mit diesen internen Richtlinien befaßt, sondern wir haben im Jahr 1991 bereits auf Betreiben des damaligen Bereichsleiters noch ein Professorenrechtsgutachten eingeholt. Also es wird überschrieben: Rechtsgutachten über die Auswirkungen des Umwelthaftungsgesetzes und die daraus zu ziehenden Folgerungen. Bis das Ding da war, da verging sehr viel Zeit. Das hatte zum Schluß einen Umfang von 79 Schreibmaschinenseiten. Es hat uns aber keine neuen Erkenntnisse gebracht. Also wir haben uns nicht nur auf unsere interne Auslegung des Gesetzes oder die Arbeiten beim VCI gestützt, sondern hatten auch noch mal einen externen Zivilrechtler gebeten, dieses Gesetz auch nochmal aus seiner Sicht etwas näher zu bringen. Zwar war es, als es noch nicht viel Literatur gab, aber auch aus diesem Papier ist für uns eigentlich kein weiterer Handlungsbedarf entstanden, als lediglich die Dokumentation des bestimmungsgemäßen Betriebes, die sicherzustellen und vielleicht etwas zu verbessern."

5.2.3. Anlagen-, produktions- und produktbezogene Risiken

Ein weiterer Komplex von Fragen bezog sich auf den Bereich der technischen Anlagen, der Produktion und der erzeugten Produkte, man könnte sagen, auf den technischen Kern von Unternehmen. Anlagenbezogenen Risiken könnte etwa, so nehmen wir an, durch eine verbesserte Wartung und Überwachung bestehender Ausrüstungen, durch Umrüstung auf umweltschonendere Techniken oder den Bau von Anlagen, die dem neuesten Stand der Technik entsprechen, begegnet werden. Ebenfalls gehört der Bau von Anlagen zur verbesserten Entsorgung und Wiederverwertung anfallender Stoffe in diese Kategorie von Maßnahmen. Was die Verfahren der technischen Produktion angeht, so bestehen Möglichkeiten zur Prävention hier in der Reduktion und/oder Vermeidung von gefährlichen Roh- und Halbfertigprodukten sowie im Aufbau von geschlossenen Kreisläufen. Schließlich lassen sich Umweltrisiken im Bereich der von den Unternehmen hergestellten Produkte dadurch vermindern oder vermeiden, daß umweltgefährliche durch weniger umweltgefährliche Produkte substituiert oder, wenn das technisch nicht möglich ist, ganz aufgegeben werden.

Alle befragten Experten hoben zunächst hervor, daß der erreichte Sicherheitsstandard der vorhandenen Anlagen sehr hoch sei. In vielen Fällen würden geltende gesetzliche Auflagen und zulässige Emissionswerte nicht nur eingehalten, was ohnehin selbstverständlich sei, sondern über- bzw. unterboten. Es gibt nach den Aussagen der Befragten eine ganze Reihe von organisationsinternen und -externen Faktoren, die dazu geführt haben, daß die großen Unternehmen heute auf einem Sicherheitsniveau operieren, das sich in technischer Hinsicht oft kaum mehr überbieten lasse (vgl. dazu auch weiter unten). Die Verschärfung des Umwelthaftungsrecht gehört nach Auffassung der Befragten nicht zu diesen Faktoren. Der Direktor für Umweltschutz und Sicherheit in einem großen Unternehmen faßt diese Einschätzung folgendermaßen zusammen:

> F: „Hat sich durch das Inkrafttreten des Umwelthaftungsgesetzes, was den Umweltschutz im Unternehmen angeht, etwas zum Positiven geändert?
>
> A: Meine Antwort ist genau die, die von Herrn X auch gegeben worden ist. Nein, weil bei uns ganz einfach andere treibende Kräfte da sind, die uns dazu gebracht haben, wie schon vorhin gesagt. Das war die Reihe von Unfällen, die Notwendigkeit, dafür zu sorgen, wir wollen besser werden, die Schwierigkeiten, die wir haben kommen sehen durch die Nachbarschaft, und, und, und, der Imageverlust. Und deshalb diese grundsätzliche Entscheidung, daß wir eben hier zu höheren Standards uns durchgerungen haben, die formuliert haben. Also dieses Gesetz hat dabei keine Rolle gespielt."

Obwohl alle Befragten Beispiele für Maßnahmen im Bereich der technischen Anlagen und Produktion nennen konnten, die ihrer Einschätzung nach eine Erhöhung der Sicherheit zur Folge hatten, lautete die sich wiederholende Aussage, daß dafür nicht das

UmweltHG, sondern andere „treibende Kräfte" die Auslöser gewesen seien. Die folgenden Äußerungen, die für das vorliegende Datenmaterial als repräsentativ gelten können, mögen das illustrieren:

> „Hat es (das UmweltHG; die Verf.) Verhaltensänderungen, Einstellungsänderungen bewirkt? Ist es wirklich eine Unterstützung für die Aspekte des betrieblichen Umweltschutzes, die über das Bundesimmissionsschutzgesetz und die dazugehörigen Anlagengesetze hinausgeht, eine stärkere Motivation für Umweltschutz? Ich, persönlich, glaube das nicht. Ich glaube nicht, daß wir dadurch einen wesentlichen Schub in die Richtung bekommen haben. Die Umsetzung der sonstigen Gesetze, die wir haben, die ja hinreichend detailliert und anspruchsvoll sind, ist für mich eigentlich Basis genug gewesen für die Motivation der betrieblich Verantwortlichen."

> „Ich glaube, daß das Umwelthaftungsgesetz eigentlich ein Parallelgesetz ist und ein kleines Segment abdeckt, was aber durch eine ganze Reihe anderer Gesetze für den Betriebsleiter schon ohnehin abgedeckt ist. Und er hat ja auch noch dieses Umweltstrafrecht nachher aufoktrojiert bekommen, so daß er auch dort noch in die Knie geht. Also ich überlege die ganze Zeit, ob es eine Maßnahme gegeben hat in meinem Dunstkreise, wo man aufgrund dieses Gesetzes jetzt irgendwas gemacht hätte. Da fällt mir nichts ein, also aufgrund dieses Gesetzes, daß man sagt: ich habe eine Lücke, da ist das Risiko zu groß und jetzt mache ich etwas, ich investiere was in den Sektor. Ich glaube, das ist nicht geschehen, ich kann mich nicht erinnern. Es sind zum großen Teil Vorkommnisse, wo investiert wird, wo sich doch Lücken aufzeigen, an die man nicht gedacht hat, daß Feuer ausbricht oder daß irgendwelche Reaktionen durchgehen oder was auch immer. Natürlich, da wird gehandelt, da wird nachgedreht, daß dann auch, wenn Grenzwerte oder Genehmigungen sich ändern, die Nebenbestimmungen zu Gesetzen, wenn Auflagen verschärft werden: Natürlich wird dann bei Neuinvestitionen auch immer gesehen, daß man nicht nur gerade die Auflagen einhält, denn es geht ja immer weiter, nicht. Diese Anlage wird für 20, 30 Jahre gebaut. Man geht dann mindestens auf die Hälfte der vorgeschriebenen Werte, daß man also in Zukunft Ruhe hat, ... so daß das von der Seite schon immer rund geht. In kaum einem Fall wird etwas locker gelassen; es wird ja immer zugeschnürt. Die Werte werden ja niedriger gesetzt."

> „... ich werde nicht von diesem Gesetz getrieben, sondern ich werde erst von konkreten Gesetzen getrieben, mit konkreten Geboten, mit konkreten Verordnungen. ... Mit anderen Worten, das sind die Triebfedern, die ein Unternehmen veranlassen - plus Unternehmenskultur und ähnliche Grundsätze - aber eben nicht so etwas Abstraktes."

An dieser Stelle deutet sich eine andere, interessante Differenz an: Nämlich die Präventionsrelevanz von *Störfällen* gegenüber den (als ‚abstrakt' empfundenen) Entwicklungsrisiken (vgl. Kap. 6).

5.2.4. Dokumentation

Die Beobachtung und Dokumentation von riskanten Betriebsabläufen und Produktionsprozessen ist ein weiterer Bereich, dem für die Bewältigung von Umwelthaftungsrisiken insofern eine wichtige Bedeutung zukommt, als das UmweltHG hier durch die Einführung einer sog. Kausalitätsvermutung gewisse Beweislasterleichterungen für die Geschädigten einführt. Unternehmen können diese Beweiserleichterungen jedoch dadurch außer Kraft setzen, daß sie nachweisen, daß sie im Zeitpunkt der schadenursächlichen Umwelteinwirkung die gesetzlichen oder behördlich angeordneten Kontrollen eingehalten haben und daß keine Störungen des Betriebs festgestellt wurden. Möglichkeiten zur Prävention bestehen in diesem Bereich darin, betriebliche Beobachtungs- und Dokumentationssysteme entweder überhaupt erst aufzubauen oder aber bereits bestehende Systeme an den neuesten Stand des technisch Möglichen anzupassen, um drohende Schadensersatzansprüche prophylaktisch abzuwehren oder im Haftungsfall notwendige Entlastungsbeweise zu ermöglichen.

Auch in dieser Hinsicht scheint die Verschärfung der Haftungssituation keinen zusätzlichen Handlungsbedarf in den Unternehmen ausgelöst zu haben. Nach Aussage aller Befragten besteht in den (zumindest) großen Unternehmen aufgrund anderer gesetzlicher Regelungen ein bereits gut ausgebautes Dokumentations- und Informationssystem, das die Anforderungen des UmweltHG zum Teil sogar übererfüllt. Als Auslöser für Veränderungen an diesen Systemen, die in einigen der Unternehmen in den letzten Jahren trotzdem vorgenommen worden sind, ist auch auf unsere ausdrücklichen Nachfragen nicht das UmweltHG genannt worden. Das Datenmaterial enthält keine Äußerung eines Befragten, die sich anders interpretieren ließe; es ist in dieser Frage geprägt von einer auch für uns überraschenden Eindeutigkeit. Die folgenden Äußerungen können als typisch gelten:

> „Gut, wir haben unsere Dokumentation daraufhin überprüft. Wir haben überprüft, was dokumentieren wir in welcher Form und haben das für alle Anlagen getan und haben festgestellt, daß wir da keinen Handlungsbedarf sehen, etwas zu verändern. Lediglich die Vorgabe, diese Informationen sind 10 Jahre aufzubewahren, die ist jetzt neu dadrin. ... Wenn kein Handlungsbedarf da ist, braucht man auch nichts zu machen. Denn die Systemprüfung bei uns hat keinen gezeigt."

> „Aber wir haben uns da (bei der Dokumentation; die Verf.) weitgehend auch an bereits Vorhandenes anhängen können. Wir haben also mit Sicher-

heit keine zusätzlichen Dokumentationspflichten eingeführt, sondern wir haben nur gesagt, daß das, was die Betriebe machen, daß das also auch unter diesen Gesichtspunkten gesehen wird, und den Betrieben eben einen Katalog von Dokumentationsmöglichkeiten aufgezählt, die dann je nach Betrieb ... unterschiedlich praktiziert werden."

„Ich denke mal, daß diese ganzen Dokumentationen, die hier im Konzern vorhanden sind, ausschließlich ihren Ursprung in der öffentlich-rechtlichen Gesetzeslage und Verordnungslage haben und daß man ungefähr sagt, okay, ich habe hier etwas, was ich dann nutzbar machen kann für diesen Ausschluß der Vermutung, daß meine Anlagen hier zu dem Schaden beigetragen haben oder diesen Schaden verursacht haben."

„Auch dort (in einem Arbeitskreis des VCI; die Verf.) hat sich herauskristallisiert, das Wesentliche ist wohl, daß ich eben frage, was habe ich an Dokumentation über den bestimmungsgemäßen Betrieb und was kommt dazu in Betracht und was muß ich möglicherweise verbessern. ... Und da ist untersucht worden, diese Daten, die da festgehalten werden, reichen die aus, um Licht in die Sache zu bringen, falls mal jemand von außen mit einem Anspruch kommt. Müssen wir zusätzlich was tun oder nicht. Der Regelfall war die Antwort, sie haben genügend Daten. Wir müssen nur die einzelnen Betriebe darauf verpflichten, sie auf dieses Gesetz hin zu ordnen und auch auf eine bestimmte Zeit hin festzuhalten. ... Man wird dafür sorgen, daß überall eine bestimmte Dokumentation vorhanden ist, die wird man auch zehn Jahre aufheben, aber es bewegt sich im Rahmen dessen, was sowieso aufgrund anderer Vorschriften verlangt wird."

5.2.5. Erste Zusammenfassung der Ergebnisse

Obwohl das vorliegende Datenmaterial aufgrund der relativ geringen Anzahl der befragten Unternehmen nicht den Anspruch auf Repräsentativität erheben kann, weisen die Aussagen der befragten Unternehmensvertreter doch eine bemerkenswerte Homogenität auf. Die Grundtendenz der Aussagen läßt sich in der Einschätzung zusammenfassen, daß dem UmweltHG in der Vergangenheit ein nennenswerter Einfluß auf das präventive Umweltschutz- und Sicherheitsmanagement der Unternehmen nicht zugeschrieben werden kann. Die organisationsinterne Relevanz des Gesetzes in bezug auf die Implementation umweltschutz- und sicherheitsrelevanter Maßnahmen ist von allen Befragten als gering bezeichnet worden. Versteht man unter 'Prävention' die praktische Durchführung von umweltschutz- und sicherheitsrelevanten Maßnahmen mit dem Ziel, unsichere zukünftige Schäden zu vermeiden oder zu vermindern, dann hat die neue Umwelthaftung den Unternehmen offenbar wirksame Impulse für eine solche Form von Risikoprävention nicht vermittelt. Von keinem Befragten ist als eigentlicher

Grund oder Auslöser für Änderungen im Umweltschutz- und Sicherheitsmanagement, die nach der Selbsteinschätzung der Befragten als Verbesserungen gelten können, das UmweltHG genannt worden. Das gilt dabei für alle genannten Unternehmensbereiche: für die anlagen-, produktions- und produktbezogenen Risiken, für die organisationsbezogenen Risiken und die beobachtungsbezogenen Risiken. Erfolgte Nachbesserungen in diesen Bereichen sind nach Aussagen der Befragten nicht dem UmweltHG, sondern anderen Einflußfaktoren zuzurechnen. Am häufigsten wurden hier als Determinanten dem Umweltordnungsrecht zugehörige Auflagen, freiwillige Selbstverpflichtungen, drohender Imageverlust gegenüber der Öffentlichkeit sowie eigene Erfahrungen mit betrieblichen Un- oder Störfällen genannt (vgl. dazu weiter unten).

Von der Frage, wie die Relevanz des reformierten Umwelthaftungsrechts von den von uns Befragten ganz allgemein eingeschätzt wird, läßt sich die Frage unterscheiden, ob sich in den Unternehmen Einschätzungs*differenzen* in bezug auf die Sicherheits- und Umweltschutzrelevanz des UmweltHG beobachten lassen, die man mit der internen Differenzierung der Unternehmen in relativ autonome Teilbereiche in einen Zusammenhang bringen kann. Es ist u.E. kein Widerspruch, wenn man davon ausgeht, daß der Umwelthaftungsreform aus Sicht der Unternehmen zwar insgesamt gesehen eher geringe Bedeutung beigemessen wird, sich in bezug auf diese Einschätzung jedoch bereichsspezifische Differenzen ergeben. Auch dieser Frage der möglicherweise zwischen den einzelnen Organisationseinheiten von Unternehmen differierenden Einschätzung in bezug auf die Sicherheits- und Umweltschutzrelevanz des UmweltHG sind wir in unserer Untersuchung nachgegangen. Unserem Erkenntnisinteresse lag dabei die Annahme zugrunde, daß es sich bei Wirtschaftsunternehmen um ökonomische Entscheidungssysteme handelt, die aufgrund ihrer Zugehörigkeit zu einem gesellschaftlichen Funktionsbereich mit einer hochspezifischen semantischen Struktur und hochspezifischen Operationsregeln zwar einerseits über eine spezifische Organisationsidentität verfügen, die andererseits jedoch nicht als homogene oder kompakte, sondern als heterogene oder inkohärente Systeme begriffen werden müssen. Die interne Differenzierung von Wirtschaftsunternehmen, ihre Inkohärenz also, ist ein funktionales Reproduktionserfordernis, das sich daraus ergibt, daß Unternehmen nicht nur einer eindimensionalen Beeinflussung über die wirtschaftssysteminterne Umwelt des Marktes unterliegen, sondern es immer mit einer Vielzahl von reproduktionsrelevanten Umwelten zu tun haben. Ihren Bestand oder ihre Stabilität können Wirtschaftsunternehmen, die mit multiplen und widersprüchlichen Umweltanforderungen und -erwartungen konfrontiert sind, nur dadurch aufrechterhalten, daß sie ihren internen Systemaufbau durch Differenzierung (oder Divisionalisierung) in ein Entsprechungsverhältnis bringen zu den inkonsistenten externen Anforderungen und Erwartungen einer Pluralität von Umwelten. Das schafft jedoch nicht nur Koordinationserfordernisse und -probleme im Inneren der Organisation, sondern führt auch dazu, daß Umweltereignisse, -anforderungen und -veränderungen in ihrer Bedeutung für die Organisation unterschiedlich beobachtet und bewertet werden (vgl. vor allem Brunsson 1989).

Für uns von besonderem Interesse waren in diesem Zusammenhang organisationssoziologischer Annahmen Überlegungen, die von (und im Umkreis) der neoinstitutionalistischen Organisationstheorie vorgetragen worden sind. Danach hat man davon auszugehen, daß Organisationen ihren Bestand unter Bedingungen hoher Unsicherheit und Veränderbarkeit von Umweltbedingungen durch eine Kombination von instrumenteller und symbolischer Kommunikation zu sichern versuchen. Um den technischen Kern der Organisation, der nach eigensinnigen Rationalitätskriterien funktioniert, vor Anforderungen und Erwartungen von außen zu schützen und so seine Stabilität zu erhalten, entkoppeln Unternehmensorganisationen ihre Kernstruktur (in Form der technischen Produktion) von ihrer 'Oberflächenstruktur' (Grenzstellen). Den vom 'Kern' entkoppelten Bereichen der Organisation kommt dann die Funktion zu, die Stabilität des Kerns durch 'Abpufferung' von Umweltunsicherheiten und -turbulenzen zu schützen. Die Kommunikationsform, in der diese Stabilisierungsleistung von den Grenzstellenbereichen der Organisation erbracht wird, besteht in symbolischer Kommunikation oder 'talk'.

Befragt man das vorliegende Datenmaterial daraufhin, ob sich in ihm Aussagen und Einschätzungen finden, die diese Annahmen stützen, dann ergibt sich ein differenziertes Bild. Die für Recht und Versicherung zuständigen Organisationseinheiten sind aufgrund der spezifischen Funktion, die sie für die Reproduktion des Organisationsbestandes erfüllen, natürlich auch die für alle Probleme und Risiken zuständigen Hauptadressaten, die sich aus der Reform des Umwelthaftungsrechts ergeben. Diese Unternehmensbereiche sind gleichsam die Domänen, die auf der operativen Ebene die notwendigen Umstellungs- und Anpassungsleistungen erbringen, die es der Gesamtorganisation ermöglichen, unter den veränderten Umweltbedingungen einer verschärften Haftungssituation im Umweltbereich kollektive Handlungsfähigkeit aufrechtzuerhalten. Insofern diese Organisationseinheiten für die Verarbeitung versicherungstechnischer und haftungsrechtlicher Anforderungen und Probleme, die sich aus dem neuen UmweltHG und den neuen Umwelthaftpflichtversicherungsbedingungen für die Organisation ergeben, ausdifferenziert sind, absorbieren sie für die Gesamtorganisation haftungsrechtlich konstituierte Unsicherheit und gewährleisten dadurch, daß andere Organisationseinheiten von der Befassung mit diesen versicherungstechnischen und haftungsrechtlichen Spezialaspekten der Reform des Umwelthaftungsrechts entlastet werden. Die Annahme, daß den vom 'technischen Kern' entkoppelten Grenzstellenbereichen der Organisation, zu denen auch die mit den Fragen des Rechts und der Versicherung befaßten Organisationseinheiten zu zählen sind, die Funktion zukommt, die Stabilität des Organisationskerns durch Abpufferung von Umweltunsicherheiten und -turbulenzen zu schützen, erweist sich auch im Hinblick auf die Verschärfung des Haftungsrechts als tragfähig und plausibel.

Dies gilt jedoch weniger in bezug auf die oben formulierte Frage nach möglichen Einschätzungsdifferenzen zwischen den verschiedenen Subsystemen der Organisation im Hinblick auf die Umweltschutz- und Sicherheitsrelevanz der Umwelthaftung. Folgt man nämlich den Aussagen der von uns befragten Experten aus den Versicherungs-

und Rechtsabteilungen der Unternehmen, dann stellt man fest, daß diese mit der Abwicklung der versicherungstechnischen und haftungsrechtlichen Aspekte des UmweltHG befaßten Experten die Umweltschutzrelevanz des Gesetzes nicht anders einschätzen als die Experten, die anderen Unternehmensbereichen angehören. Diese weitgehende Übereinstimmung zwischen Angehörigen ganz verschiedener Organisationseinheiten im Hinblick auf die Irrelevanz der Umwelthaftung für betrieblichen Umweltschutz läßt sich als wichtiges Teilergebnis unserer Untersuchung festhalten. Von allen Experten, die wir befragt haben, werden Fragen des Haftungsrechts nicht in Verbindung gebracht mit Fragen des Umweltschutzes und der technischen Sicherheit. Auch Angehörige von Umweltschutzabteilungen aus den großen Unternehmen stellten einen solchen Zusammenhang nicht her. Zwar verwiesen diese Experten immer wieder auf die hohe Umweltschutzrelevanz des Umweltordnungsrechts, für das sie sich selbst auch als kompetent betrachteten; dem Umwelthaftungsrecht dagegen wiesen sie für das Umweltmanagement in den Unternehmen keine Bedeutung zu, was neuere Entwicklungen im Bereich des Umwelthaftungsrechts anging, erklärten sie sich für nicht kompetent und auch für nicht zuständig.

Faßt man die Ergebnisse unserer Befragung in den großen Unternehmen zusammen, dann ergibt sich erstens, daß die Bedeutung, die dem reformierten Umwelthaftungsrecht für das operative und strategische Umweltschutz- und Sicherheitsmanagenemt von den befragten Experten zugewiesen wird, als gering eingeschätzt wird. Und zweitens ergibt sich, daß sich in bezug auf diese Einschätzung zwischen den verschiedenen Organisationsteilen keine nennenswerten Differenzen feststellen lassen. Sowohl Experten aus den Versicherungs- und Rechtsabteilungen wie auch Experten aus den Umweltschutzabteilungen und dem Bereich der technischen Produktion stimmen darin überein, daß das Umwelthaftungsrecht auf Organisationsentscheidungen, die die Bereiche Umweltschutz und Sicherheit betreffen, keinen Einfluß ausübt. Den Angaben unserer Gesprächspartner zufolge handelt es sich bei Fragen des Umweltschutzes und der Sicherheit auf der einen und Fragen der Haftung und Versicherung auf der anderen Seite um zwei Entscheidungsbereiche, die in den Unternehmen weitgehend voneinander entkoppelt sind, von den Entscheidern jedenfalls nicht als miteinander verbunden wahrgenommen und behandelt werden. Dieses Untersuchungsresultat muß auch als deutlicher Hinweis darauf gelesen werden, daß der in der haftungsrechtlichen und umweltökonomischen Literatur unterstellte positive Bedingungszusammenhang zwischen einer entsprechend ausgestalteten Umwelthaftung und den Sorgfaltsanstrengungen von Unternehmen in der Praxis der Unternehmen keine Entsprechung findet. Was eine Entsprechung findet, ist allerdings die Entkopplung von *action* und *talk*, von produktionsnaher und rechtlicher sowie versicherungsförmiger (Haftungs-) Kommunikation.

5.3. Begründungen und Erklärungen für die Wirkungsschwäche der Umwelthaftung

Durch die bemerkenswert hohe Übereinstimmung in den Einschätzungen der befragten Experten aus den Industrieunternehmen entsteht ein Erklärungs- und Begründungsbedarf in bezug auf die behauptete Wirkungsschwäche der Umwelthaftung, dem in den folgenden Kapiteln nachgegangen werden soll. Zunächst wird es um die Frage gehen, welchen Einflußfaktoren aus Sicht der Unternehmen *im Unterschied* zur Umwelthaftung ein Anregungspotential für ökologischen Wandel in den Unternehmen zugeschrieben werden kann (Kap. 5.3.1). Im Anschluß daran (Kap. 5.3.2) steht die *monetäre* Anreizfunktion einer *versicherten* Umwelthaftung zur Diskussion. Es folgen Überlegungen zum Ausbleiben von Prävention im Fall von Entwicklungsrisiken (Kap. 5.3.3) und zur Frage, inwieweit die neue Beweislastregelung des UmweltHG für die Präventionsschwäche der Umwelthaftung verantwortlich zu machen ist (Kap. 5.3.4). Wir gehen davon aus, daß damit die wesentlichen Gründe und Faktoren benannt sind, die erklären, warum das UmweltHG einen konstruktiven Beitrag zur ökologischen Modernisierung der industriellen Produktion bis heute nicht geleistet hat.

5.3.1. Hoher Sicherheitsstandard

Wie ein roter Faden zieht sich durch das vorliegende Datenmaterial das Argument, daß der umweltrelevante Sicherheitsstandard, auf dem die großen Unternehmen der chemischen Industrie operieren, bereits heute schon so hoch sei, daß eine weitere Niveausteigerung in technischer Hinsicht oft kaum mehr möglich sei. Alle befragten Experten konnten Beispiele dafür nennen, daß in ihren Unternehmen der vom Umweltordnungsrecht geforderte Mindeststandard an Umweltschutz und Sicherheit nicht nur eingehalten, sondern in vielen Fällen überboten wird. Diese Freiwilligkeit zusätzlicher, über bestehende gesetzliche Normierungen hinausgehender Leistungen verdanke sich dabei jedoch nicht dem UmweltHG, sondern sei schon seit langem integraler Bestandteil einer Unternehmenskultur und -politik, die sich der Idee ökologischer Prävention verpflichtet fühle. Die relevanten externen Bedingungsfaktoren, die diesen Prozeß organisationsinterner ökologischer Innovation kontinuieren und flankieren, manchmal auch anregen, seien nicht Umwelthaftungsrisiken, für die ohnehin Versicherungsschutz bestehe, sondern ordnungsrechtliche Gesetze und Verordnungen sowie eine für ökologische Fragen sensibilisierte Öffentlichkeit, der gegenüber man sich Indifferenz und Nachlässigkeit in Fragen des Umweltschutzes heute nicht mehr leisten könne.

Die von den Befragten genannten Beispiele für den zentralen Stellenwert, den ökologische Prävention in den großen Unternehmen inzwischen besitzt, bezogen sich dabei auf alle oben genannten Unternehmensbereiche. So etwa berichtete ein Mitarbeiter des Umweltschutzbereichs eines Unternehmens von der Implementation eines Programms, mit dem durch Zentralisierung der Erfassung der Energiedaten aller Anlagen eines Werks eine Optimierung des Energieverbrauchs erreicht werden soll. Alle Befragten hoben hervor, daß die Untersuchung und Bewertung der toxischen und umweltrelevanten Eigenschaften der von den Unternehmen erzeugten und vertriebenen Produkte heute ebenso zu einer ständigen FuE-Aufgabe in den Unternehmen gehört wie das Ziel der Prozeß- und Produktsubstitution bei umweltgefährdenden Stoffen.

Es konnte nicht Aufgabe der vorliegenden Untersuchung sein, die Selbsteinschätzung der Befragten in bezug auf die hohe Qualität des Umweltmanagements in den Unternehmen auf ihren Realitätsgehalt hin zu überprüfen. Bemerkenswert ist jedoch immerhin, daß diese natürlich beobachterabhängigen Einschätzungen einen hohen Grad an Übereinstimmung aufweisen mit den Einschätzungen von Experten, die industrieunabhängigen Beobachterkontexten angehören. Vertraut man der kritischen Urteilsfähigkeit dieser externen Experten, dann muß man davon ausgehen, daß „sich der Sicherheitsstandard in der chemischen Industrie in der Tat in den vergangenen Jahren enorm verbessert" hat (Zundel 1996). Bis in die 80er Jahre hinein mag die Rede von der ökologischen Indifferenz der Chemieproduktion noch eine im wesentlichen zutreffende Diagnose gewesen sein. Fragt man jedoch heute nach den Risiken der Chemieproduktion, so etwa auch Vahrenholt (1996), „so ergibt sich eine grundlegend veränderte Situation: Die Anlagensicherheit ist radikal verbessert worden. Die deutsche chemische Industrie hat die Seveso-Lektion gelernt wie kaum eine andere auf der Welt: Alarmpläne, Information der Nachbarschaft, Sicherheitsbehälter für hochtoxische Stoffe gehören zum Standard - alles Forderungen, für die Kritiker in den siebziger Jahren ausgelacht, ja ausgegrenzt wurden". Auch Vahrenholt kommt zu dem Ergebnis, daß die großen Unternehmen der chemischen Industrie die „Anlagensicherheits-, Abluft- und Abwasserprobleme [...] auf dem derzeit bestmöglichen Stand der Technik gelöst" haben (ebd.). Auch für den Bereich der Produkte, die eigentliche Hauptemission der Chemieproduktion, sei die Bilanz bemerkenswert.

In der öffentlichen Diskussion über die von der chemischen Industrie ausgehenden Risiken werden für diesen Wandel verschiedene Erklärungen angeboten. Während die einen auf die verschärfte Umweltschutzgesetzgebung verweisen, betonen die anderen die gestiegene ökologische Verantwortung der Unternehmen, die sich wiederum in erster Linie der hohen ökologischen Sensibilität der Öffentlichkeit verdanke. Befragt man das vorliegende Datenmaterial daraufhin, wie dieser Wandel zu erklären ist, dann zeigt sich, daß er aus Sicht der befragten Unternehmensvertreter als das Ergebnis des Zusammenspiels einer Vielzahl von Faktoren zu begreifen ist. So sehr die Befragten darin übereinstimmten, daß vom neugeschaffenen Umwelthaftungsrecht für diesen Wandel bisher kaum Impulse ausgegangen sind, so groß war die Übereinstimmung im Hinblick auf die Nennung von Faktoren, die einen bestimmenden Einfluß auf diesen Wandel ausgeübt haben. Immer wieder wurden hier neben dem Umweltordnungsrecht und freiwilligen Selbstverpflichtungen von Unternehmen der inzwischen hohe Imagewert des Umweltschutzes, Kosteneinsparungen durch Umweltschutzmaßnahmen sowie das Beunruhigungspotential von Un- oder Störfällen genannt.

a) Umweltordnungsrecht

In bezug auf die von uns gestellte Frage, welche Einflußfaktoren in der Organisationsumwelt die Fortentwicklung der technischen Sicherheit und des Umweltschutzes in den Unternehmen stärker bestimmen, das öffentliche Umweltordnungsrecht oder das private Umwelthaftungsrecht, zeigt das Datenmaterial eine auffällige Asymmetrie zugunsten des Ordnungsrechts. Den Hauptanteil am inzwischen erreichten hohen Sicherheitsstandard, den alle Befragten für ihr Unternehmen reklamierten, trägt nach Einschätzung fast aller Interviewten nicht das Haftungsrecht, sondern das in seinen Wirkungen viel direktere Ordnungsrecht. So etwa meinte ein Mitarbeiter der Versicherungsabteilung eines Unternehmens:

> „... meine persönliche Erfahrung sowohl beim früheren Arbeitgeber als auch jetzt bei der X meine ich so zusammenfassen zu können, daß alle, die im Umweltschutz tätig sind, sich an der öffentlich-rechtlichen Seite, also an den genehmigungsrechtlichen Voraussetzungen der Anlagen orientieren, und - wenn überhaupt - nur unwesentlich durch zivilrechtliche Haftungstatbestände beeinflußt werden."

Diese Äußerung ist kein Einzelbeispiel. Auch aus den Aussagen anderer Befragter läßt sich schließen, daß der Orientierungswert und die Relevanz des Umweltordnungsrechts für die interne Umweltschutzarbeit in den Unternehmen weitaus höher eingeschätzt werden als die Bedeutung des Haftungsrechts. Die Informationsverarbeitung und Risikozuschreibung in den Unternehmen scheint sich nicht, zumindest nicht in erster Linie, am Haftungsrecht, sondern am Ordnungsrecht zu orientieren. Der Orientierungsrahmen, der den Unternehmen Erwartungssicherheit und Impulse für umwelt- und sicherheitstechnischen Fortschritt vermittelt, ist ordnungsrechtlicher Natur. Die Äußerung eines Vorstandsmitglieds eines Unternehmens macht das deutlich:

> „Das war gerade, was ich versuchte, vorhin zu sagen. Da wir schon in der Auswirkung des Bundesimmissionsschutzgesetzes mit all seinen Verordnungen, des Abfallgesetzes, hinreichend sensibilisiert waren für dieses Thema, sind die Auswirkungen des Umwelthaftungsgesetzes in dieser Frage eigentlich eher eine zusätzliche Arbeitsbelastung als ein zusätzlicher Input für Sensibilisierung. Das gilt für unser Unternehmen. Wir haben ja, sagen wir mal, wann ist das Thema Umweltschutz richtig kritisch geworden? Ende der 70er, Anfang der 80er Jahre ging das los. Mitte der 80er Jahre kam ein deutlicher Schub und das hier ist aus den 90ern, Anfang der 90er Jahre, da lief der Zug schon mit hoher Geschwindigkeit. Da hat man nur noch eine Schüppe Kohlen draufgeschmissen, aber viel mehr ist eigentlich daraus nicht für unser Unternehmen entstanden."

Allerdings ist die von fast allen Befragten geäußerte Einschätzung, daß dem Ordnungsrecht eine stärkere umweltpräventive Wirksamkeit zugeschrieben werden muß als dem Haftungsrecht, nicht mit Zustimmung zu solchen regulativen Rechtsprogrammen zu verwechseln. Eine Mehrheit der Befragten lehnt eine Verschärfung der öffentlichen Umweltschutzgesetzgebung mehr oder weniger strikt ab, auch wenn ihr eben andererseits eine präventive Wirksamkeit durchaus zugestanden wird. (Eine solche Ambivalenz zeigt sich in bezug auf die Umwelthaftung im übrigen nicht.) Auch für die Ablehnung zusätzlicher Regulierung mit Mitteln des Ordnungsrechts liefert das Datenmaterial Belege, wie die folgenden Äußerungen illustrieren.

> „Ich sage es nochmal, das Ordnungsrecht ist ausgereizt. Wir haben sogar den Zustand der Überregulierung erreicht und wir können auch sicherlich durch schärferes Ordnungsrecht nicht mehr die Verbesserungen herstellen, weil das Niveau, das wir im Vergelich zu anderen Ländern erreicht haben, schon so hoch ist, daß man nicht mehr viel tun kann. ... Wir müssen unsere Verfahren permanent verbessern und auch unsere Produkte. Das braucht aber Zeitspannen, die in der Größenordnung von zehn bis zwanzig Jahren liegen. Also wenn sie heute überlegen, ein neues Produkt zu machen, bis sie das entwickelt haben, durch alle Prüfungen hindurch, bis die Anlagen gebaut sind, da sind mal locker zehn Jahre vergangen. Das heißt, wir müssen dahin kommen, daß wir in größeren Zeitdimensionen uns bewegen können, damit wir innovativen Umweltschutz machen können. Und wir brauchen einfach diesen größeren Freiraum. Das ist ganz wichtig."

> „Wir können unsere gesamte Regulierungsdichte durchaus fokussieren auf viel weniger und den ganzen Wust an Details, an spezifischen Detailregelungen einfach eliminieren. Es sagt sich leichter, als es machbar ist, aber es müßte die Zielsetzung sein. Alle diese Deregulierungsansätze gehen ja im Prinzip dahin. Aber ich vermute, ich kann im Moment noch nicht so richtig sehen, daß es eine wirkliche Bereitschaft gibt, diesen Deregulierungsansatz ernsthaft aufzunehmen."

Jedenfalls kann in diesem Zusammenhang notiert werden, daß Präventionsorientierungen auch in rechtlicher Hinsicht die Differenz von Störfällen: Ordnungsrecht gegenüber Entwicklungsrisiken: Gefährdungshaftung reproduzieren (s. Kap. 6).

b) Selbstverpflichtung

Daß das vergleichsweise hohe Umweltschutz- und Sicherheitsniveau, auf dem die deutsche chemische Industrie heute operiert, nach Auffassung der befragten Unternehmensvertreter nicht allein das Ergebnis einer verschärften Umweltschutzgesetzgebung ist, sondern in erster Linie der gestiegenen ökologischen Verantwortung der Unternehmen selbst zuzurechnen ist, versteht sich fast von selbst. Durchgängig findet sich im vorliegenden Datenmaterial der Hinweis auf eine in allen Unternehmen schon seit langem in Form von ausgebauten Umweltmanagementsystemen institutionalisierte ökologische Verantwortlichkeit. Eigentliche Quelle und treibende Kraft dieser organisierten Verantwortlichkeit ökologischen Zielen gegenüber sei dabei nicht externer Druck, weder durch Gesetze noch durch lokale oder globale Öffentlichkeiten, sondern freiwillige Selbstverpflichtung. Die Befragten konnten dabei ausnahmslos auf Grundsätze oder Leitlinien verweisen, in denen Sicherheit und Umweltschutz als eigenständige und gegenüber dem Ziel der Wirtschaftlichkeit gleichrangige Unternehmensziele definiert sind. Diese Leitlinien seien nicht nur für die Unternehmenspraxis irrelevante Lippenbekenntnisse, sondern erfüllten die Funktion eines operativen Regulativs für alle Unternehmensbereiche. Als Antwort auf die von uns gestellte Frage, wie Unternehmen im Konfliktfall zwischen betriebswirtschaftlichen und umwelt- und sicherheitsrelevanten Erfordernissen entscheiden, führte der Direktor des Umweltschutz- und Sicherheitsbereichs eines Unternehmens etwa aus:

> „Doch, den (Konfliktfall, die Verf.) gibt es natürlich. Es gibt aber eine klare Aussage, in unseren Leitlinien steht drin, Umweltschutz und Sicherheit gehen vor Wirtschaftlichkeit. Im konkreten Fall heißt das, wenn es darum geht, lasse ich die Anlage weiterlaufen und gefährde da jetzt meine Mitarbeiter oder die Umwelt oder stelle ich sie ab, dann gibt es ganz klar die Vorgabe, dann wird abgestellt. Also in solchen Fällen, im Konfliktfall, gehen Umweltschutz und Sicherheit immer vor Wirtschaftlichkeit. Und da wird auch niemendem, und keinem Mitarbeiter wird daraus ein Strick gedreht, daß man sagt, und sie haben jetzt auf den roten Knopf gedrückt. Da stehen diese Dinge ganz klar im Vordergrund. Es steht in unseren Leitsätzen. Geht vor! Diese Dinge gehen vor Wirtschaftlichkeit."

Der hohe Umweltschutz- und Sicherheitsstandard, der inzwischen erreicht sei, darauf wiesen alle befragten Experten immer wieder hin, sei nicht zuletzt Ausdruck der konsequenten Anwendung dieses Prinzips der Eigenverantwortung, das man im übrigen nicht erst seit gestern verfolge, wie alle Befragten auch immer wieder hervorhoben.

> „Schon 1972 hat man sich bei der X beispielsweise Gedanken darüber gemacht, wie kriege ich das verschmutzte Wasser in der Griff. Da gab es das Gesetz (gemeint ist das UmweltHG, die Verf.) noch nicht. Ich glaube, das ist wohl Beweis genug und beantwortet eigentlich alles. Es gab kein Gesetz, soviel ich weiß, auch keine Vorschrift, daß wir eine Kläranlage haben mußten. Wir haben das aus eigenem Entschluß getan. Das ist sicherlich alles ohne den Druck der Umwelthaftung entstanden. ... Man hat quasi aus Eigenverantwortung gesagt, und wir haben uns natürlich auch mit den Behörden zusammengesetzt und gesagt, wir müssen was tun mit dem Rhein. Das war unverkennbar, daß der Rhein eine Qualität hatte, die nicht haltbar

war. Und dann ging es eben darum, überhaupt erstmal eine Methode zu entwickeln, um solches Gewässer zu reinigen, denn diese biologischen Kläranlagen im großtechnischen Stil waren bis dahin nicht bekannt. Das ist erst durch, sagen wir mal, eine fast ein Jahrzehnt lange Entwicklungsarbeit entstanden. Das ist alles doch ohne sehr starken gesetzlichen Druck entstanden, im Konsens, sage ich mal, zwischen Behörden und Industrie."

c) Umweltschutz als Imagegut

Obwohl alle Befragten einerseits betonten, daß der relativ hohe Umweltschutz- und Sicherheitsstandard, der inzwischen erreicht sei, das Ergebnis des eigenverantwortlichen Handelns der Unternehmen sei, bestritten sie andererseits nicht, daß „die öffentliche Meinung da einen gewissen zusätzlichen Motor reinbringt", wie es ein Befragter ausdrückte. Unter den befragten Experten bestand eine weitgehende Übereinstimmung in der Einschätzung, daß die 'Öffentlichkeit' in ihren verschiedenen Ausformungen - in Form der unmittelbaren Nachbarschaft, in Form des urbanen Umfeldes, in dem ein Unternehmen angesiedelt ist, oder in Form der Massenmedien - heute als wichtige Determinante für die Unternehmenspolitik betrachtet werden muß. Die folgenden beiden Äußerungen vermitteln einen Eindruck davon, wie sehr sich Unternehmen heute dem Druck einer kritischen Öffentlichkeit ausgesetzt sehen.

> „Wir können es uns im Grunde nicht mehr leisten, jetzt weniger von der zivilrechtlichen Haftung her, als von dem, was das in der Öffentlichkeit für eine Wirkung haben würde, irgendwo eine Anlage nicht nach Sicherheitsstandard zu führen."

> „Wenn wir eine Explosion haben, sie haben es eben gehört, dann gehen eben Fensterscheiben kaputt, dann kommt die Kripo ins Werk und und und. Und das heißt, das Image der Firma nach außen nimmt Schaden und das ist etwas, was wir uns einfach gar nicht erlauben können. Denn wir möchten hier noch weiterproduzieren, wir möchten in Frieden mit der Nachbarschaft und der Umgebung leben. Wir müssen auch mal eine Anlage verändern, erweitern, das heißt, wir müssen Anträge stellen, Genehmigungsbescheide bekommen und wenn wir dann mit Negativschlagzeilen hier von uns reden machen, dann wird es natürlich schwierig, überhaupt solche Genehmigungsbescheide zu bekommen. Das heißt also auch, aus diesem eigenen Antrieb heraus müssen wir einfach dafür sorgen, daß diese Dinge in Ordnung sind."

Die Frage, von woher der „große Anstoß" für das Umwelt- und Risikomanagement in den Unternehmen gekommen sei, beantwortete ein Vorstandsmitglied folgendermaßen:

„Also das ist sicherlich ein langwierig sich entwickelnder Prozeß gewesen, der ausgegangen ist von den großen Störfällen, Bhopal, von der gesetzlichen Entwicklung, dem Bundesimmissionsschutzgesetz, dem Wasserhaushaltsgesetz, dem Abfallgesetz, was dann aber in der Summe das ganze Bild erst rundgemacht hat, das war die zusätzliche Sensibilisierung der Bevölkerung. Das war ja irgendwo ein Wechselspiel. Und daß da die Unternehmen sich - insbesondere die Unternehmen, die mit ihren Produkten direkt und sehr nah beim Verbraucher sind - natürlich diesen Anforderungen stellen mußten, war eigentlich eine zwingend logische Entwicklung. Und daß alle Unternehmen, die sich da zurückgehalten haben, die gesagt haben, laß mal andere vorgehen, haben hinterher umso mehr Aufwand und umso mehr Probleme gehabt."

Im Kern stimmten alle befragten Experten auch darin überein, daß sie durch den Anlagenbetrieb drohende Schäden nicht so sehr wegen der dadurch drohenden Schadensersatzzahlungen zu vermeiden suchen. Was viel schwerer wiege, sei der durch solche Schäden drohende Imageverlust. Nicht die durch die Schadensersatzpflicht entstehenden Kosten seien das eigentliche Risiko, sondern der durch den Schaden verursachte Image- und Akzeptanzverlust.

„Also wenn wir darüber sprechen, durch bestimmte Maßnahmen Umweltschäden, Nachbarschaftsbelästigung etc. zu vermeiden, dann tun wir das vor dem Hintergrund der Standortfrage. Wie stehen wir in der Nachbarschaft da? Es ist uns nie darum gegangen, in welcher Höhe ein Schaden zu erwarten ist. Oder ob er durch eine Versicherung abgedeckt ist. Uns interessiert vielmehr, wie viele Zeilen in der WAZ am nächsten Morgen stehen. Und wie lange irgendein Ereignis hier ein Thema ist. Das ist wichtig. Das ist existentiell für uns. Und nicht die Frage, wie hoch ein Schaden ist. ... Die Imageschäden sind größer als die realen Schäden. Das muß man ganz klar sagen. Wenn uns ein Öltankwagen verunglückt, dann ist das, was rausgeht, was dabei kaputtgeht, in der Regel ein Imageschaden."

d) Störfälle

Neben dem Umweltordnungsrecht, freiwilligen Selbstverpflichtungen und drohendem Imageverlust scheinen es vor allem betriebliche Störfälle zu sein, die Unternehmen zu einer Erhöhung ihrer Sorgfaltsanstrengungen veranlassen. Das vorliegende Datenmaterial liefert dafür eine Reihe von deutlichen Hinweisen. Ganz abgesehen davon, daß Störfälle immer auch einen Imageschaden nach sich ziehen, manifestiert sich durch sie, daß und wo Nachbesserungsbedarf besteht. Alle Befragten stimmten darin überein, daß sie durch die entweder nur mittelbare oder aber ganz unmittelbare Konfrontation mit den Auswirkungen von Störfallereignissen dazu motiviert worden sind, mehr oder weniger einschneidende Veränderungen im eigenen Risiko- und Sicherheitsmanagement vorzunehmen. In einem Fall sogar war eine Serie von Unfällen der Auslöser für eine grundlegende Neuorganisation des Sicherheitsmanagements. Die folgenden Äußerungen verdeutlichen diesen Zusammenhang.

> „Ende der 80er, Anfang der 90er Jahre hat es bei uns eine ganze Reihe von schweren Unfällen gegeben, Betriebsstörungen bis hin zu Störfällen entsprechend der Störfallverordnung. ... Der Vorstand hat dann eine grundsätzliche Entscheidung getroffen: Wir wollen hier besser werden. Wir wollen in die Spitzengruppe der Industriefirmem aufrücken in bezug auf Unfallzahlen, auf Betriebsstörungen und und und. ... Der Vorstand hat gesagt, das muß geändert werden und deshalb, wie gesagt, diese Zentralabteilung eingerichtet. ... Es war der Einfluß dieser Häufung von Unfällen. Ich kann ihnen das auch anhand von Diagrammen ganz einfach zeigen. Also wir haben hier 1000-Mann-Quoten gehabt, die in der Größenordnung von 30 lagen, d.h. also bezogen auf 1000 Mitarbeiter 30 Unfälle pro Jahr. Und es gibt andere Firmen, gerade in der [M.-] Industrie, mit denen wir uns vergleichen, die haben 1000-Mann-Quoten von 5 oder 3 oder 1. Und wir sind also mit so einer 1000-Mann-Quote von 30 angefangen, wir sind also runtergegangen über 15, über 12 und letztes Jahr hatten wir eine 1000-Mann-Quote von 8 gehabt, und wir streben jetzt im Jahr eine 1000-Mann-Quote von 5 an. Das heißt, das ist drastisch nach unten gegangen, was sich da an Arbeitsunfällen ereignet hat.“

Wir verweisen an dieser Stelle noch einmal auf die Strukturrelevanz der Differenz zwischen Störfällen und Entwicklungsrisiken im Hinblick auf Präventionspräferenzen (s. Kap. 6).

e) Kostenersparnis durch Umweltschutz

Umweltschutz ist für die Unternehmen der chemischen Industrie inzwischen nicht nur zu einem wertvollen Imagegut geworden. Nahezu alle von uns befragten Experten räumten ein, daß viele Unternehmen inzwischen auch erkannt hätten, daß sich die Durchführung von Umweltschutzmaßnahmen in vielen Fällen auch unter betriebswirtschaftlichen Kostengesichtspunkten lohne. Zwar sei nach wie vor nicht zu bestreiten, äußerten viele Befragte, daß Umweltschutz und Wirtschaftlichkeit bzw. Rentabilität nicht selten in einem Verhältnis der Konkurrenz zueinander stünden; dabei dürfe jedoch andererseits nicht übersehen werden, daß das nur eine von mehreren möglichen Verhältnisvarianten sei. Oft genug bestehe zwischen beiden Unternhmenszielen auch ein Verhältnis der Komplementarität. „Wir sparen, mittel- und langfristig gesehen, durch Umweltschutzinvestitionen auch Geld. Und da die Kosten einfach immer noch die größten Treiber sind, sind wir zu solchen Maßnahmen nicht nur angehalten, sondern auch gezwungen. Nicht zuletzt natürlich auch wegen der nationalen und internationalen Konkurrenz, der wir ausgesetzt sind". In dieser Aussage des Leiters der Umweltschutzabteilung eines großen Unternehmens ist zum Ausdruck gebracht, was wir in ähnlicher Form von nahezu allen befragten Experten gehört haben. Die Möglichkeit, durch Umweltschutzmaßnahmen Kosten einzusparen und die Wettbewerbssituation des Unternehmens zu verbessern, ist, neben den genannten anderen Faktoren, zu einem wesentlichen Grund für die inzwischen hohe Qualität des umweltrelevanten Sicherheitsstandards geworden, den alle Befragten für ihre Unternehmen reklamierten.

5.3.2. Die Versicherung des Umwelthaftungsrisikos

Ging es im letzten Kapitel um die Frage, welche unternehmensexternen Einflußfaktoren *im Unterschied* zur Umwelthaftung einen effektiven Beitrag zur ökologischen Modernisierung der Chemieproduktion geleistet haben, so geht es in den folgenden Ausführungen um die Frage, inwieweit die von den befragten Unternehmensvertretern nahezu einhellig behauptete Irrelevanz des UmweltHG für das organisationsinterne Umweltmanagement nicht auch als deutlicher Hinweis darauf verstanden werden muß, daß das reformierte Umwelthaftungsrecht ein in *monetärer* Hinsicht bisher unwirksames Instrument umweltpolitischer Regulierung geblieben ist. An verschiedenen Stellen dieser Arbeit ist bereits darauf hingewiesen worden, daß die generelle Idee, die dem Haftungsansatz zugrunde liegt, darin besteht, das *ökonomische* Eigeninteresse der Unternehmen an der Vermeidung oder Verminderung von Umweltschäden durch die Etablierung eines *rechtlich* konstituierten Haftungsrisikos stärker im betrieblichen Rentabilitätskalkül zu verankern. Dieser Idee zufolge würde das Umwelthaftungsrecht eine präventive Wirkung dann entfalten, wenn die „ex-post"-Haftung als „ex ante"-Anreiz wirkt, wenn also die gesetzlich bestehenden Ausgleichspflichten von den haftpflichtigen Unternehmen in ihren Entscheidungen derart antizipiert werden, daß die Schadensvermeidung oder -verminderung für sie einen Vorteil bringt. Die Erwartung bzw. Hoffnung, Unternehmen durch die Androhung einer monetären Schadensersatzpflicht zu freiwilliger Prävention anregen zu können, gründet also auf Annahmen über die Steuerungswirksamkeit ökonomischer Differenzen. Die diese Annahmen im Kern stützende Behauptung lautet: Sind die Kosten, die Unternehmen für die Durchführung von Präventionsmaßnahmen aufwenden müssen, geringer als die Kosten, die sie für die Haftung aufwenden müssen, besteht ein ökonomischer Anreiz für die Wahl der Präventionsoption. Je größer diese Differenz ist, desto höher die Wahrscheinlichkeit von Prävention.

Nun ist im Rahmen dieser Arbeit bereits ebenfalls mehrfach betont worden, daß die Versicherung des Umwelthaftungsrisikos einen entscheidenden Einfluß ausübt auf die Regulierungs- und Anreizfunktion, die die gesetzliche Haftungsverpflichtung erfüllen soll. Es gilt also nicht nur, daß die Wahrscheinlichkeit von Prävention in dem

Maße wächst, wie sie den haftpflichtigen Unternehmen einen erkennbaren ökonomischen Vorteil bringt; es gilt auch, daß die Wahrscheinlichkeit, daß dieser intendierte Regulierungseffekt sich abschwächt, in dem Maße wächst, wie es Unternehmen gelingt, ihr Haftungsrisiko gegen die regelmäßige Zahlung einer Prämie auf Versicherungen zu übetragen. Um diesen Zusammenhang zwischen Versicherungsprämie und Prävention soll es im folgenden gehen. Die Frage ist, ob von der Prämie, die die Unternehmen für die Versicherung ihres Umwelthaftungsrisikos zu zahlen haben, monetäre Anreize zur Schadensverminderung und/oder -vermeidung ausgehen.

Folgt man den Aussagen der von uns interviewten Unternehmensvertreter, dann spielte die Umwelthaftpflichtversicherungsprämie in den Überlegungen der Organisationseinheiten, die mit der Initiierung, Planung und Durchführung umweltrelevanter Projekte in den Unternehmen befaßt waren, keine nennenswerte Rolle. Und wenn Kostengesichtpunkte in solchen Projekten an Bedeutung gewannen, was immer dann der Fall gewesen zu sein scheint, je mehr sich solche Projekte dem Stadium der Implementation annäherten, dann nicht deshalb, weil die Umwelthaftpflichtversicherungsprämie dabei eine relevante Kalkulationsgröße gewesen wäre. Umweltschutzprojekte wurden in den Unternehmen in der Vergangenheit unter weitestgehendem Ausschluß von Fragen der Haftung implementiert. Nicht nur das ist von allen Gesprächspartnern deutlich hervorgehoben worden. Deutlich geworden ist in den Gesprächen auch, daß die vor allem in der ökonomischen Theorie des Haftungsrechts verbreitete Vorstellung, Haftung als ökonomisches Anreizinstrument zur Förderung ökologischer Prävention in der Wirtschaft einzusetzen, in den Unternehmen selbst auf weitgehendes Unverständnis stößt. Auf diesbezügliche Fragen , die wir in den Interviews stellten, gab es so gut wie keine Resonanz (im Unterschied übrigens zur Öko-Steuer, die geradezu, wenn sie zum Thema wurde, ein Reizthema war).

Das folgende Zahlenmaterial, in dem die Kosten, die die Unternehmen für die Umwelt- bzw. Gewässerschadenhaftpflichtversicherung zahlen müssen, in ein Verhältnis gesetzt werden zum Gesamtumsatz der Unternehmen, kann als Bestätigung und Plausibilisierung der Aussagen der befragten Experten aus den Industrieunternehmen gelesen werden, weil es zeigt, daß die Umwelthaftpflichtversicherungsprämie als Posten im Rahmen unternehmensinterner Kalkulation in der Tat eine alles andere als relevante Größe darstellt. Nach Angaben der Versicherer können die nachfolgend genannten Zahlen und Zahlenverhältnisse dabei durchaus als repräsentativ gelten.[3]

Unternehmen A hat eine Gewässerschadenhaftpflichtversicherung mit einer Versicherungssumme von 2 Mio. DM für eine Jahresprämie von 2.500 DM

---

[3] Aussagekräftiges Zahlenmaterial haben wir selbst nicht beschaffen können. Zum Teil lag das daran, daß die Befragten entsprechendes Zahlenmaterial in der Gesprächssituation nicht parat hatten, zum Teil daran, daß wir offenbar nicht nachhaltig genug zu erkennen gegeben haben, wie wichtig uns in dieser Frage neben allgemeinen Einschätzungen auch konkrete Zahlen sind. Wir greifen deshalb im folgenden auf Daten zurück, die sich bei Herbst (1996, 261f.) und Küpper (1996, 541ff.) finden.

abgeschlossen (die Gesamtprämie für die Haftpflichtversicherung beträgt 40.979 DM). Der Umsatz des Unternehmens beträgt 46.674.000 DM. Die Gewässerschadenhaftpflichtprämie beträgt also ca. 0,00536% des Umsatzes, die Gesamtversicherungshaftpflichtprämie beträgt ca. 0,0878% des Umsatzes. Die Umweltgefährlichkeit der Produktion des Unternehmens ist auf der höchsten Stufe angesiedelt.
Unternehmen B zahlt für die gesamte Haftpflichtversicherung des Unternehmens 366.667 DM bei einem Umsatz von 2.724.000.000 DM. Die Gesamthaftpflichtprämie macht also 0,0135% des Gesamtumsatzes aus.
Unternehmen C zahlt für die Gewässerschadenhaftpflichtversicherung 50.000 DM Prämie bei einem Umsatz von 523.000.000 DM. Die Gesamthaftpflichtprämie beträgt 250.000 DM. Aufgrund des sehr schlechten Risikoverlaufs ist die Prämie der Gewässerschadenhaftpflichtversicherung von 5.000 DM auf 50.000 DM erhöht worden. Die Gewässerschadenhaftpflichtprämie macht daher ca. 0,01% des Umsatzes aus. Bezogen auf die gesamte Haftpflichtprämie wären es 0,05% des Umsatzes.
Unternehmen D zahlt für die Gewässerschadenhaftpflichtversicherung 25.000 DM Prämie bei einer Versicherungssumme von 5 Mio. DM. Bei einem Jahresumsatz von 2.022.093.000 DM macht die Gewässerschadenhaftpflichtprämie also ca. 0,0012% des Umsatzes aus. Die Gesamthaftpflichtversicherungsprämie beträgt 500.000 DM, also 0,025% des Umsatzes. Die Umweltgefährlichkeit der Produktion des Unternehmens ist auf der höchsten Stufe anzusiedeln.

Die Einschätzungen der von uns befragten Unternehmensvertreter über die fehlende Anreizwirkung der Umwelthaftpflichtversicherungsprämie für das Investitionsverhalten der Unternehmen im Umweltschutz- und Sicherheitsbereich, für die diese Zahlen einen (wenn auch nur indirekten) Plausibilitätsnachweis liefern, sind in einem Interview bestätigt worden, das wir mit einem Mitglied der Rechtsabteilung des Verbandes der chemischen Industrie geführt haben. Nach Aussage dieses Befragten machen die für die gesamte Haftpflicht (inklusive Produkt-, Betriebs- und Umwelthaftpflicht) von einem Unternehmen gezahlten Versicherungsbeiträge im Durchschnitt nur etwa 5 Prozent der für den Umweltschutz eingesetzten Kosten aus. Angesichts der geringen Bedeutung der Versicherungsprämie ist es nach Einschätzung dieses Verbandsvertreters deshalb auch mehr als unwahrscheinlich, daß man über Prämien*differenzierungen* Impulse für Umweltschutzinvestitionen schaffen könne.

„Ich glaube, daß die Versicherungsprämien jetzt im Moment zumindest keinen so ungeheuren Kostenfaktor darstellen, daß man also sagt, wir könnten hier was verringern, einen wesentlichen wirtschaftlichen Vorteil haben, wenn wir bestimmte dinge einführen, die wir bisher nicht haben. Aber selbst wenn die Prämien sehr hoch wären, ich bezweifle das. Andere wirtschaftliche Instrumente, ja gut, da wird ja alles mögliche diskutiert. ... Ich gehe schlicht und einfach davon aus, alles, was wirtschaftlich einschneidende Maßnahmen sind, um zu einem anderen Verhalten zu kommen, das wirkt natürlich."

Diese Skepsis in bezug auf die präventive Wirkung von Prämiendifferenzierungen ist auch von Befragten aus der Versicherungswirtschaft zum Ausdruck gebracht worden, wie die folgenden Gesprächssequenzen zeigen, die aus Interviews stammen, die wir mit Angehörigen zweier großer Versicherungsgesellschaften geführt haben:

> „Ich denke mal, man bewegt auch mit den Prämien nicht viel. Wenn ich jetzt daran denke, wir haben eine Brauerei, die haben, glaube ich, eine 10-Millionen-Deckung für 25.000 DM und investieren jetzt für 6 Millionen. Sie wollen einen Ofen umbauen, der kostet wohlgemerkt 6 Millionen DM. Und die kommen und fragen natürlich und sagen, wir machen das unter Umweltgesichtspunkten. Das alles wird besser und schöner. Macht ihr jetzt die Prämienreduzierung? Nun haben wir das alte Ding zwar versichert, aber in den 25.000 DM, ich sage mal, mit 1.700 DM. Es ist die Frage, diese 1.700 DM, mit wieviel wollen sie die bewerten, dadurch, daß er sie durch einen neuen austauscht. Wenn sie dem sagen, jetzt paß' mal auf, ich meine, 100 DM Rabatt bei einer Investition von 6 Millionen DM, da bewegt sich ganz einfach nichts. Das ist ganz einfach zu wenig, weil oftmals ja die Prämie zwar insgesamt genannt wird, also ich zahle 20.000 DM für eine Umwelthaftpflicht, aber auf die einzelne bezogene Komponente, die vielleicht nur modernisiert oder ausgetauscht wird - und irgend wann sind das dann wirklich nur noch Peanuts, das ist keine Kalkulationsgröße mehr."

> „Also man muß differenzieren, mit Sicherheit. Ich glaube, daß man durchaus was anstoßen kann und es auch umgesetzt wird. Aber, und jetzt kommt das aber, nur in einem bestimmten Rahmen. Also wenn wir sagen, da muß eine Auffangwanne hin, da kann etwas auslaufen, dann ist das für das Unternehmen zunächst mal kein Problem, jetzt da mal was zu kaufen für 500 Mark, oder selbst irgend etwas zu machen. Sobald es aber eine Maßnahme wäre, die eine echte Investitionsentscheidung nach sich ziehen würde, dann wir das Unternehmen wieder wirtschaftlich rechnen, Kosten-Nutzen-Analysen anstellen, was bringt die Anlage, kann er damit einen Prämienrabatt erzielen oder einen Prämiennachlaß erreichen. Und da wird sich schnell herausstellen, daß die Prämie, die wir bekommen im Haftpflichtsektor, im Vergleich zur Anlageninvestition so gering ist, daß da überhaupt nichts herausspringt betriebswirtschaftlich. Also bei diesen großen Investitionsentscheidungen sehe ich es sehr skeptisch, wenn da nicht ordnungspolitisch etwas passiert."

Bewertet man das vorliegende Daten- und Zahlenmaterial über die Rolle der Umwelthaftpflichtversicherungsprämie für das umweltschutzbezogene Investitionsverhalten von Unternehmen, dann kommt man um die ernüchternde Bilanz nicht herum, daß von der Umwelthaftung in ihrer gegenwärtigen Form wirksame ökonomische Anreize für ökologische Prävention nicht ausgehen bzw. in der Vergangenheit nicht ausgegangen sind. Mit der Versicherung des Umwelthaftungsrisikos, die im Fall des Störfallrisikos, was die Höhe der Deckung angeht, keinen Beschränkungen unterliegt, scheint für die haftpflichtigen Unternehmen zugleich das ökonomische Motiv verloren zu gehen, das ökologische Prävention für sie zu einer attraktiven und lohnenden Option machen würde. Der Anreiz, der von der Versicherungsprämie ausgeht, ist offensichtlich zu schwach, um Unternehmen zu ökologischer Prävention und größerer Sorgfalt zu motivieren. Für Unternehmen ist es günstiger, die Versicherungsprämie zu zahlen, als Präventionsmaßnahmen durchzuführen, weil die Kosten, die sie für Prävention aufwenden müssen, höher liegen als die Kosten, die sie für die Versicherung des Risikos aufwenden müssen. Diese 'negative' Kostendifferenz, die auch dann zu bestehen scheint, wenn es sich bei der Versicherungsprämie um eine individualisierte, risikoadäquate Prämie handelt, führt im Ergebnis dazu, daß das Umwelthaftungsrecht als Instrument umweltpolitischer Regulierung stumpf bleibt.

Von seiner Grundidee her läßt sich der Haftungsansatz durchaus als erfolgversprechende Ergänzung (nicht als Ersatz!) zum direktiven Umweltordnungsrecht begreifen. Indem er die Regulierungsabsicht in einer 'Sprache' formuliert, die Organisationen, die zum Wirtschaftssystem gehören, aufgrund der spezifischen Selektivität ihrer Umweltsensibilität auch verstehen können, erfüllt er ein wichtiges Gütekriterium für eine instruktive Interaktion zwischen Politik bzw. Recht und Wirtschaft. Daß positive Regulierungseffekte trotzdem ausbleiben, liegt daran, daß sich mit der Versicherung des Umwelthaftungsrisikos der monetäre Anreiz soweit abschwächt, daß Unternehmen Prävention unterlassen. Wie das anders geartete Beispiel des Normalbetriebs- und Entwicklungsrisikos, auf das im folgenden Kapitel eingegangen werden soll, zeigt, läßt sich das Ausbleiben von ökologischer Prävention jedoch nicht allein ökonomisch erklären. Obwohl im Fall des Normalbetriebs- und Entwicklungsrisikos eine erhebliche Lücke klafft zwischen gesetzlicher Haftungsverpflichtung auf der einen und faktischer Abdeckung des Risikos durch seine Versicherung auf der anderen Seite, also insofern für Unternehmen ein starker ökonomischer Anreiz für Prävention besteht, zeigt das Datenmaterial, daß Unternehmen darauf nicht mit einer Intensivierung ihrer Sorgfaltsanstrengungen reagieren. Prävention bleibt aus, *obwohl* ein ökonomischer Anreiz besteht. Um die Erklärung dieser Unterlassung, die nicht ökonomisch motiviert ist, soll es im folgenden Kapitel gehen.

5.3.3. Nichtwissen und Sicherheit

Das UmweltHG schafft, wie bereits erläutert[4],eine Haftungsverantwortung nicht nur für Schäden, die durch Störfälle entstehen, sondern auch für Schäden, die durch den

---

[4] Vgl. insbesondere die Kap. 2.1, 2.4.3 und 2.6.1.

behördlich genehmigten und bestimmungsgemäßen Betrieb einer technischen Anlage entstehen (Normalbetriebsrisiko) *und* für Schäden, die deshalb entstehen, weil zum Zeitpunkt der Genehmigung einer Anlage ihre potentielle Schädlichkeit noch gar nicht bekannt war und nach dem Stand von Wissenschaft und Technik auch gar nicht bekannt sein konnte (Entwicklungsrisiko). Bei beiden Haftungsrisiken handelt es sich nur formal betrachtet um zwei verschiedenartige Risikotypen. Praktisch betrachtet ist davon auszugehen, daß das Entwicklungsrisiko eine Spezialform des Normalbetriebsrisikos ist: Wenn Schäden infolge des Normalbetriebs einer Anlage darauf beruhen, daß die Umwelt- oder Gesundheitsschädlichkeit eines freigesetzten Stoffes aufgrund fehlenden wissenschaftlichen Wissens zum Zeitpunkt der Emission von allen Beteiligten unterschätzt worden ist, dann hat sich ein Entwicklungsrisiko realisiert.[5] Das Entwicklungsrisiko stellt damit den Idealtypus eines 'unbekannten' Risikos dar.[6]

Was die Versicherung des Normalbetriebs- und Entwicklungsrisikos angeht, stehen die versicherungssuchenden Unternehmen hier, anders als beim Störfallrisiko, vor nicht unerheblichen Problemen des Kaufs von Sicherheit. Dies aus zwei Gründen. *Erstens* sieht das Umwelthaftpflichtversicherungs-Modell, mit dem alle Versicherer operieren, zunächst einen generellen Deckungsausschluß für das Normalbetriebs- und Entwicklungsrisiko vor. Schäden, die durch betriebsbedingt unvermeidbare, notwendige oder in Kauf genommene Umwelteinwirkungen entstehen, sind danach *nicht* versichert. Dieser allgemeine Ausschluß gilt nur dann *nicht*, wenn der Versicherungsnehmer nachweisen kann, daß er mögliche Schäden nach dem Stand der Technik nicht erkennen mußte, wobei er selbst den Beweis der Unvorhersehbarkeit führen muß.[7] *Zweitens* besteht eine strikte Begrenzung der Deckungshöhe für das Normalbetriebs- und Entwicklungsrisiko: Die maximale Deckungssumme liegt danach bei 20 Mio. DM pro Unternehmen (nicht pro Anlage!). Bei einer gesetzlich festgelegten Haftungshöchstgrenze von jeweils 160 Mio. DM für Sach- und Personenschäden besteht damit eine große Lücke zwischen Haftungsverpflichtung und Versicherungsschutz.

Die Versicherer begründen ihre Ablehnung, für das Normalbetriebs- und Entwicklungsrisiko unbegrenzten Versicherungsschutz zu gewähren, damit, daß für diesen

---

5 Vgl. zu Fragen der Begriffsklärung und definitorischen Unterscheidung zwischen Normalbetriebs- und Entwicklungsrisiko etwa Hager (1991, 136), Schmidt-Salzer/Schramm (1993, 88f., 373), Alsleben (1993, 302ff.), Schimikowski (1994a, 98ff., 224f.).

6 Vgl. zu diesem Begriff Kap. 2.6.1.

7 In der einschlägigen Spezialliteratur wird diese Frage des generellen Ausschlusses und des an sehr restriktive Bedingungen geknüpften Wiedereinschlusses in die Deckung zumeist unter dem Stichwort der sog. „Öffnungsklausel" diskutiert. Obwohl in der Literatur umstritten ist, wie hoch die Hürden gebaut sind, die der Versicherungsnehmer überspringen muß, um Versicherungsschutz für das Normalbetriebs- und Entwicklungsrisiko zu erhalten, gibt es Experten, die davon ausgehen, daß diese Hürden sehr hoch sind. So ist z.B. Alsleben (1993, 352) der Auffassung, daß die Einstiegsvoraussetzungen für die Öffnungsklausel „derart hoch angesiedelt [sind], daß der Nachweis faktisch nicht zu erbringen sein dürfte". Ähnlich auch Küpper (1992, 6). Da (höchst-) richterliche Entscheidungen zur Regelung dieses Problems gegenwärtig noch nicht vorliegen, muß die künftige Rechtssprechungspraxis der Gerichte zeigen, welche Partei hier im Vorteil ist.

Risikotyp Grenzen der Versicherbarkeit überschritten sind.[8] Was immer eine Prüfung der Plausibilität der Argumente der Versicherer im einzelnen auch ergeben mag, faktisch gesehen geraten die betroffenen Unternehmen durch das Verhalten der Versicherer in eine für sie prekäre Situation der *Unterversicherung*. Zwischen gesetzlicher Haftungsverpflichtung und faktischer Abdeckung des Normalbetriebs- und Entwicklungsrisikos besteht eine Lücke, die für die haftpflichtigen Unternehmen zur Folge haben kann, daß sie hier bei Eintritt des Haftungsfalles Schadensersatzzahlungen zu leisten haben, die für sie im schlimmsten Falle ruinöse Konsequenzen haben können. Man könnte auch sagen: Für die Unternehmen besteht also ein starker ökonomischer Anreiz zur Prävention. Die Frage ist, wieso ökologische Prävention trotz dieses Anreizes auch im Fall des Normalbetriebs- und Entwicklungsrisikos ausbleibt? Unserer Einschätzung nach hängt das Ausbleiben von präventiven Wirkungen der Umwelthaftung auch unter diesen an sich günstigen Bedingungen für Prävention mit der Struktur und den Eigenheiten dieses Risikotyps selbst zusammen.

Wir gehen davon aus, daß Prävention ein Minimum an risikorelevantem Wissen über die Kausalbeziehungen zwischen einer Technologie oder eines Stoffes und ihren bzw. seinen Wirkungen voraussetzt.[9] Nur Technologien oder Stoffe, deren Risikopotential (mehr oder weniger) bekannt ist, erweisen sich als präventionsfähig, während Nichtwissen die Bedingungen der Möglichkeit von Prävention unterminiert. Genau dies ist jedoch in bezug auf Entwicklungsrisiken der Fall. Bei Entwicklungsrisiken handelt es sich um 'unbekannte' Risiken, weil hier nicht nur, wie im Fall 'bekannter' Risiken, die Wahrscheinlichkeit des Schadenseintritts unbekannt ist, sondern die Technologien und Stoffe, die gefährlich sein könnten, selbst unbekannt sind. Das Risiko des Nichtwissens besteht hier also für die Zeit- und die Sachdimension (und ist nicht, wie bei bekannten Risiken, auf die Zeitdimension beschränkt).

Unternehmen, die Entwicklungsrisiken vermeiden wollten, müßten also, um präventiv handeln zu können, Nichtwissen in Wissen verwandeln. Das ginge nur durch eine Intensivierung unternehmenseigener Forschungsanstrengungen, die darauf abzielen müßten, das gegenwärtig noch unbekannte Gefährdungspotential einer unbekannten Vielzahl von technischen Verfahren und chemischen Substanzen aufzudecken. Von einer bloß zufallsbedingten Entdeckung der Gefährlichkeit („evolutionäres Lernen") müßte sich eine solche Form des Umgangs mit unbekannten (oder hypothetischen Risiken) Risiken dadurch unterscheiden, daß sie aktiv und zielgerichtet darauf orientiert ist, durch den Einsatz unternehmenseigener Forschungs- und Entwicklungsressourcen die bestehende Unsicherheit über die Riskanz des Risikos in größere kognitive Sicherheit zu verwandeln. Im Anschluß an Morone/Woodhouse (1993, 237) könnte man auch sagen, daß es sich bei dieser Umgangsform mit kognitiver Unsicherheit um einen Handlungstypus handeln muß, der sich als eine „erweiterte Variante" des Lernens aus Erfahrung verstehen läßt. Wichtige Elemente eines solchen Hand-

---

8 Vgl. dazu die entsprechenden Ausführungen in Kap. 4.

9 Vgl. dazu die Überlegungen in Kap. 2.6.1 und 2.6.3.

lungstyps sind „konservatives Vorgehen“ und „wissenschaftlich-technisches Experiment“, also Test und Simulation des (hypothetischen) Risikos unter kontrollierten Bedingungen (ebd., 228/237).

Es sind u.E. nun zwei sich wechselseitig verstärkende Gründe, die dagegen sprechen bzw. es mehr als unwahrscheinlich machen, daß Unternehmen diese Option wählen. Eine systematisch und aktiv betriebene Wirkungsforschung ist erstens ein erheblicher betrieblicher Kostenfaktor, der umso mehr ins Gewicht fällt und organisationsinterne Entscheidungsrelevanz gewinnt, wie Unternehmen zweitens davon ausgehen können bzw. müssen, daß eine freiwillig betriebene Ursachen- und Wirkungsforschung *im Falle des Erfolgs* die Voraussetzungen für den Eintritt des Haftungsfalles überhaupt erst schafft. Sollte sich nämlich als Resultat dieser Forschungsanstrengungen herausstellen, daß ein bisher von allen Beteiligten nach dem Stand von Wissenschaft und Technik für unbedenklich gehaltenes technologisches Verfahren oder eine für unbedenklich gehaltene Emission jetzt doch als gefährlich eingestuft werden muß, dann tritt genau das ein, was aus Sicht der Unternehmen gerade verhindert werden soll: Es wird ein Entwicklungsrisiko konstituiert, für das die Unternehmen die gesetzliche Haftungsverantwortung tragen, für das ihnen von der Versicherungswirtschaft aber nur ein sehr beschränkter Deckungsschutz gewährt wird. Unternehmen stehen also in bezug auf den Umgang mit Entwicklungsrsisiken vor dem folgenden Dilemma: Die Erzeugung (bzw. Validierung) des für Prävention notwendigen Wissens ist hier für sie mit dem Risiko einer möglichen Selbstschädigung verbunden.[10] In einer vergleich-

[10] Die damit aufgeworfene Frage, ob ein verschärftes Haftungsregime, das auch Entwicklungsrisiken in die Haftungsverantwortung einbezieht, zu einer Innovationsbremse für die Wirtschaft werden kann, kann hier nicht ausführlich behandelt werden. Folgt man beispielsweise der Einschätzung von Ladeur (1995), dann ist dieses Risiko nicht völlig von der Hand zu weisen. Ladeur bezweifelt, daß eine Verschärfung der Haftung „mit dem Interesse an der Erhaltung der Kreativität und Flexibilität der gesellschaftlichen Wissensbasis und damit von Lernfähigkeit vereinbar ist“ (ebd., 185). Durch Haftungsverschärfung kann die „Neigung zur Vermeidung nicht nur von Risiken, sondern auch des Neuen insgesamt erzeugt werden. Mit diesem Problem haben große Unternehmen ohnehin zu kämpfen“ (ebd.). Und: „Die gesetzliche Einführung der Gefährdungshaftung für technische Risiken kann ihrerseits die Innovationsfähigkeit von Unternehmen und der Wirtschaft insgesamt gefährden, wenn sie nicht auf einzelne Produktionsbereiche beschränkt wird. Vor allem für die Entwicklungsrisiken aufgrund von Ungewißheit ist deshalb eher an die Einführung einer Art kollektiver Gefährdungshaftung zu denken“ (ebd., 182). Das theoretische Argument, das solchen Befürchtungen zugrunde liegt, lautet: Eine zentrale Voraussetzung für die Ausbildung und Entwicklung zukunftsgerichteter Handlungsentwürfe und Erwartungen ist die Rechtssicherheit für die Normadressaten. Unter Bedingungen von Unsicherheit werden organisierte Sozialsysteme die Bereitschaft, Risiken um der Realisierung von Chancen willen einzugehen, nur dann aufbringen, wenn sie erwarten können, daß sie zumindest normativ richtig erwarten. Geht diese Sicherheit verloren, wie im Fall einer Entwicklungsrisiken einbeziehenden Gefährdungshaftung, werden bestehende Optionen, weil sie zu riskant sind, nicht mehr realisiert. Unterstellt man die Richtigkeit des Arguments, dann würde die auf Entwicklungsrisiken ausgedehnte Gefährdungshaftung also Optionen vernichten, nicht weil sie zuviel, sondern weil sie zu wenig limitiert. Rechtlich gesteigerte Erwartungsunsicherheit in bezug auf mögliche zukünftige Zahlungsverpflichtungen würde dann zur Behinderung innovativen oder experimentellen Handelns von Unternehmen führen.

bar dilemmatischen Situation befinden sich unserer Einschätzung nach auch die Unternehmen der Versicherungsbranche: Auch sie können kein gesteigertes Interesse daran haben, daß Erkenntnis- und Wissensdefizite in bezug auf Entwicklungsrisiken durch eine Intensivierung von wissenschaftlicher Forschung in Unternehmen, die sie (wenn auch nur begrenzt) versichern, abgebaut, daß also (weitgehendes) Nichtwissen in mehr Wissen verwandelt wird. Auch für Versicherungsunternehmen ist davon auszugehen, daß die Wahrscheinlichkeit, daß sie ihre Möglichkeiten der Steuerung des Verhaltens der Versicherungsnehmer, über das sie - zumindest virtuell - verfügen, auch nutzen werden, nicht sehr hoch ist.

Verstärkt werden diese im Risiko einer möglichen Selbstschädigung liegenden Gründe für den Verzicht auf eine Forcierung unternehmenseigener Forschungsanstrengungen durch etwas, das sich unserer Auffassung nach in abstrakter Form am besten als Fähigkeit von sozialen Systemen beschreiben läßt, Entscheidungs- und Handlungsunsicherheit durch die Konstruktion von Vertrauen in die Sicherheit der eigenen (riskanten) Produktion zu reduzieren. Je solider dieses quasi ,systemimmanente' Vertrauen ausfällt, desto geringer dürfte insgesamt die Neigung ausfallen, wirklich relevante zusätzliche Prävention zu betreiben. Und gerade im Falle von Entwicklungsrisiken mit ihrer hohen Unsicherheitsdimension wird dieses systemintern generierte Vertrauen (s. besonders 5.3.1) funktional relevant (s. Kap. 4 und Kap. 6): Man kann wohl sagen, daß mit der Ausprägung dieses Vertrauens auch Rationalisierungen vom Typus der referierten ,Selbstschädigung' unwahrscheinlich werden: Der Rationalitätsstandard eines Selbstschädigungsarguments *unterstellt* ja geradezu die Möglichkeit des Eintretens eines Entwicklungsrisikos (perverserweise durch eigene Forschung betrieben), was manifestes Systemvertrauen schlicht erübrigt (vgl. Japp 1997c).

5.3.4. Beweislastverteilung

Wie bereits erläutert, gehen wir generell davon aus, daß Präventionsgewinne im Umgang mit riskanter Technologie und riskanten Stoffen als Folge der Existenz eines Gefährdungshaftungsrisikos nicht auszuschließen sind, daß solche Gewinne jedoch, damit sie wahrscheinlich werden, an bestimmte Voraussetzungen geknüpft sind. Eine wichtige Voraussetzung läßt sich als 'Wahrscheinlichkeit der drohenden Sanktion' bezeichnen. Damit ist hier zunächst nichts anderes gemeint als die Wahrscheinlichkeit des Eintritts des Haftungsfalles. Damit der Haftungsfall eintritt, müssen jedoch wiederum bestimmte Voraussetzungen erfüllt sein, insbesondere muß es dem Geschädigten gelingen, den eingetretenen Schaden dem Schädiger kausal zuzurechnen. Es geht also um den Nachweis der Kausalität. Die Frage lautet deshalb zunächst, wie der Kausalitätsnachweis im UmweltHG geregelt ist.

Nach den herkömmlichen Regeln der Beweislastverteilung, die im deliktischen Haftungsrecht gelten, hat der Geschädigte den Nachweis zu führen, daß der Schaden durch den Anspruchsgegener verursacht worden ist, wobei der Nachweis überwiegender Wahrscheinlichkeit nicht als ausreichend gilt, sondern der sog. Vollbeweis gefordert ist. Das UmweltHG sieht an dieser Stelle eine begrenze Beweislastverschiebung durch die Einführung einer Kausalitätsvermutung vor. Das heißt, daß bereits bei Verursachungs*eignung* der Anlage auch die Schaden*verursachung* durch die Anlage zu vermuten ist (§ 6 Abs. 1). Einstiegsvoraussetzung für diese Vermutung ist jedoch, daß die Anlage „nach den Gegebenheiten des Einzelfalles“ geeignet sein muß, den Schaden zu verursachen. Es reicht also nicht aus, daß die Anlage ihrer Art nach prinzipiell geeignet ist, den Schaden zu verursachen. Um die Kausalitätsvermutung auszulösen, muß der Geschädigte vielmehr den Nachweis führen,

- daß eine bestimmte Anlage ihrem Betriebsablauf nach die in Frage stehenden Schadstoffe freisetzt,
- daß diese Stoffe in der freigesetzten Dosis zur Schadenverursachung geeignet sind,
- daß zwischen dem Schaden und den freigesetzten Schadstoffen eine räumlich-zeitliche Beziehung besteht und
- daß auch alle sonstigen kausalitätsrelevanten Gegebenheiten des Einzelfalles für die Schadensverursachung sprechen.

Es kommt hinzu, daß die Kausalitätsvermutung *nicht* greift, wenn der Inhaber der Anlage den Nachweis führen kann, daß die Anlage bestimmungsgemäß betrieben wurde. Dies ist dann der Fall, wenn der Anlagenbetreiber zeigen kann, daß in dem jeweils fraglichen Zeitraum die gesetzlich oder behördlich angeordneten Kontrollen eingehalten und dabei keine Störungen des Betriebs festgestellt wurden oder wenn die fragliche Umwelteinwirkung länger als zehn Jahre zurückliegt. In diesem Fall wird zugunsten des Betreibers vermutet, daß die Anlage rechtmäßig betrieben wurde. Der Geschädigte trägt dann die volle Beweislast.

In der juristischen Literatur besteht weitgehende Einigkeit darüber, daß das neue UmweltHG trotz Einführung der Kausalitätsvermutung gegenüber den herkömmlichen Grundsätzen der Beweisführung letztlich keine praktisch bedeutsamen Veränderungen bringt (vgl. etwa Salje 1993a, 197; Lübbe-Wolf 1990, 15ff.; Kirchgässner 1992, 35ff.). Insbesondere wird die Begrenzung der Kausalitätsvermutung auf Störfälle kritisiert. Für die geschädigte Partei bestehen also, was den notwendigen Nachweis der kausalen Zurechnung angeht, nach wie vor hohe Hürden. Die Wahrscheinlichkeit, daß potentiell Geschädigte unter diesen Bedingungen einer für sie nach wie vor äußerst komplizierten Beweislage den zeit- und kostenaufwendigen Weg vor ein Zivilgericht beschreiten, dürfte aus den genannten Gründen nicht sehr hoch sein. Bestätigt wird diese Einschätzung nicht nur dadurch, daß es bis heute kein zivilgerichtliches Verfahren gegeben hat, das mit einem Erfolg des Klägers geendet hätte, sondern vor allem auch dadurch, daß das UmweltHG bislang in der Rechtssprechungspraxis überhaupt kaum eine Rolle gespielt hat (vgl. Schimikowski, 1995, 114f.).[11] Angesichts dieser rechtstatsächlichen Entwicklung können die haftpflichtigen Unternehmen davon ausgehen, daß die Wahrscheinlichkeit, daß der Haftungsfall eintritt, mehr als gering ist. In all unseren bisherigen Expertengesprächen hat sich gezeigt, daß Unternehmen, obwohl sie natürlich generell nicht ausschließen, daß der Kausaliätsnachweis im Einzelfall durchaus gelingen mag, die Situation genau so wahrnehmen und sich deshalb nicht sonderlich veranlaßt sehen, ihre Sorgfaltsanstrengungen in bezug auf den Umgang mit riskanter Technologie zu erhöhen. Mit dem Fehlen effektiver Beweiserleichterungen zugunsten der potentiellen 'Opfer' riskanter Unternehmenstätigkeiten fehlt den Unternehmen damit offensichtlich ein wirksamer Anreiz zum präventiven Handeln, das beispielsweise darin bestehen könnte, eine systematische Emissionswirkungsforschung zu betreiben.

Auch an dieser Stelle greift natürlich wieder das Argument, daß in den Unternehmen ein gewisses Maß an kollektivem Vertrauen in die Ineffektivität der Beweiserleichterungen vorhanden sein muß, um hier Irritationen auszuschließen. Dieses Vertrauen ist schon deshalb nötig, weil ja *niemand* wissen kann, wie sich die rechtlichen Beweiserleichterungen in der Zukunft (unter dem Einfluß von Richterrecht und öffentlicher Meinung etwa) entwickeln werden. Ein ‚analoges' Argument hatten wir bereits mit Bezug auf ‚Selbstschädigungsargumente' vorgebracht (s.o.).

5.4. Auswirkungen der Umwelthaftung auf Versicherungsunternehmen

Während das neue Umwelthaftungsrecht den großen Unternehmen der chemischen Industrie wirksame Impulse für ökologische Prävention, die über das vom Umweltordnungsrecht geforderte Mindestmaß hinausführt, nicht vermittelt hat, ergibt sich hier für die Unternehmen der Versicherungswirtschaft ein deutlich anderes Bild. Die Aussagen der befragten Experten aus den Versicherungsunternehmen zeigen, daß Änderungen im Risikomanagement der Versicherer, die sich in den letzten Jahren im Bereich der Versicherung von Umwelthaftungsrisiken vollzogen haben, zumindest mittelbar auch dem UmweltHG zugerechnet werden müssen. Die Änderungen im Risikomanagement betreffen dabei insbesondere die Praxis der Erfassung und Bewertung der zu versichernden Risiken. In der Vergangenheit war die Übernahme von Umwelthaftungsrisiken geprägt durch eine pauschale Indeckungnahme der Risiken; genaue Risikoprüfungen waren die Ausnahme. Diese pauschale Risikoübernahme hat sich nach Auffassung des HUK-Verbandes für die Versicherer als besonders problematisch erwiesen. Sie ist nicht nur dafür verantwortlich zu machen, daß die Haftpflichtversicherer bisher keine

[11] Die Einschätzung Schmidt-Salzer (1992c, 117ff.), das UmweltHG werde aufgrund einer geradezu inflationär gewachsenen Anspruchsmentalität innerhalb der Gesellschaft „voraussichtlich relativ kurzfristig, also z.B. in einem 5-Jahres-Zeitraum, die rechtstatsächliche Dimension des Umwelthaftungsrisikos grundlegend" verändern, erweist sich angesichts dieser Tatsachen als offensichtlich verfehlt.

genaue Kenntnis über ihren Risikobestand hatten, sondern hat auch dazu geführt, daß risikoadäquate Prämienfestsetzungen in der Vergangenheit regelmäßig nicht erfolgt sind.

Folgt man den Aussagen der von uns befragten Versicherungsunternehmen, dann hat sich im Hinblick auf diesen für die Vergangenheit typischen Umgang mit Umwelthaftungsrisiken in den letzten Jahren ein grundlegender Wandel vollzogen. Detaillierte Risikoprüfungen seien heute nicht mehr die Ausnahme, sondern die Regel. Ausgelöst und angestoßen worden sei dieser Wandel durch das vom HUK-Verband erarbeitete neue Umwelthaftpflicht-Modell. Wer dieses Modell in der Praxis anwenden wolle (und alle befragten Unternehmen wenden es an), der komme um eine genaue Prüfung der Risiken nicht mehr herum. Und das wiederum erfordere angesichts der Komplexität der zu bewältigenden Aufgabe einen entsprechend hohen technischen Sachverstand, vor allem entsprechend ausgebildetes und qualifiziertes Personal. Beides sei vor Verabschiedung des UmweltHG in den Unternehmen nicht bzw. nur rudimentär vorhanden gewesen. Inzwischen jedoch verfügen nach den Aussagen der Befragten alle größeren Versicherungsgesellschaften über eigenständige Einrichtungen zur Risikoerfassung und -bewertung. Der Leiter der haftpflichttechnischen Beratung einer großen Versicherungsgesellschaft faßte diesen Bedingungszusammenhang zwischen neuer Gesetzeslage, daran angepaßten neuen Versicherungsbedingungen und veränderter Versicherungspraxis folgendermaßen zusammen:

> „So negativ, wie Sie das ausgedrückt haben, möchte ich das nicht sagen. Es (das UmweltHG; die Verf.) hat schon mal folgendes bewirkt, daß ein neues Versicherungskonzept gemacht werden mußte. Die Folge war, daß sich die Haftpflichtversicherer wieder einmal mit ihren Kunden beschäftigt haben, weil sie sich damit beschäftigen mußten. Man hätte sicher viele Kunden und deren Anlagen nicht besichtigt, wenn es nicht das Umwelthaftungsgesetz gegeben hätte. Also insofern ist schon der Anlaß an sich gesetzt worden, Risikoprüfung zu machen. Und dann hat diese gesamte Diskussion, ich sage mal, bei der gesamten Versicherungswirtschaft dazu geführt, daß hunderte von Ingenieuren auf diesem Gebiet eingestellt wurden. ... Also jeder hat auf diesem Gebiet den Bedarf erkannt, nämlich ich muß mir Know-how schaffen. Und dieses Know-how natürlich in Form von Personal. Und das hat natürlich dazu geführt, daß verstärkt Risikoprüfungen durchgeführt wurden und, ich sage mal, auch unter verschärften Bedingungen die Risiken besichtigt wurden. Verschärfte Bedingungen heißt, es wurde schärfer hingeschaut, einfach noch aus der Unsicherheit heraus."

Bevor im folgenden die zentralen Regelungen des neuen Umwelthaftpflicht-Modells dargestellt werden, soll zunächst jedoch erläutert werden, welche negativen Erfahrungen die Haftpflichtversicherer mit der Versicherung von Umwelthaftungsrisiken *vor* Inkrafttreten des UmweltHG gemacht haben. Notwendig ist das deshalb, weil sich sowohl das neue Umwelthaftpflicht-Modell wie auch die veränderte Risikoerfassung und

-bewertung der Versicherer nur vor dem Hintergrund dieser für die Versicherer 'traumatischen' Erfahrungen richtig verstehen lassen.

5.4.1. Erfahrungen mit der Versicherung von Umwelthaftungsrisiken vor Inkrafttreten des UmweltHG

Die Versicherung von Umwelthaftungsrisiken stellt für die Versicherer kein Novum dar. Vor Inkrafttreten des UmweltHG waren umweltbezogene betriebliche Haftungsrisiken über die Allgemeinen Versicherungsbedingungen für die Haftpflichtversicherung (AHB), die Betriebshaftpflichtversicherung und die Gewässerschadenhaftpflichtversicherung gedeckt, wobei der ganz überwiegende Teil aller versicherten Umwelthaftungsfälle der Vergangenheit der Gewässerschadenhaftpflichtversicherung zuzurechnen ist (die Angaben schwankten hier zwischen 80 und 90 Prozent). Die Gewässerschadenhaftpflichtversicherung war die konzeptionelle Antwort der Versicherer auf das 1960 in Kraft gestretene Wasserhaushaltsgesetz (WHG), mit dem die Versicherungswirtschaft erstmalig mit einem anlagenbezogenen Gefährdungshaftungsrisiko im Umwelthaftungsbereich konfrontiert wurde. Über einen langen Zeitraum hinweg verlief diese Gewässerschadenhaftpflichtversicherung für die Versicherer mehr als zufriedenstellend: die Risiken realisierten sich nicht, die Versicherungswirtschaft verbuchte hohe Gewinne. Die Versicherer reagierten auf diesen positiven Geschäftsverlauf mit einer Änderung ihrer anfänglich eher restriktiven und vorsichtigen Haltung bei der Indeckungnahme der Risiken: sie erweiterten den Versicherungsschutz durch Einbezug der sog. Eigenschäden in die Deckung[12] und setzten das Prämienniveau herunter.

Verlief das Geschäft für die Versicherer bis Anfang der 80er Jahre unproblematisch, sahen sie sich seit Mitte der 80er Jahre in zunehmendem Maße mit Schadensersatzforderungen insbesondere aus dem industriellen Bereich konfrontiert. Erst jetzt zeigte sich, daß die Einschätzung des Risikopotentials im Bereich der Umwelthaftpflichtversicherung aus den 60er Jahren deutlich abwich von den sich nun manifestierenden Risikodimensionen. Dafür gab es (neben den genannten) im wesentlichen zwei Gründe. Die Versicherer hatten sich bei der Deckungskonzeption für die Gewässer-

---

[12] Die Ausweitung des Versicherungsschutzes durch Einfügung der sog. Eigenschadenklausel in die Bedingungen der Gewässerschadenhaftpflichtversicherung erfolgte 1979 (§7 WHG-Zusatzdeckung). Nach dieser Regelung sind Schäden an Sachen des Versicherungsnehmers, die durch den bestimmungswidrigen Austritt gewässerschädlicher Stoffe verursacht wurden, auch dann versichert, wenn durch diese Schäden keine weitergehende Gefährdung von Gewässern und insofern keine Rettungssituation gegeben war. Im Auge hatte man bei diesem Einschluß Bodenkontaminationen, durch die keine weiteren Gewässerschäden verursacht werden konnten, weil etwa eine Lehmschicht im Boden die Kontamination des Grundwassers verhinderte. Für diesen Fall waren keine Rettungskosten erforderlich und ein Rettungskostenersatz entsprechend nicht gegeben. Eine Deckung sollte deshalb durch die Eigenschadenregelung erfolgen (vgl. dazu etwa Schmidt-Salzer 1987).

schadenhaftpflicht erstens auf Stoffe wie Benzin, Heizöl und Diesel konzentriert, die für die später entstandenen Schäden jedoch typischen Stoffe (CKW's, PCB) nicht in Betracht gezogen. Zweitens waren sie in bezug auf die Risikoart von dem plötzlichen Verlust größerer Mengen gefährlicher Stoffe ausgegangen (also von Betriebsstörungen oder Unfällen), nicht aber von sog. Kleckerschäden (also Schadensverursachungen durch langjähriges Verschütten oder Abtropfen kleiner Mengen); dem wiederum lag die Annahme zugrunde, daß das jeweilige Schadensereignis auf eine genau abgrenzbare Einzelhandlung zurückführbar sei (vgl. Poschen 1993, 653; Schmidt-Salzer 1987, 427f.).

Die Folge dieser Fehleinschätzung war das Problem der sog. Umwelt-Altlasten, womit im wesentlichen die durch allmähliche Einwirkung verursachte Bodenkontamination von Betriebsstätten gemeint ist. Als überaus problematisch hat sich dabei für die Haftpflichtversicherer nicht allein die Höhe der Schadensersatzzahlungen, die übereinstimmend auf ca. 7 Mrd. DM geschätzt werden (vgl. etwa Breining 1990, 195), erwiesen, sondern in versicherungstechnischer Hinsicht auch die Abwicklung der Schäden: Da diese in der Regel über sehr lange Zeiträume entstanden waren, war es kaum möglich, eine zeitliche Einordnung des die Deckungsverpflichtung auslösenden Schadensereignisses vorzunehmen, was dann im Prozeß der Schadensabwicklung wiederum zu Aufklärungsproblemen darüber führte, was eigentlich wann und wie und in welchem Umfang genau passiert war.

5.4.2. Das Umwelthaftpflicht-Modell des HUK-Verbandes

Die Schadenserfahrungen, die die Versicherer im WHG-Bereich gemacht haben, haben gezeigt, daß für Umwelthaftungsrisiken versicherungstechnisch neue Wege zu beschreiten sind. Das neue Umwelthaftpflicht-Modell ist deshalb nicht nur Ausdruck der Notwendigkeit, Versicherungsmöglichkeiten und -bedingungen der durch die Verabschiedung des UmweltHG entstandenen neuen Gesetzeslage anzupassen, sondern ebenso sehr Ausdruck des Bemühens der Versicherer, konzeptionelle Schwächen der Gewässerschadenhaftpflichtversicherung zu vermeiden und aus Fehlern zu lernen. Wenn im folgenden zentrale Regelungen des neuen Modells dargestellt werden, dann geschieht das vor allem im Hinblick auf die Frage, inwieweit die Versicherer dadurch zur Abkehr von der für die Vergangenheit typischen Praxis der pauschalen Risikoerfassung und -bewertung motiviert werden. Insbesondere an der Konstruktion des Modells als sog. Bausteinemodell wird deutlich, daß hier ein solcher Motivationszusammenhang besteht. Als zentral erweisen sich außerdem die veränderte Definition des Versicherungsfalls sowie die Eigenschaden- und Serienschadenklausel[13].

[13] Auf eine Erläuterung der Ziff. 6.2 des Modells, die den Aus- und Wiedereinschluß des Normalbetriebs- und Entwicklungsrisikos regelt, wird hier verzichtet, da dieses umstrittene Zentralelement des Modells bereits Gegenstand der Ausführungen in Kap. 5.3.3 dieser Arbeit war.

Versicherungsfall

Das Umwelthaftpflichtmodell ersetzt die Versicherungsfalldefinition der AHB, die auf dem Schadenereignis-Prinzip gründet ist, durch eine auf die typischen Gegebenheiten von Umweltschäden zugeschnittene Sonderregelung, die an der sog. Manifestationstheorie orientiert ist. Versicherungsfall ist nach dem neuen Modell die *nachprüfbare erste Feststellung des Schadens*. Von den zahlreichen denkbaren Möglichkeiten der Versicherungsfalldefinition, die auf einer gedachten Zeitschiene vom Kausalereignis über das Schadenereignis, das Folgeereignis, die erste Feststellung des Schadens bis hin zum Zeitpunkt der Anspruchserhebung (das sog. claims made-Prinzip) reichen, wählt das neue Modell damit eine Definition, die sich im Unterschied zum vergangenheitsbezogenen Schadenereignis-Prinzip durch einen stärkeren Gegenwartsbezug auszeichnet (vgl. Schmidt-Salzer/Schramm 1993, 298ff.).

Der entscheidende Grund dafür, daß das neue Umwelthaftpflichtmodell vom Schadenereignis-Prinzip abrückt, hängt mit konzeptionellen Schwächen dieser Versicherungsfalldefinition in bezug auf die Versicherung von Umweltschäden zusammen. Der Schadenereignisbegriff ist von der Idee her auf einen zeitpunktartig faßbaren Sachverhalt bezogen. Wie insbesondere die Erfahrungen aus der Altlasten-Diskussion zeigen, zeichnen sich jedoch Umweltschäden typischerweise dadurch aus, daß hier Schadenursache, Schadenereignis und Schadenfeststellung in zeitlicher Hinsicht weit voneinander entkoppelt sind. Bei Schäden durch Langzeitkontaminationen (wie z.B. bei Daueremissionen im Rahmen des bestimmungsgemäßen Normalbetriebs), also bei zeitraumartig entstehenden Schäden, ist eine zeitliche Fixierung des Schadenereignisses kaum mehr möglich. Vom bekannt gewordenen Schaden aus betrachtet bestehen deshalb Sachverhaltsaufklärungsprobleme darüber, was wann wie und in welchem Umfang geschehen ist. Kann ein exakter Ereigniszeitpunkt nicht mehr ermittelt, sondern zeitlich nur noch unscharf eingegrenzt werden, ergeben sich jedoch Anwendungsprobleme hinsichtlich der Frage, wie der für den Deckungsschutz maßgebliche Anknüpfungspunkt zu bestimmen ist.

Alle befragten Experten aus den Versicherungsunternehmen begrüßten die Abkehr vom Schadenereignis-Prinzip, die das neue Umwelthaftungsmodell vollzieht. Diese durchweg positive Haltung der neuen Konzeption gegenüber speist sich dabei offensichtlich aus der Erwartung, daß mit der Umstellung auf das Feststellungsprinzip die Spätschadenproblematik, die die Versicherungswirtschaft in den 80er Jahren im Gewässerschadenbereich in eine Krise geführt hat, zumindest entschärft werden kann. Obwohl auch bei Geltung des Feststellungsprinzips generell nicht auszuschließen ist, daß zwischen der nachprüfbaren ersten Feststellung des Schadens und der tatsächlichen Geltendmachung von Schadensersatzansprüchen ein längerer Zeitraum liegen kann, ist nach den Erfahrungen mit dem Altlastenproblem nach Auffassung der Versicherer damit zu rechnen, daß diese Zeitdifferenz zwischen dem Eintritt des Versicherungsfalles und der tatsächlichen Meldung beim Versicherer, die sich im Gewässerschadenbereich oft über viele Jahre oder sogar Jahrzehnte erstreckte, im Normalfall in dieser Form nicht mehr auftreten wird.

Eigenschaden

Es ist bereits darauf hingewiesen worden, daß in der Gewässerschadenhaftpflichtversicherung, die als Vorläufer des neuen Umwelthaftpflicht-Modells gelten kann und das Kernstück früherer Umwelthaftpflichtversicherungen bildet, durch die nachträgliche Einfügung eines § 7 in das Regelwerk Schäden an unbeweglichen Sachen des Versicherungsnehmers, die dadurch verursacht wurden, daß gewässerschädliche Stoffe aus einer Anlage bestimmungswidrig ausgetreten sind, versichert waren. Diese für den Versicherungsnehmer großzügige Regelung ist in das neue Umwelthaftpflicht-Modell nicht übernommen worden, aus „dem ausdrücklichen ... Einschluß [in die Deckung] ist ein ausdrücklicher Ausschluß geworden" (Meyer-Kahlen 1993, 4).

Geregelt ist dieser Eigenschaden-Ausschluß in Ziff. 5.6 des neuen Modells. Dort heißt es, daß Aufwendungen zur Erhaltung, Reparatur, Erneuerung, Nachrüstung, Sicherung oder Sanierung von eigenen Betriebseinrichtungen, Grundstücken oder Sachen des Versicherungsnehmers nicht erstattungsfähig sind - und zwar auch dann nicht, wenn die Aufwendungen vor dem Eintritt des Versicherungsfalles erfolgten. Es ist offensichtlich, daß diese Regelung darauf abzielt, genau das Schadensszenario auszuschließen, das den Versicherern in der Vergangenheit im Gewässerschadenbereich die erwähnten hohen Kosten verursacht hat.[14] Denn im Rahmen der betrieblichen Altlastenfälle erfolgten Rettungsmaßnahmen zur Verhinderung einer Gewässerverunreinigung in der Regel durch die Sanierung des Betriebsgeländes der Versicherungsnehmer, d.h. durch die Sanierung der kontaminierten Böden. Da diese Böden zu den unbeweglichen Sachen des Versicherungsnehmers gehören, sind derartige Sanierungen als Eigenschäden laut Umwelthaftpflicht-Modell in Zukunft nicht mehr gedeckt (vgl. Herbst 1996a, 11).[15]

Die Versicherung bzw. Nicht-Versicherung von Eigenschäden gehörte zusammen mit der Frage der Versicherbarkeit des Normalbetriebs- und Entwicklungsrisikos in den gemeinsamen Verhandlungen über eine neue Umwelthaftpflichtversicherung zu den Hauptstreitpunkten zwischen Industrie und Assekuranz. Während sich die Verbände der Versicherungsnehmer bis zum Schluß dieser Verhandlungen gegen den

---

[14] Nach Angaben der Haftpflichtversicherer beläuft sich der Anteil der Kosten, die durch die alte Eigenschadenklausel entstanden sind, an der Gesamtheit der Kosten, die sie im Rahmen der sog. Altlastenfälle zu zahlen hatten, auf nahezu 90 Prozent.

[15] Gedeckt sind bzw. ersetzt werden jedoch solche Aufwendungen, die durch Beeinträchtigungen von Betriebseinrichtungen, Grundstücken oder Sachen des Versicherungsnehmers im Zuge von Rettungsmaßnahmen entstehen und von der Umwelteinwirkung nicht betroffen sind. Ersatzfähig sind demnach immerhin für den Rettungszweck 'aufgeopferte', nicht-kontaminierte Sachen, Grundstücke und Einrichtungen des Versicherungsnehmers (vgl. etwa Schimikowski 1994a, 219f.).

Ausschluß von Eigenschäden aus der Deckung aussprachen, verwies die Versicherungswirtschaft mit dem Argument, die frühere Eigenschaden-Deckung hätte als reine Sanierungskostendeckung in der Haftpflichtversicherung nichts zu suchen, sei dort ein 'Fremdkörper', darauf, daß eine Übernahme der früheren Regelung in das neue Modell angesichts der Erfahrungen im Gewässerschadenbereich versicherungstechnisch nicht mehr verantwortbar sei.[16] Auch alle von uns befragten Experten aus den Versicherungsunternehmen stimmten dieser Einschätzung ausdrücklich zu und vertraten darüber hinaus die Auffassung, daß es gerade die alte Eigenschaden-Regelung gewesen sei, die die Entwicklung neuer Versicherungsbedingungen im Umwelthaftungsbereich dringend notwendig gemacht hätte.

Serienschaden

Mit dem Mittel der Deckungsausschlüsse verfolgen die Versicherer das generelle Ziel, Kalkulations- und Bewertungsunsicherheit im Hinblick auf das zu versichernde Risiko zu reduzieren. Diesem Ziel soll auch die Einfügung einer sog. Serienschadenklausel in das neue Umwelthaftpflicht-Modell dienen, die nach Einschätzung der Versicherer insbesondere bei Geltung der neuen Versicherungsfall-Definition eine besondere Bedeutung gewinnt. Da prinzipiell nicht auszuschließen sei, so das Argument der Versicherer, daß ein einziges Schadensereignis zu einer Vielzahl von Schadensfeststellungen führen könne, mit der Folge, daß für jeden dieser Versicherungsfälle auch die Versicherungssumme zur Verfügung gestellt werden müsse, benötige man, um kumulierenden Ansprüchen zu entgehen, eine Regelung, die es erlaubt, mehrere Versicherungsfälle zu einem Versicherungsfall zu kontrahieren, so daß dafür auch nur einmal die Versicherungssumme zur Verfügung zu stellen sei (vgl. etwa Küpper 1992, 8; Schimikowski 1994a, 235).

Mit Ziff. 7.2 des Umwelthaftpflicht-Modells wird diese Möglichkeit der Kontraktion geschaffen, allerdings nicht für alle, sondern nur für die Versicherungsfälle, die

- durch dieselbe Umwelteinwirkung verursacht sind oder
- durch mehrere unmittelbar auf derselben Ursache beruhende Umwelteinwirkungen verursacht sind oder

[16] Daß diese Einschätzung nicht unumstritten ist, zeigen z.B. die folgenden Überlegungen: „Ob der neue Eigenschadenausschluß als Ausnahmetatbestand für vorgezogene Rettungskosten letztlich im Interesse der Haftpflichtversicherer ist, kann bezweifelt werden; denn es ist regelmäßig kostengünstiger, in den Boden gelangte Schadstoffe vorher abzufangen als eine Grundwasserkontamination zu beseitigen. Den Versicherungsnehmern wird der Anreiz genommen, von sich aus im Interesse der Versicherer möglichst frühzeitig Maßnahmen zur Beseitigung einer Gefahr für das Grundwasser zu ergreifen" (Meyer-Kahlen 1993, 4). Der Eigenschadenausschluß sei deshalb als „zweischneidig" zu beurteilen. „Der an einem wirksamen Gewässerschutz interessierten Öffentlichkeit ist allemal nicht damit gedient" (ebd.).

durch mehrere unmittelbar auf den gleichen Ursachen beruhende Umwelteinwirkungen verursacht sind, wenn zwischen gleichen Ursachen ein innerer, insbesondere sachlicher und zeitlicher Zusammenhang besteht (vgl. Küpper ebd.).[17]

Für die Versicherer reduziert die Serienschadenklausel vor allem das Risiko, daß es zu einem Kumul der Deckungssummen kommt: Im Fall einer hohen Autokorrelation von Schäden wird ausgeschlossen, „daß eine Vielzahl von Versicherungsfällen entsteht und die auf den Versicherungsfall bezogene Deckungssumme in einer nicht verkraftbaren Weise kumuliert" (Breining 1992, 1333).

Bausteineprinzip

Neben den genannten Regelungen, die den Kernbestand des neuen Modells bilden und die Kalkulationsunsicherheit für die Versicherer minimieren sollen, zielt insbesondere das sog. Deckungsbausteine-Prinzip darauf ab, eine Abkehrung von der bisher gängigen Pauschalerfassung und -bewertung von Risiken einzuleiten. Dazu soll auch beitragen, daß das Modell als Einheitsmodell ausgestaltet ist, also die Umweltdeckung der Betriebs-und Gewässerschadenhaftpflichtversicherung zu einem einheitlichen Versicherungskonzept zusammengefaßt wird, was wiederum die Herauslösung der Umweltdeckung aus der Betriebshaftpflichtversicherung erforderlich machte.[18] Erreicht wird dadurch zunächst einmal, daß für Umwelthaftungsrisiken nun generell ein separater Vertrag abgeschlossen werden muß, was separate Tarifierung und separate statistische Erfassung des Schadensaufwandes einschließt (vgl. Poschen 1993, 654).

Als Bausteine-Modell wird die neue Konzeption bezeichnet, weil sie unter der Überschrift 'Umfang der Versicherung' sieben Risikobausteine aufführt, die jeweils für genau spezifizierte Risiken Deckung bereitstellen. Es sollen nur diejenigen Bausteine versichert werden, die der tatsächlichen Risikosituation des jeweiligen Versicherungsnehmers entsprechen. So etwa gibt es Bausteine für WHG-Anlagen, für die Einwirkungshaftung nach § 22 I WHG oder für UmweltHG-Anlagen nach Anhang 1 und Anhang 2. Außerdem gilt das Prinzip der Einzeldeklaration der zu versichernden Risi-

---

[17] Auf eine Erläuterung der Unterschiede dieser drei möglichen Konstellationen kann hier verzichtet werden. Worum es bei der Serienschadenregelung im Prinzip geht, läßt sich durch folgendes Beispiel verdeutlichen: Werden etwa infolge eines betrieblichen Störfalls, bei dem toxische Stoffe aus einer Anlage austreten, bei den Bewohnern einer anliegenden Gemeinde Erkrankungen festgestellt, so steht für alle Erkrankten die Versicherungssumme insgesamt nur einmal zur Verfügung, obwohl jede Erkrankung nach dem neuen Modell als ein Versicherungsfall anzusehen ist.

[18] Diese sog. Nullstellung für Umweltschäden, die bisher noch über die Betriebshaftpflichtversicherung gedeckt waren, wurde erreicht durch die Hinzufügung einer neuen Ausschlußziffer in die AHB. Dort heißt es jetzt: „[Der Versicherungsschutz bezieht sich nicht auf] Haftpflichtansprüche wegen Schäden durch Umwelteinwirkung auf Boden, Luft oder Wasser (einschließlich Gewässer) und alle sich daraus ergebenden weiteren Schäden" (AHB § 4 Ziff. I, Ziff 8).

ken: Versicherungsschutz besteht nur für die im Versicherungsschein einzeln und ausdrücklich aufgeführten Risiken. Durch dies Erfordernis der Einzeldeklaration soll sichergestellt werden, daß nur solche Risiken in Deckung genommen werden, mit denen sich der Versicherer risikotechnisch auch befaßt, d.h. eine genaue Prüfung des Risikos vorgenommen hat.

Das Deklarations-Prinzip ist für die Haftpflichtversicherer deshalb von besonderer Bedeutung, weil ihrer Einschätzung nach das Problem der Altlasten vor allem darauf zurückgeführt werden muß, daß bei der Deckung des Gewässerschadenhaftpflichtrisikos zu wenig Informationen über das individuelle Risiko des einzelnen Betriebes nachgefragt oder durch Risikoprüfungen ermittelt wurden (vgl. Schmidt-Salzer/Schramm 1993, 255). Dieses Informationsdefizit in bezug auf die tatsächliche Risikoexponierung des Versicherungsnehmers ergab sich dieser Problemdiagnose zufolge direkt aus dem Prinzip der Globalversicherung: „Der Abschluß einer WHG-Deckung auf Globalversicherungsbasis beinhaltete zum Beispiel, daß auch Haftungsrisiken aus der betrieblichen Nutzung von CKW automatisch mitversichert waren. Erst im Licht der aus der Regulierung von CKW-Fällen gewonnenen Schadenerfahrung hat sich dabei für den Versicherer dieses spezielle Umwelthaftpflichtrisiko näher konkretisiert. Möglichkeiten, dieses Risiko noch durch risikotechnische Maßnahmen zu minimieren, bestanden zu diesem Zeitpunkt schon deswegen nicht mehr, weil der Versicherer das Risiko als solches nicht lokalisieren konnte. Die Rückkehr zum Prinzip der individuellen Risikoermittlung und -deklaration ist insoweit eine der wichtigsten Lehren aus der bisherigen Haftpflichtversicherung von Umweltrisiken" (ebd., 255/256).

5.4.3. Umsetzung des Modells durch die Versicherer und die Frage der Risikoprüfung

Alle Versicherungsunternehmen, in denen wir Gespräche geführt haben, waren im Befragungszeitraum (Frühjahr '97 bis Anfang '98) noch mit der Umstellung auf die neuen Versicherungsbedingungen beschäftigt. Es gab kein Unternehmen, in dem dieser Prozeß bereits abgeschlossen war. Aus den Aussagen der Befragten ergibt sich allerdings auch, daß die Umstellung im großindustriellen bzw. hochsummigen Bereich offensichtlich wesentlich weiter fortgeschritten ist als im gewerblichen bzw. kleinsummigen Bereich. „Die Großrisiken aus unserem Bestand sind nahezu komplett, praktisch zu 100 Prozent umgestellt" - war die Antwort, die wir in allen Unternehmen zu hören bekamen. Ebenfalls ergibt sich aus den Angaben, daß alle Versicherer, zumindest im Breitengeschäft, mit dem vom HUK-Verband empfohlenen Modell operieren; Abweichungen davon gibt es, wenn überhaupt, dann nur im Detail. Wie die folgende Äußerung jedoch auch zeigt, gilt das nur für die Arbeit im Breitengeschäft.

> „Das (Umwelthaftpflicht-Modell; die Verf.) haben wir exakt umgesetzt. Wir haben also, ich sage mal, kein Deut daran geändert, weil ich das auch

für sehr gefährlich halte, dort etwas zu ändern. Und das hat eigentlich die gesamte Versicherungswirtschaft umgesetzt. So wie es vorliegt. ... Und zwar überall. Und wir sind auch nicht bereit, das zu verändern. ... Also ich weiß, daß sich die meisten Versicherer daran halten, was nicht ausschließt, daß der eine oder andere mal eben eine Klausel lockert. Aber nach dem jetzigen Stand ist mir nur bekannt, daß die am Modell nichts verändern. ... Wir können jetzt nicht über Hoechst und Bayer und über die große Industrie reden, da ist sowieso alles anders. Da können sie mit Konzepten, mit fertigen Konzepten überhaupt nichts machen, da ist das ganze Versicherungsgeschehen ein anderes. Da wird auch nicht mit normalen Maßstäben gearbeitet. ... Sie können zum Beispiel Mercedes hier nicht eingießen in so ein Konzept. Das paßt alles gar nicht, das wird dann zugeschnitten ganz speziell auf Mercedes. Das Modell zählt aber, sagen wir mal, für die übrige Industrie und natürlich auch für den gesamten Gewerbebereich."

Auch wenn sich die Umstellung in den großen Industrieunternehmen zumindest insofern leichter gestaltet, so ein Befragter, „als man es dort immer mit kompetenten Gesprächspartnern zu tun hat", sahen sich alle Versicherer, was die Bewältigung dieser „Riesenaufgabe" angeht, doch vor massive Probleme gestellt.[19] Der zugrunde liegende Konflikt, der dabei gewissermaßen als Streßgenerator wirkte, war bzw. ist in allen Unternehmen der gleiche: Einerseits besteht die Notwendigkeit, die Umstellung der Verträge möglichst rasch und den selbstgesetzten Ansprüchen an risikoanalytische

[19] In den Äußerungen eines Abteilungsdirektors einer großen Versicherungsgesellschaft wird das deutlich: „Betrachtet man in diesem Zusammenhang das bereits erwähnte Altlastenproblem, [...] so wird deutlich, welcher Berg von Aufgaben hier auf die Versicherungswirtschaft zukommt. Wenn ich meine eigene Abteilung betrachte, stelle ich fest, daß ich vor der Aufgabe stehe, ca. 75.000 Verträge aus dem industriellen und gewerblichen Haftpflichtbereich umzustellen, und es ist leicht vorstellbar, welcher Aufwand bei dieser Art der Durchführung [der Einzeldeklaration; die Verf.] entstehen würde. Zur Lösung dieser Mengen- und Arbeitsproblematik wird häufig vorgeschlagen, abgestuft vorzugehen und z.B. die kleineren Risiken bzw. kleineren Unternehmen vom geschulten Außendienst besichtigen zu lassen und das Ingenieurwissen auf die Großbetriebe bzw. die dort regelmäßig vorhandenen besonders gefährlichen Anlagen zu beschränken. Für meine Person muß ich feststellen, daß z.B. unsere drei größten Kunden mehr als 500 deckungsvorsorgepflichtige Anlagen unterhalten und schon unterhalb der Zehnergrenze die Anzahl von 1000 Anlagen überschritten wird, die der Deckungsvorsorgepflicht unterliegen. Eine Schätzung, wie viele Anlagen gemäß Anhang 1 und Anhang 2 zum UHG durch unsere Abteilung zu bewerten sein werden, ergibt, daß es sich um eine Größenordnung zwischen 10.000 und 20.000 Anlagen handelt. Geht man davon aus, daß wir - konservativ geschätzt - 10.000 Anlagen zu bewältigen haben und diese in der gerade erörterten Weise analysieren, bewerten und besichtigen sollen, so ergibt sich ein Aufwand von ca. 10.000 Manntagenund einem Kostenaufwand allein für UHG-Anlagen von 25 Mio. DM. Vor diesem Hintergrund ist die Notwendigkeit offenkundig, die gerade skizzierte Idealvorstellung einer Besichtigung und Bewertung zu relativieren. Dabei hat sich aus unseren bisherigen Erfahrungen ergeben, daß die Schwerpunkte von Besichtigungen im Bereich des Neugeschäftes liegen müssen, wo sie unverzichtbar sind. Bei Bestandsumstellungen ohne Deckungssummenerhöhungen glauben wir, zunächst auf derartige technische Risikoprüfungen verzichten zu können" (Jörissen 1993, 100f.).

Genauigkeit und Gründlichkeit entsprechend durchzuführen, andererseits stehen für eine schnelle Durchführung der Umstellung, die dem Prinzip der individuellen Risikoanalyse verpflichtet ist, in allen Unternehmen jedoch nur begrenzte Analyse- und Gutachterkapazitäten zur Verfügung. Entschärft bzw. handhabbar gemacht worden ist dies Dilemma von allen Unternehmen, soweit sich das aus dem vorliegenden Datenmaterial rekonstruieren läßt, durch eine Pragmatisierung des Vorgehens. Die Vertragsumstellung ist mit den vorhandenen Kapazitäten begonnen worden, auch wenn das nicht selten mit Abstrichen in bezug auf Analysegenauigkeit verbunden war. Parallel dazu sind jedoch in allen befragten Unternehmen die bestehenden Kapazitäten für die technische Risikoerfassung und -bewertung aus- bzw. überhaupt erst aufgebaut worden. Der mit der Verabschiedung des UmweltHG verbundene Zwang zur Umstellung wirkte für die Unternehmen also gewissermaßen also Katalysator für den Aus- bzw. Aufbau entsprechender Ressourcen zur Verbesserung der Risikoanalyse.

Dafür daß der Umstellung gegenüber den Anforderungen, die eine verbesserte Risikoanalyse stellt, von den Unternehmen Priorität eingeräumt wurde, sind nach den Aussagen der Befragten vor allem zwei Gründe ausschlaggebend. Erstens wäre es nach den Erfahrungen mit der Altlasten-Problematik nicht mehr verantwortbar gewesen, die alten betrieblichen Umwelthaftpflichtversicherungen, die auf der Basis des Schadenereignis-Prinzips beruhen, noch länger weiterlaufen zu lassen. Das Risiko, das man sich hier durch Unterlassen oder Abwarten eingehandelt hätte, sei höher als das Risiko, das man eingeht, wenn man (temporäre und selektive) Abstriche bei der Risikoanalyse macht. Zudem habe die Nullstellung nach § 4 I 8 AHB einen zusätzlichen Handlungszwang erzeugt, dem man sich nicht habe widersetzen können. Zweitens ist von den Befragten aber auch der Druck der Rückversicherer als Grund für die bevorzugte Behandlung der Umstellung genannt worden. Mit den Rückversicherern existierten Verträge, die einen Aufschub nicht zugelassen hätten.

> „Es gibt für uns zwei Gründe, warum wir das Umwelthaftpflicht-Modell anwenden. Erstens waren wir mit einigen Vertragsbestandteilen der alten Gewässerschadenhaftpflichtversicherung nicht zufrieden, das muß man ganz offen sehen. ... Aber das wichtigste Argument, warum wir das Umwelthaftpflicht-Modell eingeführt haben, ist der Druck durch unseren Versicherer. ... Unser Rückversicherungsvertrag sagt uns, daß wir bis zum Jahr 2000 umgestellt haben müssen.“

Welche konkrete Form die pragmatische Lösung des Konflikts zwischen der Notwendigkeit einer möglichst raschen Umstellung auf die neue Umwelthaftpflicht-Police einerseits und den faktisch nur begrenzten Möglichkeiten einer umfassenden Risikoanalyse andererseits in der Praxis annimmt, soll im folgenden anhand von zwei längeren Gesprächssequenzen verdeutlicht werden. Es handelt sich dabei um die Aussagen von zwei Mitarbeitern einer haftpflichttechnischen Beratungseinheit eines großen Versicherungsunternehmens.

F: „Sie haben gerade geschildert, daß bei jedem neuen Vertrag eine Prüfung durchgeführt wird. Wird es denn auch bei der Umstellung der Altverträge gemacht, also wird es bei jedem Kunden gemacht?

A1: Grundsätzlich ja.

F: Sie haben also auch die Kapazitäten, das zu machen? Weil das, was wir bis jetzt gehört haben, sowohl von Industrieseite wie eben auch von anderen Versicherern, war, daß man eigentlich die Kapazitäten nicht hätte, man es zwar gerne machen würde, aber die Kapazitäten nicht hätte.

A1: Unter dieser Not hat die X sicher auch gelitten, das heißt, man hat sicher in der Anfangsphase aus Gründen, die der Rückversicherer angegeben hat, sind mehr Verträge umgestellt worden, als echte Risikobeurteilungen durchgeführt wurden. Man hat bei bestimmten Kunden die Risikobeurteilung aufgeschoben, hat zunächst einmal den Vertrag umgestellt. Dazu waren auch schon bestimmte Maßnahmen erforderlich, die vorher nicht erforderlich waren. Man hat nämlich erstmal die Anlagen ermitteln müssen und hat dann unter diesem relativen Zeitdruck bei bestimmten Risiken auf eine Besichtigung verzichtet, man hat sie aufgeschoben. Es soll nachgeholt werden. Oder man hat bei einem Kunden, der vielleicht zwanzig Standorte hat und an allen Standorten ein ähnliches Produkt herstellt, sich nur einzelne Standorte angesehen. Was aber im Grunde genommen nicht im Sinne des Erfinders ist.

A2: Da muß man aber auch noch sagen, also neben diesen Abspeckmaßnahmen, daß man manche Betriebe gar nicht besichtigt hat oder nicht besichtigen konnte in der Umstellungsphase, hat es aber auch dazu geführt, daß wir unsere Ansprüche zurückgeschraubt haben, das heißt aus der technischen Beurteilung, also nicht aus der versicherungstechnischen, sondern allein ingenieurwissenschaftlichen Beurteilung hatten wir am Anfang natürlich gewisse Vorstellungen, was wir wissen wollten von einem Betrieb. Die Eindringtiefe, und da will man natürlich gewisse statistisch relevante Daten rausholen, um sich ein bißchen von der Steuerung und dem technischen Know-how anzueignen. Da haben wir aufgrund dieser Personalengpässe schon erhebliche Abstriche gemacht, unserem ursprünglichen Wunschdenken gegenüber, das war ganz klar so." (A1, 3/4)

„Man muß das jetzt mal konkret sagen, also ein mittlerer Industriebetrieb, der in der Chemieindustrie ist, da haben wir sicherlich 80 Prozent der Anlagen besichtigt. Aber bei einem Megakunden, ... da hat man ganz andere Verfahren angewandt. Da hat man sich eigentlich damit begnügt, von den Betrieben eine Anlagenliste zu bekommen, sich vielleicht die Immissionserklärungen anzuschauen, die aufgrund der Immissionserklärungsverordnung vorhanden sein müssen, und hat dann stichprobenartig, in Absprache mit dem Kunden, einzelne Anlagen besichtigt. Und das waren mit Sicherheit im Bereich unter 10 Prozent der Gesamtanlagen. Wobei das ein erhebliches Risiko ist für den Versicherer, natürlich, und man muß sich auf die Angaben des Kunden verlassen oder auch nicht verlassen. Aber da ist mit Sicherheit nur ein geringer Prozentsatz aller Anlagen besichtigt worden, bei den echt Großen. ... Grundsätzlich von unserem Aufgabenverständnis her ist das sicher nicht befriedigend. Aber man muß sicher auch eine gewisse Erfahrung bei der Beantwortung dieser Frage mit berücksichtigen. Ich war selber mal dabei, bei einem dieser Megakunden. Und man muß schon klipp und klar sagen, das Know-how, das in diesen Firmen vorhanden ist, das ist gigantisch. Die sind uns sicher vielfach überlegen. Das heißt aber nicht, weil man einen gewissen anderen Blickwinkel hat, daß man nicht bestimmte Hinweise geben kann. Da muß man vielleicht noch folgendes dazu sagen. Unser Vorteil ist ja der, daß wir nicht nur das Technische sehen, sondern wir sehen ja das Technische immer im Zusammenhang mit den Versicherungsbedingungen, mit den Haftungsbedingungen im Grunde genommen. Wir können dem schon sagen, die Anlage ist zwar toll, aber aus den und den Gründen ist es trotzdem ein Risiko. Aber insgesamt würde ich sagen, diese Großfirmen haben sicher, vom Know-how her ist da alles da. Ob das auch alles so umgesetzt wird, das ist eine andere Frage. Und grundsätzlich würde ich auch sagen, daß gerade diese Großkunden, diese Großbetriebe ein ausgesprochen großes eigenes Interesse haben, daß ihnen nichts passiert. Also für die Firma X ist es sicher extrem unangenehm, wenn's mal wieder soweit ist, laufend in der Zeitung zu stehen, das ist für die furchtbar. Der Imageschaden ist vermutlich größer als der tatsächliche Schaden, wenn sie mal von Personenschäden absehen, das ist ja immer was ganz Furchtbares. Insofern muß man das auch ein bißchen relativieren und sagen, ist das jetzt wirklich so dramatisch, daß wir jetzt bei der Firma X nicht alle Anlagen angesehen haben. Das ist erstens unmöglich und zweitens ist dort, was wir als subjektives Risiko bezeichnen, also die Einstellung im Unternehmen, ist es grundsätzlich so, daß das Unternehmen von sich aus großes Interesse hat, keinen Umweltschaden zu verursachen."

Das hier von den beiden Gesprächspartnern beschriebene Vorgehen im Hinblick auf die Risikoerfassung bei den 'Megakunden' deckt sich im Kern mit den Angaben, die wir auch von Angehörigen anderer Versicherungsunternehmen gehört haben. Zu erkennen ist hier ein generelles Muster der Problemlösung im Umgang mit den großen Industriekunden.[20] Die Kernelemente dieses Problemlösungsmusters sollen hier mit

[20] Bestätigt wird das auch durch die Aussagen eines Mitglieds des Verbandes der Schadenversicherer (ehemals HUK-Verband), der in einem von uns geführten Interview ausführte: „Es (die Risikoprüfung; die Verf.) scheitert natürlich oft tatsächlich an den Kapzitäten, das muß man auch deutlich sehen. Das Umwelthaftpflicht-Modell ist ja mit dem Vorsatz angetreten oder mit der Idee, es muß jedes Risiko einzeln deklariert werden. Es muß also konkret jede einzelne Anlage angegeben werden, damit der Versicherer sich zu jeder einzelnen Anlage Gedanken machen kann und die gegebenenfalls prüfen kann. Und deshalb war man auch mit dem Vorsatz angetreten, es soll eine individuelle Prüfung erfolgen und man soll wirklich jedes Risiko konkret sich anschauen und auch später verfolgen, wie es sich entwickelt. Da sind nun nicht alle Träume wahr geworden. Es hat sich relativ

den Stichworten Selektivität, Provisorium und Vertrauen bezeichnet werden. Da man der Vertragsumstellung Priorität einräumt, andererseits jedoch auf eine Erfassung der individuellen Risikosituation des Versicherungsnehmers nicht vollständig verzichten will, begnügt man sich mit einer stichprobenartigen Inaugenscheinnahme der technischen Anlagen bzw. betrieblichen Standorte. Dieser nur selektive Zugriff auf das zu versichernde Risiko ist zwar gleichbedeutend mit dem Eingeständnis, daß man Abstriche machen muß vom Ideal einer 'echten Risikobeurteilung', zu der man sich aufgrund der Negativerfahrungen in der Gewässerschadenhaftpflichtversicherung eigentlich selbst verpflichtet hatte. Abgefedert werden mögliche negative Konsequenzen dieser Enttäuschungserfahrung mit dem Argument, daß es sich bei dem Verzicht auf umfassende Risikoanalyse nur um einen Aufschub handelt: Man werde das, was man gegenwärtig aufgrund noch bestehender Kapazitätsengpässe nicht einlösen könne, zu einem späteren Zeitpunkt nachholen. Der Selbstberuhigung und -suggestion dient auch das Relativierungs-Argument: Da es sich bei den industriellen Megakunden um eine Klientel handelt, der selbst ein starkes Interesse an Schadenvermeidung unterstellt werden kann, ist es auch nicht so dramatisch, wenn hier detaillierte Risikoprüfungen nicht vorgenommen werden können.

Die grundsätzliche Frage, die sich im Anschluß an diese Überlegungen und Aussagen der befragten Experten stellen läßt, lautet natürlich, ob es sich bei den auch von den Befragten selbst sehr deutlich diagnostizierten Problemen der technischen Risikoprüfung in den großen Unternehmen nur um vorübergehende Probleme handelt, die in gegenwärtig zwar bestehenden Kapazitätsengpässen gründen, aber durch einen Ausbau der Analyse- und Prüfungskapazitäten im Prinzip abgestellt werden könnten, oder aber um Probleme, die strukturell bedingt sind und deshalb auch durch den Versuch, das Prozedere der individuellen Risikoanalyse und -bewertung durch einen Kapazitätsausbau zu optimieren, nicht zu beheben sind. Die Äußerungen der Befragten offenbaren hier eine Unentschiedenheit. Einerseits wird darauf verwiesen, daß man, weil man unter Zeitdruck zu handeln gezwungen gewesen sei, eine 'echte' Risikobeurteilung nur aufgeschoben habe, sie zu einem späteren Zeitpunkt, wenn bessere Voraussetzungen geschaffen seien (mehr Personal, bessere Methoden), aber nachholen wolle - was darauf hindeutet, daß die Operateure in den Versicherungsunternehmen davon ausgehen, daß man die an sich selbst gerichteten Erwartungen auch erfüllen könne. Andererseits wird darauf verwiesen, daß die Menge der zu prüfenden Anlagen riesig und das in den Unternehmen vorhandene technische Wissen gigantisch seien, außer-

---

schnell gezeigt, daß es natürlich in dieser Reinform nicht möglich ist. Bei den Großbetrieben scheitert die Deklaration einfach an der Zahl der Anlagen letztlich. ... Man steuert zwar gegen den Trend der Pauschalierung, aber wenn man das in der Praxis sieht, sucht man natürlich schon nach Auswegen, hier der Praxis auch entgegen zu kommen und das Ganze handelbar zu machen, deswegen sind schon in gewisser Weise Pauschalierungen üblich inzwischen oder werden praktiziert. ... Schwer zu sagen, wie sich das entwickeln wird. Sicherlich, je mehr Mengenprobleme die Versicherer bekommen, ... umso weniger wird sich das durchsetzen lassen, denke ich mal. Also dieses Prinzip durchhalten lassen, sich jedes Risiko melden zu lassen und jedes Risiko auch anzuschauen."

dem die Unternehmen selbst ein großes Interesse an Schadensvermeidung hätten - was darauf hindeutet, daß man eine ins Detail gehende und lückenlose Erfassung und Prüfung des Risikopotentials für entweder gar nicht nötig oder aber für wenig realistisch hält.

5.4.4. Risikoprüfung im Breitengeschäft und die Praxis der Deckungseinschränkungen und Auflagen

Für den gesamten Bereich der Spitzenrisiken erweist sich die vom HUK-Verband erhobene Aufforderung an die Versicherer, vor Indeckungnahme von Risiken eine detaillierte Prüfung dieser Risiken vorzunehmen, offensichtlicherweise als Überforderung, jedenfalls kommen die von uns befragten Versicherungsunternehmen dieser Aufforderung in der Praxis auch heute noch nicht nach. Für den Bereich des produzierenden Gewerbes, also für die weniger exponierten mittleren und kleineren Risiken, ergibt sich hier jedoch ein weniger eindeutiger Befund. Zwar gilt auch für kleinere und mittlere Gewerbebetriebe, daß bei der Umstellung der Verträge auf die neuen Versicherungsbedingungen nicht in jedem Fall - weder im Neu- noch im Bestandsgeschäft - ins Detail gehende Risikoprüfungen vorgenommen worden sind, im Unterschied zu den sog. Megakunden der großen Industrieunternehmen sind solche Prüfungen der individuellen Risikosituation im Gewerbebereich jedoch inzwischen keineswegs nur mehr eine rühmliche Ausnahme, sondern die Regel.

Wie die Aussagen der von uns befragten Experten aus den Versicherungsunternehmen belegen, hat sich in den Versicherungsunternehmen in bezug auf die Frage der Notwendigkeit technischer Risikoprüfungen nicht nur ein Einstellungswandel vollzogen; das Datenmaterial zeigt darüber hinaus, daß solchen Prüfungen inzwischen auch in der Praxis des Breitengeschäfts eine Bedeutung zugemessen wird, die sich deutlich von der in dieser Hinsicht eher laxen Haltung früherer Jahre unterscheidet. In der Vergangenheit spielten den Angaben der Befragten zufolge die qualitativen Aspekte des Risikos in der Interaktion zwischen Versicherer und Versicherungsnehmer kaum eine Rolle; das Underwriting war so deutlich am Ziel der Umsatzsteigerung ausgerichtet, daß Fragen der Risikoqualität demgegenüber kaum Beachtung fanden. Mit dem neuen Umwelthaftpflichtmodell scheint im Breitengeschäft der Haftpflichtversicherer in bezug auf diese Relevanzverteilung zwischen quantitativen und qualitativen Kriterien nun in der Tat ein Trendwechsel zugunsten eines qualitätsorientierten Underwritings eingeleitet worden zu sein. Die folgende Äußerung eines Technikers aus einem Versicherungsunternehmen, zu dessen Klientel vor allem Gewerbebetriebe aus dem norddeutschen Raum gehören, ist typisch für die Antworten, die wir auch von anderen Befragten gehört haben:

> „Also wir haben früher wirklich nur den Reinheitsöltank versichert, auf eine andere Idee ist kein Mensch gekommen. Und heute erfaßt man die Gewer-

bebetriebe wesentlich umfangreicher. Das fängt beim Außendienst an, daß der heute weiß, es gibt eben nicht nur Heizöltanks, sondern auch Altöltanks, Kleinteilewaschtische, Fettabscheider. ... Mit diesem Bewußtsein ist der Außendienst so sensibel geworden, daß er bei uns (den Technikern; die Verf.) nachfragt und sagt, ich möchte meinen Kunden nicht im Regen stehen lassen. Das alles war vor vier oder fünf Jahren noch nicht der Fall. ... Diese Sensibilität ist heute beim Außendienst da und wird auch auf den Kunden übertragen."

Systematisiert man die Antworten der Befragten im Hinblick darauf, auf welche Parameter die Erfassung der individuellen Risikosituation insbesondere gerichtet ist, dann erhält man in etwa folgendes Bild. Neben einer möglichst genauen Beschreibung der betrieblichen Tätigkeiten müssen im Prozeß der Risikoerfassung Informationen insbesondere über die Genehmigungspflichtigkeit der zu versichernden Anlagen nach Bundesimmissionsschutzgesetz, Abfallgesetz, Wasserhaushaltsgesetz oder anderer umweltrelevanter Vorschriften eingeholt werden; desweiteren ist die Risikoerfassung gerichtet auf die Stoffe, die im Betrieb verwendet werden (Stoffarten mit ihren physikalischen, chemischen und biologischen Eigenschaften, Mengen, Gefahrenpotential aus dem Vorhandensein mehrerer Stoffe, gefährdete Bereiche oder Gefahrstoffe in der Nachbarschaft), auf die Anlagentechnik (Alter, Leistungsvermögen, Sicherheitstechnik, Störanfälligkeit, Überwachung und Nachrüstung), den Standort (Grundstücksgröße, Boden- und Grundwasserverhältnisse, Topographie, meteorologische Besonderheiten, Einwirkungen auf die Nachbarschaft), auf Vorschäden und eventuell vorhandene Altlasten (frühere industrielle Nutzung, ungesicherte Abfallagerung, Leergutläger, ausgediente Maschinen etc.), auf das subjektive Risiko (betriebliche Organisation, personelle und sachliche Ausstattung, Qualifikation der Mitarbeiter, regelmäßige Eigenüberprüfung der umweltrelevanten Anlagen durch Beauftragung von externen Sachverständigen) sowie auf den bisherigen Versicherungsschutz.

Auch wenn zwischen den Befragten hohe Übereinstimmung darüber bestand, daß der genauen Überprüfung der individuellen Risikosituation heute eine Bedeutung zugemessen wird, die sie in der Vergangenheit nicht hatte, kann daraus allerdings nicht geschlossen werden, daß technische Risikoprüfungen heute obligatorisch für den Abschluß von Versicherungskontrakten sind. Aus den Angaben eines Teils der befragten Experten ergibt sich vielmehr, daß die Versicherer auch im Breitengeschäft die Frage, ob und in welcher Form Risikoprüfungen vorgenommen werden, situativ entscheiden. Nach Aussage der Befragten sind es vor allem Informations- und Kostengesichtspunkte, die hier entscheidungsbestimmend sind. Die beiden folgenden Gesprächsausschnitte verdeutlichen, in welchem Sinne das zu verstehen ist.

"F: Wird denn beim Abschluß neuer Verträge in jedem Falle eine Risikoprüfung vor Ort gemacht?

A: Das würde ich nicht so sehen. Obligatorisch machen wir das nicht. Das ist abhängig vom Risiko.
F: Und umso höher das Risiko, desto eher eine Prüfung?
A: Primär sind es, wie gesagt, Erfahrungssätze. Ich sage mal, wenn sie irgendwo ein neu gebautes Gelände haben, da kann man doch davon ausgehen, daß die Dinge in Ordnung sind. Wenn der Hof dagegen 20 Jahre alt ist, dann ist das schon etwas anderes. Man muß nicht immer selbst gucken. Man kann sich zum Beispiel auch ein Bild schicken lassen. Vielfach reicht das. ... Ich denke mal, vor allem sind es die Informationen, die geliefert werden, die dafür ausschlaggebend sind, ob wir dann eine Besichtigung machen müssen oder nicht. Wenn uns die Techniker sagen, hier ist etwas unschlüssig und hier halte ich eine Prüfung für erforderlich, dann würden wir allemal eine Besichtigung machen. Aber ansonsten, denke ich mal, ist es individuell. Und man darf auch nicht vergessen, wir machen das seit '93. Zu Anfang war das natürlich Neuland und da sind wir auch ein bißchen anders an die Sache rangegangen, sehr viel mit Fragebogen. Zwischenzeitlich hat sich der Markt etwas beruhigt und an uns werden auch Risiken herangetragen, die andere Versicherer auch schon umgestellt hatten, und wenn dort die Informationen gut sind und man uns die Berichte gibt, dann ist es auch, denke ich mal, gerechtfertigt, daß man dort nicht unbedingt eine erneute Besichtigung machen muß."

„F: Ist es denn so, daß Sie für jeden Ihrer Kunden, bevor sie den Vertrag abschließen, auch eine Risikobeurteilung vornehmen?
A: Das könnten wir uns doch gar nicht leisten, das wäre auch unwirtschaftlich. Also wir können im Grunde nicht rausfahren, ich sage es jetzt mal ein bißchen platt, wir können nicht nach Dresden fahren und uns dort einen Öltank angucken. Das wäre einfach ein Kostenproblem. Es wäre halt unwirtschaftlich.
F: Und wie sieht die Zusammenarbeit zwischen der technischen Risikoprüfung und Ihnen aus? Angenommen, die technische Risikoprüfung käme zu dem Ergebnis, das Risiko ist problematisch.
A: Also wir gehen eigentlich so vor, wir kriegen die Anfragen meistens von den Filialdirektionen. Denn in den meisten Fällen ist der Sachbearbeiter doch selbst in der Lage, das zu beurteilen, oder aber er kommt zu uns und wir gucken dann, fällt das jetzt unter irgend einen Anhang des UmweltHG. Jetzt stellen wir fest, das tut es. Entweder stellen wir das selbst fest, oder wenn wir es nicht wissen, dann gehen wir rüber in die Technikabteilung und dann sagt uns der Techniker nochmal, fällt unter UmweltHG-Anhang 1 oder 2. Und dann stellen wir nochmal explizit die Frage, wollt ihr besichtigen, haltet ihr eine Besichtigung für notwendig? Weil die das im Grunde besser beurteilen können als wir. Würden die jetzt im dem Fall sagen, die Unterlagen sind ja so vollstän-

dig und so gut und die Anlage ist neu, da könnten wir getrost auf eine Besichtigung verzichten, dann halten wir uns in aller Regel an diese Empfehlung."

Daß die Versicherer, wie diese Aussagen zeigen, Risikoprüfungen auch im Breitengeschäft nicht als Obligatorium, sondern als Entscheidungsproblem betrachten, das den situativen Umständen in sachlicher, zeitlicher und sozialer Hinsicht Rechnung trägt, ändert nichts an der durch das Datenmaterial gut belegten Annahme, daß die Versicherer der Ermittlung und Bewertung der individuellen Risikosituation der versicherungssuchenden Gewerbebetriebe heute eine im Vergleich zur Vergangenheit wesentlich stärkere Bedeutung beimessen. Ging dem Vertragsabschluß im Breitengeschäft in der Vergangenheit nur im Ausnahmefall eine technische Prüfung der betrieblichen Risikosituation voraus, so sind solche detaillierten Risikoprüfungen der konkreten betrieblichen Situation mit der praktischen Einführung und Anwendung des neuen Umwelthaftpflicht-Modells zum Regelfall geworden. Das vorliegende Datenmaterial liefert deutliche Hinweise darauf, daß die Versicherer der vom Verband der Schadenversicherer an sie adressierten Forderung, zur Vermeidung von Fehlern der Vergangenheit zum Prinzip der individuellen Risikoermittlung und -deklaration zurückzukehren, in der Praxis des Breitengeschäfts auch nachkommen.

Stellt sich die Intensivierung der Risikoanalyse und -prüfung aus Sicht der Versicherungswirtschaft als notwendige Fehlerkorrektur dar, so sind mit dieser veränderten Praxis für die davon betroffenen Gewerbebetriebe nicht selten mehr oder weniger gravierende Nachteile verbunden. Denn eine unmittelbare Konsequenz der verschärften Beobachtungspraxis der Haftpflichtversicherer sind zum Teil erhebliche Deckungseinschränkungen auf seiten der um Versicherungsschutz nachsuchenden Betriebe. Zwar bestätigten einerseits alle von uns befragten Experten aus den Versicherungsunternehmen, daß es im Zuge der Umstellung auf die neuen Versicherungsbedingungen und der in diesem Zusammenhang durchgeführten Prüfungen der betrieblichen Risikosituation nur in ganz wenigen Fällen zu Vertragskündigungen gekommen ist; andererseits geht aus den Äußerungen der Befragten jedoch ebenso deutlich hervor, daß Deckungseinschränkungen und Auflagen, die nach betrieblichen Risikoprüfungen ausgesprochen wurden, zu einem wichtigen Instrument des Risikomanagements der Haftpflichtversicherer im Bereich der Versicherung von Umwelthaftungsrisiken geworden sind.[21] Die konkreten Zahlenangaben, die der Außendienstmitarbeiter eines Versiche-

---

[21] Den Hauptgeschäftsführer des Deutschen Versicherungs-Schutzverbandes (DVS) hat diese restriktive Haltung der Versicherer in seinem Referat vor der Hauptversammlung des Verbandes am 30. Mai 1994 zu den folgenden Äußerungen veranlaßt: „Mit [...] Intensität haben die Versicherer im vergangenen Jahr auch ihre Bemühungen fortgesetzt, das Umwelthaftpflicht-Modell in den Markt einzuführen. Im Neugeschäft wird ohnehin nur noch eine Deckung nach dem Modell angeboten. Entgegen unserem im Vorjahr und in zwischenzeitlich geführten Gesprächen geäußerten Appell, mit Augenmaß vorzugehen, wurde aber auch das Ziel, den Bestand umzustellen, mit großer Konsequenz weiterverfolgt. Dabei wurde teilweise ganz erheblicher Druck ausgeübt und auch vor Ver-

rers machte, zu dessen Hauptkunden kleinere und mittlere Gewerbebetriebe gehören, sind von anderen Befragten aus anderen Versicherungsunternehmen bestätigt worden.

> „Von 80 bis 90 Prozent aller Betriebsbegehungen werden irgendwelche Auflagen kommen. Versicherungstechnisch relevante Auflagen machen wir rund, ich schätze mal, bei einem Viertel. Auflagen dahingehend, daß wir nur Versicherungsschutz unter besonderen Aspekten bieten, machen wir bei ungefähr der Hälfte des Neugeschäfts und bei 20 bis 25 Prozent des Bestandsgeschäfts. Das liegt einfach daran, beim Neukunden habe ich es relativ leicht zu sagen, wenn ich dich versichere, dann mußt du auch in Ordnung sein. Beim Bestandskunden, den ich seit 20 Jahren habe und ich merke, das ist nicht in Ordnung, da kann ich dem Kunden schlecht sagen, du, ich habe dich 20 Jahre versichert, jetzt schmeiße ich dich raus, wenn du das nicht machst. Also da muß man schon ein bißchen Fingerspitzengefühl haben."

Die folgenden Äußerungen zeigen, ohne Zahlen zu nennen, welche spezifischen Formen von Deckungsbegrenzungen die Versicherer gegenwärtig im Umwelthaftungsbereich einsetzen und präferieren. Deutlich wird dabei auch, daß Deckungseinschränkungen und Auflagen von den Haftpflichtversicherern auch als Instrument einer differenzierten Risikoregulierung eingesetzt werden, die für sie im Unterschied zu undifferenzierten Vertragskündigungen den Vorteil hat, daß sie hier 'im Geschäft bleiben': Statt sich durch Kündigung bestehender Verträge von schlechten Risiken einfach zu trennen, was für den einzelnen Versicherer den Verlust von Prämien- bzw. Beitrags-

---

tragskündigungen nicht zurückgescheut. Unser weiterer Appell, mit dem Modell flexibler und auf das jeweilige Risiko bezogen umzugehen, hat ebenfalls wenig gefruchtet. Ganz überwiegend wurde und wird Versicherungsschutz nur in völliger Übereinstimmung mit dem genehmigten Modell angeboten. Soweit Abweichungen festzustellen sind, gehen sie eher zu Lasten des Versicherungsnehmers. [...] Besonders restriktiv sind die Versicherer nach wie vor bei der Deckung von Umweltrisiken ostdeutscher Unternehmen. Soweit Betrieben - nach vorausgegangener Besichtigung und Risikobewertung - überhaupt im Einzelfall Deckung geboten wird, wird häufig nur ein im Vergleich zum Umwelthaftpflicht-Modell eingeschränkter Versicherungsschutz angeboten. Die für die Betriebe äußerst unbefriedigende Folge ist, daß zwischen ihrer Haftung für Umweltrisiken und deren Abdeckung durch Versicherung eine erhebliche Lücke klafft. Dieser Zustand sollte möglichst schnell überwunden werden. [...] Wir verkennen nicht, daß die Versicherer mit dem Umwelthaftpflicht-Modell nicht nur ihnen bekanntes Terrain verlassen, m.a.W. bestehende Deckungen einschränken, sondern auch Neuland betreten. Wir können uns jedoch gleichwohl des Eindrucks nicht erwehren, daß sie an die Deckung der Umwelthaftpflichtrisiken übervorsichtig, ja geradezu ängstlich herangehen. Dieser Eindruck wird erhärtet durch die Tatsache, daß die vorhergesagte Welle von Ansprüchen nach dem neuen UHG bisher offensichtlich ausgeblieben ist. Eingeschränkte Dekkung zu höheren Prämien, und das mit einem Deckungsmodell, das [...] noch eine Reihe von Fragen offen läßt, dies ist die ernüchternde Bilanz des vergangenen Jahres" (Schlicht 1994, 85f.). Auch wenn die Bilanz, die der Autor für die folgenden Jahre zieht (vgl. ders. 1996, 1997), nicht mehr ganz so negativ ausfällt, zieht sich die Klage über „gravierende Deckungseinschränkungen" doch auch durch diese Berichte.

einnahmen zur Folge hätte, wird der Versicherungsschutz entweder durch Ausschluß bestimmter Teile (Stoffgruppen, konkreter Umweltpfad) aus der Deckung auf ein für die Versicherer akzeptables Maß reduziert oder aber die Deckungsübernahme wird an die Erfüllung bestimmter, auf die individuelle Risikosituation zugeschnittener technischer und/oder organisatorischer Anforderungen geknüpft. Alle im folgenden wiedergegebenen Aussagen stammen von Mitarbeitern - Underwritern oder Technikern - aus großen Versicherungsgesellschaften, zu deren Klientel vor allem kleinere Gewerbetreibende gehören.

> „Wir haben eine Annahmepolitik, die sowohl im Privatkundenbereich wie auch im gewerblichen Bereich voll durchgreift, daß gewisse Risiken nur nach Erfüllung gewisser Auflagen gezeichnet werden. Also ein unterirdischer Heizöltank ohne TÜV-Zeugnis, das gibt es in diesem Haus seit drei Jahren nicht mehr. Hier haben wir eine eindeutige Politik."

> „Also wir versuchen, aufgrund der Risikoumstände die Risiken irgendwo versicherbar zu gestalten. Wie auch immer, ob man gewisse Bereiche aus dem Betriebsgrundstück ausklammert, das wäre eine Möglichkeit, oder Stoffe rausnimmt, Stoffgruppen teilweise auch, das haben wir auch schon gemacht. Oder wenn das ein Kunde ist, wo so eine bestimmte Schwachstelle ist, daß wir dem auch sagen, das ist bei uns versichert, wir machen noch ein halbes oder dreiviertel Jahr mit, je nach Bauumstand, der noch durchzuführen ist, und dann ist das beseitigt, sonst können wir die Deckung nicht fortführen. Das sind verschiedene Möglichkeiten."

> „Was man schon eher machen kann, ist, wenn üppig irgendwo Mängel vorhanden sind, die eigentlich ko-Kriterien sind, daß man dann eine Deckungseinschränkung macht. Daß ich zum Beispiel den kompletten Bodenpfad aus der Deckung nehme, wenn zum Beispiel noch Altlasten auf dem Betriebsgrundstück vorhanden sind. Dann muß er erst sanieren oder aber er kriegt den kompletten Bodenpfad eben nicht versichert. Das ist irgendwo natürlich auch ein Problem der Wettbewerbssituation. Ich muß eine Deckung anbieten, dann aber sagen, das übergreifende Bodenrisiko ist nicht mehr versichert. Irgendwie muß ich dann die Deckung einschränken. Und das kommt durch die Bank schon öfter vor."

> „Wenn da ein Angebot ist, da kann es natürlich passieren, daß wir Deckung ab sofort bieten müssen. Ansonsten kriegen wir den Vertrag nicht und können die Geschichte vergessen. Dann bauen wir zum Beispiel Deckungseinschränkungen in die Konzepte ein und nehmen die nach Realisierung der Maßnahmen wieder raus. Man kann Teile der Deckung beschränken, zum Beispiel den Bodenpfad nicht versichern. Und wenn dann die Maßnahmen umgesetzt sind, verhandelt man neu und steckt die Deckung wieder auf das ursprüngliche Maß auf. Das können wir machen. Oder man kann natürlich,

wenn es nur relativ einfache Maßnahmen sind, die Sache einfach nachhalten und zuschauen, hat dieser Kunde diese Maßnahmen realisiert. Wenn man natürlich keine Mittel in der Hand hat, da auch ein bißchen Druck zu erzeugen, dann ist es mit der Umsetzung von Maßnahmen auch ein Problem."

„A: Es gibt drei Kategorien von Risiken für mich. Es gibt die nicht-versicherbaren Risiken. Das sind die, wo sie quasi einen Staatsanwalt anrufen müßten, wo eigentlich keine Geschäftsbeziehung mehr da ist. Es gibt versicherbare Risiken, da kann ich als Underwriter direkt unterschreiben, und es gibt die in der Mitte. Bei denen in der Mitte gibt es zwei Möglichkeiten, entweder wir helfen ihm technisch oder wie sagen, es ist eigentlich in Ordnung das Risiko, es sind aber Kleinigkeiten zu ändern. Dieses Ja/Aber. Und dieses Ja/Aber, das kann zum Beispiel ein Malus sein, daß man eindeutig sagt, diese Anlage entspricht nicht dem technischen Standard, das muß geändert werden, Prämie X plus 50 Prozent. Beim Nachweis der Erfüllung der Auflagen wird sie gestrichen.

F: Kann man sagen, daß so etwas eingesetzt wird?

A: Ja. Sagen wir mal so, bei jedem dritten Termin, den ich habe, muß man zu diesem Mittel greifen. Also zumindest androhen.

F: Auch im Altgeschäft?

A: Auch im Altgeschäft.

F: Und davon sind auch 75 Prozent bereit, das zu machen?

A: Hm. Es geht ja nicht nur darum. Man darf dem Kunden nicht nur einfach sagen, deine Anlage ist scheiße, sondern man muß den Kunden eindeutig dazu bringen, daß er von sich aus, aus seiner eigenen Risikobereitschaft heraus, etwas machen will. Und dann sagen wir, wir helfen euch, ruf an, wir schicken euch dann die Unterlagen zu."

„Wir haben auch Fälle gehabt, wo wir gesagt haben, so bist du nicht versicherbar und der Unternehmer dann selbst hellhörig geworden ist. Der wußte in seinem eigenen Betrieb nicht richtig Bescheid. Und der war uns dann sehr dankbar dafür, daß wir gesagt haben, wenn sie das, das und das machen, und wenn sie das fertig haben, abgestellt haben, dann versichern wir den Betrieb. Und er hat es dann sofort veranlaßt, hat enorm investiert und gesagt, ich bin ihnen unheimlich dankbar, daß sie mich darauf gebracht haben, daß ich da was machen muß. Er hat es vorher nicht gewußt, es dann aber gemacht. Und dann haben wir ihn auch versichert. Also solche Fälle haben wir auch gehabt."

Die hier zitierten Äußerungen der Versicherungsexperten müssen nicht nur als exemplarische Belege dafür gelesen werden, daß Deckungsbegrenzungen und Auflagen im Breitengeschäft inzwischen zu wichtigen Instrumenten des Risikomanagements der Versicherer im Umwelthaftungsbereich geworden sind, sie zeigen auch, daß die Anwendung dieser Instrumente in vielen (wenn auch nicht genau quantifizierbaren) Fällen einen unmittelbaren Einfluß ausübt auf die Qualität der zu versichernden betrieblichen Umwelt(haftungs)risiken. Was im Bereich der großen Industrie aufgrund der asymmetrischen Verteilung risikorelevanter Informationen *zuungunsten* der Versicherer nicht gelingt, scheint im Breitengeschäft, also in bezug auf kleine(re) und mittlere Betriebe, dem vorliegenden Datenmaterial zufolge nicht mehr nur eine Ausnahme zu sein: Durch Risikoprüfungen, die die Versicherer in den Betrieben durchführen, um für sich selbst größere Kalkulationssicherheit herzustellen, werden in den Betrieben technische und/oder organisatorische Mängel aufgedeckt, die von den Versicherungsnehmern (und nicht selten auch von den Behörden) bis dato als Mängel noch gar nicht wahrgenommen bzw. übersehen worden sind. Sofern die Versicherer die Gewährung von Versicherungsschutz von der Beseitigung dieser identifizierten Mängel abhängig machen, geraten sie dadurch in die Rolle einer Risikoregulierungsinstanz, die einen von der Politik und der öffentlichen Umweltverwaltung unabhängigen Beitrag zur Verbesserung des Umweltschutzes in der Wirtschaft leistet. Wie weit dieser Prozeß der Entstehung eines solchen Systems autonomer Risikoregulierung, der mit dem UmweltHG in einen Zusammenhang gebracht werden kann, heute bereits fortgeschritten ist, läßt sich aufgrund des vorliegenden Datenmaterials nur schwer bestimmen. Die uns vorliegenden Daten liefern jedoch deutliche Hinweise darauf, daß die mit der Umsetzung des neuen Umwelthaftpflicht-Modells einhergehende Veränderung in der Praxis der Risikoerfassung und -bewertung zumindest im Breitengeschäft der Umwelthaftpflichtversicherung in den letzten Jahren dazu geführt hat, daß in kleineren und mittleren Unternehmen Aufmerksamkeit für die ökologischen Folgen betriebswirtschaftlichen Handelns überhaupt erst erzeugt bzw. gesteigert wird. Umwelthaftung und Umwelthafpflichtversicherung schaffen damit, mediatisiert über ein an der Qualität des Risikos ausgerichtetes Risikomanagement der Haftpflichtversicherer, wirksame Impulse für ökologische Prävention in einem wegen seiner quantitativen Ausdehnung keineswegs unbedeutenden Teilsektor der Wirtschaft.

Die oben zitierten Passagen aus den Interviews mit Experten aus Versicherungsunternehmen zeigen allerdings auch, daß es in erster Linie ökonomische Parameter sind, die die Haftpflichtversicherer dazu veranlassen bzw. zwingen, als Impulsgeber für ökologische Prävention zu fungieren. Die Haftpflichtversicherer setzen Deckungseinschränkungen und Auflagen als Instrumente des Risikomanagements nicht deshalb ein, weil sie sich als sozusagen zusätzliches Exekutivorgan zur Durchsetzung umweltpolitisch definierter Standards in der Wirtschaft verstehen, sondern weil sie als privatwirtschaftlich verfaßte Organisationen unter den Systembedingungen marktvermittelten Wettbewerbs operieren. Unter diesen Bedingungen sind Deckungseinschränkungen und Auflagen, wie die Aussagen der Versicherungsexperten zeigen, einerseits Regulierungsinstrumente, die von den Versicherern eingesetzt werden, um bestehende Versicherungskontrakte wichtiger und 'guter' Kunden *nicht* kündigen zu müssen, was bedeuten würde, sie an Wettbewerber zu verlieren. Andererseits sind Deckungseinschränkungen und Auflagen Regulierungsinstrumente, von deren Einsatz sich die Versicherer die Schaffung und Steigerung von Kalkulationssicherheit versprechen, ein Organisations- und Operationsziel, dem die Haftpflichtversicherer angesichts der negativen Erfahrungen mit der Versicherung von Umwelthaftungsrisiken vor Inkrafttreten des UmweltHG heute eine besondere Bedeutung beimessen. Wie schon die weiter oben dokumentierten Aussagen zu erkennen geben, so zeigen auch die folgenden Äußerungen, daß präventive Umweltschutzeffekte weniger das intendierte Resultat eines am Kriterium ökologischer Prävention orientierten Risikomanagements der Haftpflichtversicherer sind, sondern gleichsam als Nebeneffekte einer Regulierungspraxis auftauchen, die zwar Lehren aus den Fehleinschätzungen und Fehlern der Vergangenheit zu ziehen versucht, aber nach wie vor sich den dominierenden Imperativen ökonomischer Rationalität verdankt.

> „Sie müssen das Ganze natürlich auch irgendwo kundenorientiert kaufmännisch sehen. Es gibt natürlich Kundenverbindungen, die sehr gut sind in bezug auf den Gesamtkunden, wo es dann aber vielleicht in einem Bereich, im Umweltbereich, Probleme gibt. Und kaufmännisch wollen sie natürlich so eine Kundenverbindung nicht in Gefahr bringen, dadurch, daß jetzt irgendwelche Maßnahmen durchgesetzt werden, wo der Kunde sofort sagt, nee nee, also so nicht. Und dann gibt es halt immer noch das Instrument, Dekkungsausschlüsse zu vereinbaren, also zu sagen, wir geben eine Frist von einem Jahr, das herzustellen, oder wir nehmen irgendwie einen Risikopfad heraus."

> „Es ist nicht ganz einfach, einen Anlagenbetreiber tatsächlich dazu zu bringen, daß er investiert. Nun müßte man ja normalerweise davon ausgehen, die X macht also quasi eine Risikobeurteilung und kommt zu dem Ergebnis: nicht versicherbar. Was macht der Betrieb dann? Er geht zum nächsten Versicherer und der sagt, den nehme ich. Ich glaube, das kann man bestimmt sagen, daß wir da zumindest versuchen, die Fahne relativ hoch zu halten, weil wir es uns vielleicht auch leisten können. Aber sicher auch mit Einschränkungen, weil das Geschäft beinhart ist und es gute Prämien gibt. Aber es gibt immer Versicherer, die abgelehnte Risiken doch zeichnen, und solange der Kunde sagt, mir ist egal, bei welchem Versicherer ich bin, ob der jetzt ein Know-how hat oder nicht - weil, der muß ja auch an den Schadenfall denken und was dann passiert -, sondern wenn der sagt: ich gehe dahin, wo ich Versicherungsschutz kriege und das möglichst billig, solange die Situation so ist, haben einzelne Versicherer, auch wenn sie eine gemeinsame Philosophie haben, wenig Chancen, das wirklich durchzusetzen. ... Es gibt immer wieder Gesellschaften, die einfach ausbüchsen und sagen, bei dem wollte ich immer schon ins Geschäft kommen, und jetzt nehme ich das schlechte Haftpflichtrisiko und versuche Überkompensation zu erreichen über andere Branchen, also Feuer oder Kraft oder sonst was. Es wird ja immer der Kunde als Gesamtes betrachtet."

„Auf der anderen Seite darf man sich auch gar keinen Sand in die Augen streuen, weil wir stehen im Wettbewerb und in dem Moment, wo der Konkurrent XY herkommt und sagt, er versichert dir das Ganze, aber ohne Besichtigung, dann tun wir uns natürlich ein bißchen schwer. Da stoßen wir dann doch recht schnell an unsere Grenzen. ... Wir können die Industrie nicht so disziplinieren, wie es der Staat könnte, wenn er wollte. Wir stehen ja auch in einem Wettbewerb untereinander. Aber was machbar ist, werden wir tun. Das ist schon richtig."

5.4.5. Risikoprüfung durch die Versicherer als Ergänzung öffentlich-rechtlicher Regulierung

Thema der folgenden Überlegungen ist das Verhältnis zwischen öffentlich-rechtlicher Risikoregulierung durch die Politik und privatwirtschaftlicher Risikoregulierung durch Versicherungsunternehmen. Wie im letzten Kapitel ausgeführt, sind betriebliche Risikoprüfungen im Zuge der Umsetzung des neuen Umwelthaftpflicht-Modells im Breitengeschäft der Haftpflichtversicherer zum Regelfall geworden. Es ist deshalb davon auszugehen, daß sich im Bereich der Regulierung von betrieblichen Risiken in zunehmendem Maße Interferenzen zwischen Umweltverwaltung und Versicherungen einstellen werden bzw. schon eingestellt haben. Im folgenden sollen zunächst fünf Ausschnitte aus Gesprächen mit Experten aus Versicherungsunternehmen in sozusagen kompakter Form präsentiert werden, um dann im Anschluß daran in systematisierter Form ausgewählte Aspekte der Beziehung zwischen beiden Regulierungsformen, ausgehend von den Aussagen der Befragten, zu thematisieren.

„Es gibt natürlich die behördlichen Auflagen. Der Versicherungsnehmer war - ich war auch ein paar Mal mit herausgefahren - gar nicht in der Lage, mit diesen behördlichen Anforderungen und Auflagen umzugehen. Das sind wirklich kleine Unternehmer, mittlere Unternehmer, die haben ganz große Probleme damit. Und dann hat die Versicherung einfach gesagt, wir helfen euch dabei. Wir helfen dabei, wie sehen sie aus, die behördlichen Auflagen. Die (die Umwelttechniker; die Verf.) waren genauestens informiert über alles, was es da gibt in dem Bereich und haben dann im Prinzip die Aufgabe der Behörde dort so ein bißchen mit unterstützt, nämlich zu gucken, daß dort auch alles eingehalten wird, weil es ja auch wieder in ihrem eigenen Interesse war für den Versicherungsschutz. Und haben dann gesagt, hier, die und die Auflagen müssen bis zum nächsten Jahr wirklich erfüllt sein zu 100 Prozent, sonst versagen wir euch den Versicherungsschutz. Und dann wurde halt auch eine wiederkehrende Prüfung gemacht. Diese Prüfungen wurden natürlich jetzt im letzten Jahr, als ich dort war, immer damit verbunden, ein Angebot zu machen zur Umstellung des Vertrages auf die neuen Bedingungen. ... Ich weiß nicht, wie der jetzige Stand der Umstellung ist und ob es diesen Anreiz gibt für den Versicherer zu sagen, wir gehen wieder hin, weil wir den Vertrag ja schon umgestellt haben. Wie das jetzt in der Zukunft weiterläuft, weiß ich nicht. Verbunden wurde es sicherlich mit dieser Umstellung und vielleicht auch mit einem Prämiengewinn, um irgendwo auch die Kosten, die dadurch entstehen, decken zu können. Aber es wurde auch immer mit dieser Dienstleistung verbunden. Da schickt man einen hin, der ist ein erfahrener Umwelttechniker, die Leute waren wirklich absolut fit auf ihrem Gebiet und hatten auch schon Erfahrungen aus praktischen Tätigkeiten. Und das war für die Versicherungsnehmer, so wie ich es erlebt habe, immer ein ganz willkommener Besuch. Sie haben sich also wirklich darüber gefreut und waren überrascht, daß ein Versicherer sich so darum kümmert. Das war die Erfahrung, die ich gemacht habe."

„Es gibt auch den Fall, da ist ein Unternehmer nie auffällig geworden, der rutscht durch alle Maschen, der wird nie in irgend einer Form vom Immissionsschutzreferat eines Landratsamtes irgendwie gehört. Der betreibt seine Anlagen unendlich, erweitert und wäre längst unter die Genehmigungsbedürftigkeit gefallen. Wenn es den Unternehmer nicht selbst interessiert, kommt kein Mensch darauf. Das sind dann die Anlagen, wo man sagt, die müßten doch längst genehmigt sein. War man aber schon mal drin, dann ist eine gewisse Kontrolle doch vorhanden, wenn sie normalerweise von den Behörden meiner Erfahrung nach nur sehr mangelhaft gemacht wird. Bei der Frage, fällt die Anlage jetzt unter das UmweltHG, da kriegt der Unternehmer meines Wissens überhaupt keine Hinweise von behördlicher Seite, das interessiert keine Behörde, das hat einzig und allein den Unternhmer selbst zu interessieren, aber die sind meiner Ansicht nach vollkommen desorientiert in dieser Richtung. Und das schlimme ist, daß die Gesetze jetzt noch weiter auseinander differieren. Früher war es so, daß im UmweltHG in den Anhängen die Anlagen aufgeführt waren, namentlich, die auch in der 4. Bundesimmissionsschutzverordnung oder in der Störfallverordnung drinstanden. In den vergangenen sechs bis zwölf Jahren haben sich die Gesetzestexte in der 4. bzw. 12. Bundesimmissionsschutzverordnung vollkommen verändert, aber die Anhänge im UmweltHG sind vollkommen gleich geblieben, da hat sich nichts verändert. Jetzt kann es vorkommen, daß sie Anlagen im UmweltHG haben, die überhaupt nicht mehr genehmigungsbedürftig sind, solche Fälle gibt es auch. Und da gibt es ein totales Durcheinander in diesem Gesetzeswust, sage ich mal, der vollkommen unkoordiniert ist in manchen Dingen. Und daß sich da ein Unternehmer dann nicht mehr zurecht findet, daß er nicht mehr weiß, wo er eigentlich drinsteckt, das verwundert mich eigentlich überhaupt nicht."

„Wenn wir feststellen, daß er (der Unternehmer; die Verf.) keine Genehmigung einer genehmigungsbedürftigen Anlage hat, dann weisen wir ihn darauf hin und der wird dann tatsächlich tätig und meldet die Anlage jetzt endlich einmal der Genehmigungsbehörde, dann hat man ja auch schon mal etwas erreicht. Und dann ist er ja drin in diesem Kontrollmechanismus der Überwachung. Dann hat man ja auch etwas erreicht."

„Also das unterscheidet unsere Aufgaben ganz wesentlich von anderen parallel laufenden Überwachungen, wie zum Beispiel Gewerbeaufsichtsamt oder Berufsgenossenschaft. Die haben alle andere Blickwinkel, die wollen die Mitarbeiter schützen, die wollen vielleicht eine Explosion verhindern. Aber die schauen sich weniger die Wirkung nach außen an. Die haben ganz andere Schutzziele, die sie verfolgen. Deswegen ist man auch hin und wieder überrascht, wenn einem in kleineren Unternehmen gesagt wird, da war doch erst gerade die Gewerbeaufsicht da und die haben nichts beanstandet. Und da kommen wir von der Versicherung und sagen, da ist etwas nicht in Ordnung, weil wir eben einen anderen Blickwinkel haben."

„Da gehören drei dazu. Das eine ist die Industrie, die muß zusehen, daß sie möglichst unter den zugelassenen Normen bleibt. Das wird sie wohl aus eigenem Interesse tun. Das unterstelle ich jetzt mal. Wir versichern das Risiko. Wir können allerdings nicht die Polizei spielen, die uns eigentlich zugedacht war. Bei der Schaffung des Gesetzes ist man davon ausgegangen, die Versicherer werden sich schon darum kümmern, daß die Anlagen in Ordnung sind. Das tun wir, soweit es geht, aber mit relativ schwachen Kräften. Wir können nicht den Ordnungshüter spielen auf dem Gebiet. Und der Dritte im Bunde ist der Staat, der über entsprechende Verordnungen ständig die Normen anpassen muß an neue Erkenntnisse."

Folgt man den Aussagen der Befragten, dann scheint eine *erste* wichtige Funktion der Risikoregulierung durch Versicherungen darin zu bestehen, Vollzugsdefizite der Umweltverwaltungen abzubauen. Aus Sicht der Versicherer liegt ein entscheidendes Kriterium für die Beurteilung der Qualität eines zu versichernden Risikos darin, ob das betreffende Unternehmen alle entsprechenden öffentlich-rechtlichen Verordnungen und Vorschriften erfüllt. Dies scheint nach den Äußerungen der befragten Experten in vielen Fällen, vor allem bei kleineren Unternehmen, nicht der Fall zu sein. Indem die Versicherer die Gewährung von Versicherungsschutz daran koppeln, daß Unternehmen als Minimalvoraussetzung für den Abschluß von Versicherungskontrakten öffentlich-rechtliche Umweltstandards einhalten, leisten sie einen effektiven Beitrag zum Vollzug umweltpolitischer Regulierung. Je strikter die Versicherer das Prinzip der Individualerfassung von Risiken anwenden, desto höher der Beitrag, den sie zum Abbau von Vollzugsdefiziten leisten. Auch wenn sie einige der von uns befragten Experten ausdrücklich dagegen aussprachen, in Fragen des Umweltschutzes die Rolle einer „Hilfspolizei der Umweltverwaltung" oder eines „Ordnungshüters" zugewiesen zu bekommen, werden sie in der Praxis diese Funktion erfüllen; schon allein deshalb, weil auch sie selbst ein starkes eigenes Interesse an einer möglichst genauen Erfassung und Bewertung von betrieblichen Risiken haben.

Die Versicherer von Umwelthaftungsrisiken leisten jedoch nicht nur einen Beitrag zum Abbau von Vollzugsdefiziten der Verwaltung, als professionelle Risikospezialisten fällt ihnen darüber hinaus eine *zweite* wichtige Funktion zu, nämlich die der innovativen Fortentwicklung öffentlich-rechtlicher Umweltregulierung. Nicht nur scheint es nach den Aussagen unserer Interviewpartner so zu sein, daß die Haftpflichtversicherer im Umweltbereich einen „anderen Blickwinkel" auf die betrieblichen Risiken haben und deshalb sehen, was die Behörden nicht sehen; insbesondere aufgrund ihrer Tätigkeit im Bereich der Schadensbearbeitung und -abwicklung verfügen sie darüber hinaus über Erfahrungen und Wissen, die sie in die Lage versetzen, auf neue technische Entwicklungen, Sanierungsmethoden und Sicherheitstechniken schneller und flexibler zu reagieren als die Umweltverwaltungen.

Aus den Äußerungen der Befragten ergibt sich ebenfalls, daß Beratung der Versicherungsnehmer eine *dritte* wichtige Funktion der Risikoregulierung durch Versicherungsunternehmen ist. Risikoprüfungen, die von den Versicherern in Unternehmen durchgeführt werden, erschöpfen sich nicht in der Bestandsaufnahme über das betriebliche Risikopotential. Vielmehr gleichen solche Prüfungen einen Kommunikationsprozeß, in dem risikorelevante Informationen und Problembewußtsein in die betroffenen Unternehmen hineintransportiert wird. Vor allem in bezug auf kleine und mittlere Unternehmen stellt sich dieser Prozeß aufgrund der hier bestehenden ungleichen Informationsverteilung zugunsten der Versicherer als Austauschprozeß von Informationen dar, von dem in erster Linie die Unternehmen profitieren. Der Versicherer kann hier, weil er über das vergleichsweise profundere Risikowissen verfügt, Hilfestellung bei der Durchführung von Umstellungs- und Sicherungsmaßnahmen geben, Schadenerfahrungen weiterleiten, also die Rolle eines externen Unternehmensberaters einnehmen. Für den Versicherer selbst hat diese Form des 'interaktiven' Umgangs mit den betrieblichen Risiken den Vorteil, daß er auf seiten des Versicherungsnehmers Selbstverpflichtung stärkt und Lernfähigkeit fördert. Verleitet die Versicherung des Risikos den Versicherungsnehmer unter 'normalen Umständen' dazu, sich dem versicherten Risiko gegenüber fahr- oder nachlässig zu verhalten, führt der um die Elemente der Beratung und Kommunikation ergänzte Prozeß der Versicherung zu einer Minderung des Risikos von 'moral hazard'.

5.4.6. Bedeutungszuwachs technischer Risikoanalyse in den Versicherungsunternehmen

Als ein zentrales Ergebnis unserer Untersuchung kann festgehalten werden, daß die Versicherer die individuelle Erfassung und Bewertung betrieblicher Risiken heute als zentralen Bestandteil der Versicherung von Umwelthaftungsrisiken begreifen. Im Breitengeschäft gilt, daß der Zeichnung von Verträgen eine Prüfung der individuellen Risikosituation des Versicherungsnehmers vorauszugehen hat. Das vorliegende Datenmaterial zeigt, daß die Haftpflichtversicherer bei der Umstellung der Verträge auf die neuen Umwelthaftpflichtbedingungen dieser Maxime auch weitestgehend gefolgt sind. Sind technische Risikoprüfungen in der Vergangenheit auch im Umwelthaftungsbereich nur sporadisch durchgeführt worden, so sind sie mit der Anwendung des Umwelthaftpflicht-Modells zum regelfall geworden. Die organisatorischen Träger dieser Analyse- und Prüfungsaktivitäten sind versicherungseigene Technikinstitute, die in den letzten Jahren in allen größeren Versicherungsunternehmen auf- bzw. ausgebaut worden sind oder aber eine Veränderung oder Ausweitung ihres Aufgabenspektrums erfahren haben. In kleineren Versicherungsgesellschaften, die nicht über eigenständige Einrichtungen zur Risikoprüfung verfügen, wird diese Aufgabe von eigensdafür in den letzten Jahren eingestellten Technikern und (Umwelt-) Ingenieuren wahrgenommen.

Die Aussagen aller von uns befragten Versicherungsexperten zeigen, daß es einen signifikanten Zusammenhang gibt zwischen der Verschärfung der Umwelthaftung und dem Aufbau von Technikinstituten bzw. der Neueinstellung von technisch qualifiziertem Personal. Das Inkrafttreten des UmweltHG und die darauf folgende Anpassung der Versicherungsbedingungen an die neue Gesetzeslage haben in den Versicherungsunternehmen zu einem Bedeutungszuwachs der technischen Dimension von Umweltrisiken geführt, der bemerkenswert ist. Die folgende Auswahl von Gesprächsausschnitten mag das verdeutlichen.

> „Also man kann es vielleicht von der Geschichte her sagen, daß wir Techniker im Umweltbereich immer schon tätig waren, nämlich seit 1960, seit Entstehung des Wasserhaushaltsgesetzes. Bloß war es halt dort auf diese Gewässerschutzproblematik beschränkt. Und dort waren ausschließlich Bauingenieure beschäftigt. Meines Wissens war ich dann der Erste, der speziell als Umweltingenieur eingestellt worden ist. Und das hat sich sukzessive, insbesondere '90, '91, '92 nach Inkrafttreten des UmweltHG auf vielleicht fünfzehn Ingenieure gesteigert, die speziellere Ausbildungsberufe oder Schulungen haben als dieses Bauingenieurstudium. Diese Einführung des neuen 'Produkts', muß man eigentlich sagen, es bezieht sich ja nicht nur auf's UmweltHG, sondern das Produkt Umwelthaftpflichtversicherung hat zu Einstellungen letztlich geführt, zehn bis fünfzehn Mann ungefähr."

> „Bei uns im Unternehmen hat es sicherlich dazu geführt, daß über das UmweltHG das Interesse gekommen ist, daß einfach eine andere Qualität erstens mal der Risikoprüfung eingeführt worden ist. Das muß man sagen. Die hat sicherlich vorher so in dem Maße nicht stattgefunden. Man hat also angefangen, sich etwas sorgfältiger Gedanken darüber zu machen, welche Risiken haben wir überhaupt. ... In unserem Fall hat es auch noch ganz sicher dazu geführt, daß wir hier die Umweltberatung aufbauen konnten, ausbauen konnten. Meine damalige Abteilung, die ich hier geleitet habe, die Risikoberatung, das ist in anderen Unternehmen genauso, das ist beim Gerling so und das ist bei der Colonia so und wie sie alle heißen. Also das hat

sicherlich in der Versicherungswirtschaft dazu geführt, daß Stellen geschaffen worden sind.“

„Die Versicherer haben sich mit dem UmweltHG Gedanken gemacht über das Umwelthaftpflicht-Modell und ab Einführung des Umwelthaftpflicht-Modells oder kurz vorher haben wir einen Umweltingenieur eingestellt. Das ist die Auswirkung. ... Ich sage es mal so, wenn die Versicherer das UmweltHG nicht weiter beachtet hätten und es nicht in ihr Haus reintransportiert hätten, sondern für diese Betriebe, die darunter fallen, eine genau gleiche Gewässerschadenhaftpflichtversicherung poliziert hätten, dann hätte es mit Sicherheit keine Auswirkung gehabt, sondern nur dadurch, daß es da einen neuen Gesetzestext gab, daß es Bewegung bei den Versicherern gab, weil die Schäden hatten, weil die weg von den Eigenschäden wollten, dadurch ist man dazu gekommen und hat eine Betrachtung des Risikos eher vorgenommen, weil die Risiken deklariert werden mußten. Das war der Grund, warum man einen Ingenieur eingestellt hat, weil man einfach das Risiko minimieren wollte.“

„Wir können diese Risiken, damals die Gewässerschadenhaftpflichtrisiken, heute eben auch die Umweltrisiken, nicht mehr zeichnen, vernünftig zeichnen, bewerten vor allen Dingen, ohne dieses technische Fach-Know-how. Das ist nicht mehr machbar, denn die Entwicklung gerade über die letzten fünfzehn oder zwanzig Jahre ist ja galoppierend in Richtung Umweltbewußtsein vorangeschritten.“

„In dieser Serviceabteilung, in der ich untergebracht bin , leisten wir technische Hilfestellung für unsere Fachbereiche, auch für den Bereich oder für die Fachsparte Haftpflicht. Und da haben wir insbesondere auch in der letzten Zeit für das UmweltHG Hilfestellung leisten müssen, weil einfach die Vor-Ort-Erfassung der Risikoverhältnisse den Mitarbeitern nicht eben leicht fiel. Wir haben ein enges Bündnis geschlossen, über Jahre schon, und helfen praktisch, die Risikoerfassungsdaten und eine gewisse technische Bewertung in die Fachabteilungen hineinzubringen. Wir machen nur Risikobewertung aus sicherheitstechnischer Sicht, nicht aus versicherungstechnischer Sicht. ... Die Abteilung ist in dieser Form im Oktober ‘90 gegründet worden. Seit ‘88 haben wir hier bei uns einen Umweltingenieur, der war zuerst hier angesiedelt, und dann bekam das Ganze eine eigene Dynamik, es wurden immer mehr und mehr Leute, so daß wir dann letztliche die Abteilung X gegründet haben.“

Die Aussagen zeigen, daß Technikinstitute nicht erst seit Inkrafttreten des UmweltHG bestehen. Die Institute sind älter als die reformierte Umwelthaftung. Ursprünglich jedoch hatten diese Institute andere Aufgaben als die der Risikoerfassung zu erfüllen; insbesondere waren sie mit der Bearbeitung und Begutachtung von Schadensfällen im

KFZ-Bereich beschäftigt (vgl. auch Herbst 1996, 298ff.). Erst mit der Verschärfung der Rechtsprechung zur Produkthaftung, spätestens jedoch mit dem Auftreten der betrieblichen Altlastenfälle wurde immer deutlicher, daß technischer sachverstand auch im Haftpflichtbereich unverzichtbar war. Mit der Bearbeitung der komplexen Schadensproblematik im Gewässerschadenhaftpflichtbereich waren Juristen und Kaufleute überfordert; es zeigte sich, daß im Umwelthaftungsbereich eine enge Kooperation zwischen Umwelttechnikern und -Ingenieuren, Geologen, Juristen und Betriebswirtschaftlern notwendig war.

Doch auch die aufgrund dieser Erfahrungen gegründeten Technikinstitute waren anfangs ausschließlich mit der Schadensbearbeitung im Umwelthaftungsbereich beschäftigt. Erst als die Haftpflichtversicherer die Erfahrung machten, daß Umwelthaftungsrisiken von ihnen in vielen Fällen falsch eingeschätzt wurden, war das für sie ein Anlaß, das in der Schadensbearbeitung gewonnene Wissen auch für die Erfassung und Bewertung von Risiken zu nutzen. Es kam hinzu, so Herbst (ebd., 299), „daß zwischen der Schadensbearbeitung innerhalb der Versicherung und dem Underwriting kein hinreichender Informationsaustausch stattfand. Risiken, die sich schon längst als schadenträchtig herausgestellt hatten, wurden noch immer zu billig oder ohne entsprechende Auflagen versichert".

Soweit sich das aus den Angaben der von uns befragten Experten rekonstruieren läßt, sind die Technikinstitute heute neben der Schadensbearbeitung auch und vor allem mit Aufgaben im Bereich der Risikoerfassung beschäftigt. Das Entwerfen von Fragebögen, Betriebsbesichtigungen, die technische Beratung der Versicherungsnehmer und die Beratung und Kooperation mit den eigenen Vertriebs- bzw. Vertragsabteilungen gehören zu ihren wichtigsten Aufgabenfeldern.

5.4.7. Resümee: Mehr Sicherheit durch Risikoanalyse?

Im Zentrum der Gespräche, die wir in den Versicherungsunternehmen geführt haben, stand die Frage nach Veränderungen im Risikomanagement der Haftpflichtversicherer, die sich in einem weiten Sinne zumindest auch dem UmweltHG zurechnen lassen. Als Ergebnis der Auswertung der Gespräche kann festgestellt werden, daß solche Formveränderungen im Umgang mit der Versicherung von Umwelthaftungsrisiken offensichtlicherweise stattgefunden haben. Mit hoher Übereinstimmung äußerten nahezu alle Befragten, daß sich in etwa parallel mit der durch das UmweltHG notwendig gewordenen Anpassung der Umwelthaftpflichtbedingungen an die neue Gesetzeslage auch die Praxis der Erfassung und Bewertung der zu versichernden Umwelthaftungsrisiken verändert habe. *Vor* Verabschiedung des UmweltHG sei die Übernahme von Umwelthaftungsrisiken durch eine *pauschale* Indeckungnahme geprägt gewesen; mit der Verabschiedung des UmweltHG sei eine Entwicklung angestoßen bzw. verstärkt worden, die sich am Prinzip der individuellen Risikoprüfung und -deklaration orientiere.

Das Datenmaterial liefert deutliche Belege dafür, daß die Haftpflichtversicherer im gewerblichen *Breitengeschäft* dieses Prinzip auch umsetzen bzw. umzusetzen versuchen. Der Versicherung von Umwelthaftungsrisiken geht hier in der Regel eine Prüfung der individuellen betrieblichen Risikosituation voraus. In vielen Fällen führt das nach den Aussagen der Befragten dazu, daß in den untersuchten mittleren und kleineren Betrieben technische und organisatorische Mängel aufgedeckt werden, von denen bis dahin weder die Betriebe selbst noch die zuständigen Behörden gewußt haben. Insofern die Versicherer die Indeckungnahme von Umwelthaftungsrisiken an die Beseitigung der identifizierten Mängel knüpfen, fungieren sie als Impulsgeber für ökologische Prävention in einem Teilsektor der Wirtschaft, dem wegen seiner quantitativen Ausdehnung mehr als nur eine Randbedeutung zukommt. Es scheint angesichts dieses Untersuchungsbefundes keineswegs übertrieben zu sein, wenn man davon ausgeht, daß hier, also im gewerblichen und kleingewerblichen Bereich der Wirtschaft, Ansätze eines privatwirtschaftlichen, von öffentlich-rechtlicher Regulierung (relativ) unabhängigen Regulierungssystems entstehen (bzw. schon entstanden sind), das zeigt, daß Versicherungsunternehmen nicht nur Finanzdienstleistungen, sondern auch Regulierungsleistungen erbringen und in dieser Funktion durchaus einen Beitrag leisten zur ökologischen Modernisierung der Wirtschaft.

Deutlich anders ausfallen jedoch muß diese Einschätzung in bezug auf die regulativen bzw. präventiven Leistungen der gesetzlichen Umwelthaftung, wenn man sie nicht auf den gewerblichen, sondern auf den *großindustriellen* Bereich der Wirtschaft bezieht. Was dort aufgrund der Gespräche als Faktizität behauptet werden kann, erweist sich hier lediglich als sicherlich zwar anspruchsvolles, aber letztlich wohl uneinlösbares Projekt. Zwar war die Umstellung der bestehenden Kontrakte auf die neuen Versicherungsbedingungen im gorßindustriellen bzw. hochsummigen Bereich zum Zeitpunkt unserer Befragung nach den Aussagen der Befragten nahezu komplett abgeschlossen; anders jedoch als im Breitengeschäft ließ sich hier der von den Versicherern selbst formulierte Anspruch, Verträge nur nach vorher erfolgter detaillierter Risikoanalyse abzuschließen, nicht auch nur annäherungsweise einlösen. Hinter den rhetorischen Floskeln, mit denen sich die Versicherer angesichts der von ihnen ja selbst auch erkannten Abweichung des Ideals von der Wirklichkeit zu beruhigen versuchen (vgl. Kap. 5.4.3), verbirgt sich unserer Auffassung nach das strukturelle Problem einer nicht aufzulösenden Asymmetrie in der Verteilung von risikorelevanten Informationen zuungunsten der Versicherer. Die Versicherer begründen die Notwendigkeit, das Prinzip der Pauschaldeklaration durch das der Einzeldeklaration und Risikoanalyse zu ersetzen, damit, daß dies die Voraussetzung dafür sei, Kalkulationsunsicherheit abzubauen. Risikoadäquate Prämienfestsetzungen könnten nur erfolgen, wenn exakte und umfassende Informationen über die tatsächliche Risikoexponierung der Versicherungsnehmer vorlägen. In bezug auf 'einfach strukturierte' Risiken, also in bezug auf kleine Gewerbebetriebe etwa, mag die Erwartung, durch Risikoanalyse und -prüfung eine genaue Kenntnis über die individuelle betriebliche Risikosituation zu erhalten, noch eine gewisse Berechtigung besitzen. Erhebliche Zweifel am Realismus dieser Erwartung scheinen jedoch bereits dann angebracht, wenn es um Unternehmen mittlerer Größenordnung geht. Vollends zur Illusion muß diese Erwartung spätestens jedoch dann werden, wenn es sich bei der um Versicherungsschutz nachfragenden Klientel um die großen Unternehmen der (chemischen) Industrie handelt. Hier haben es die Versicherer mit sozio-technischen Systemen von außerordentlich hoher Komplexität zu tun, die sich allein schon aufgrund der Anzahl der von ihnen betriebenen technischen Anlagen einer lückenlosen Erfassung und präzisen Bestimmung ihres Risikoprofils und -potentials entziehen. Daß diese komplexen Risikosysteme Grenzen der informationellen Aufklärung markieren, wird auch von Kennern des Industrieversicherungsgeschäfts gesehen. So etwa heißt es bei Schmidt-Salzer/Schramm (1993, 210f.): „Wenn man sich näher mit Störfallanalysen beschäftigt, ist bei allem Bemühen der zuständigen Stellen um Gewißheit, Vergleichbarkeit, objektivierbare Beurteilungsgrundlagen usw. unverkennbar, welche erheblichen Bewertungs- und Quantifizierbarkeitsprobleme hier bestehen: Für Risikoquantifizierungen muß man vielfach mit erheblichen Streubreiten arbeiten, so daß bei näherer Betrachtung die zahlenmäßig dargestellten Risikofaktoren nicht die Genauigkeit haben und nicht die Bewertungspräzision bieten, die mit zahlenmäßigen Darstellungen eigentlich verbunden sind. Wenn das aber schon in diesem Kernbereich, der von hochspezialisierten internen und externen Mitarbeitern betreut wird, der Fall ist: Wie soll dann ein Haftpflichtversicherer dazu in der Lage sein? Vor allem aber: Wie soll das umsetzbar sein in konkrete Entscheidungen, wie im einzelnen auf welcher Deckungsumfang-Basis und mit welcher Prämie das Risiko versichert wird? [...] Wenn man andererseits die in immer mehr deutschen Unternehmen angelaufenen Fragen des Aufbaus eines Umweltschutz-Auditing vergleicht mit der auf den ersten Blick so plausiblen Forderung nach sicherheitstechnischen Gutachten als Grundlage für Umwelthaftpflicht-Deckungen, die man durchaus als externe Momentaufnahme und Basis für die laufende Fortschreibung betrachten könnte, dann zeigt sich, wie irreal diese Vorstellungen sind: Was im Betrieb von speziell dafür gebildeten und ausgestatteten Stabsabteilungen aus der genauen Kenntnis des Unternehmens und seiner Menschen heraus z.B. für das Auditing des Umweltschutzes als enorm komplexe und schwierige Aufgabe mit Dauercharakter betrachtet wird, ist mit Sicherheit auch nicht annähernd lösbar von außen mit naturgemäß zeitlich und sachlich viel begrenzteren Mitteln".

Neben diesem Problem komplexitätsbedingter Grenzen der individuellen Risikoermittlung und -bewertung tritt ein weiteres Problem, das sich, pointiert formuliert, wie folgt bezeichnen läßt: Durch Risikoanalyse wird, ganz entgegen den Erwartungen der Versicherer, Kalkulationssicherheit nicht erhöht, sondern zusätzliche Unsicherheit produziert. In gewisser Weise ist diese unsicherheitsgenerierende Wirkung der Risikoanalyse eine unbeabsichtigte Folge des ersten Problems. Insoweit nämlich davon ausgegangen werden muß, daß aufgrund der Komplexität des zu versichernden Risikos jede Risikoanalyse und -bewertung mit mehr oder weniger großen Ungenauigkeiten belastet ist, schafft dieses Verfahren gerade keine Klarheit und Eindeutigkeit im Hinblick auf zu erwartende Risiken, sondern zeigt im Gegenteil nur, wo Risiken bestehen, die in der Zukunft hohe Schadensleistungen der Versicherer wahrscheinlich machen. „Während das Operieren mit Schadensstatistiken das zu versichernde Gefahrenpotential als 'black box' behandeln konnte - über dessen Inhalt der Versicherer allenfalls und erst durch den Eintritt des Versicherungsfalls Klarheit gewann und der auch dann nur insofern interessierte, als damit neue Schadenswahrscheinlichkeiten berechnet werden konnten (restrospektive Risikoanalyse) -, versucht die prognostische Risikoanalyse ein 'whitening der black box', die erst sichtbar macht, wie 'schwarz' die versicherte Technologie ist. Hier greift dann auch die Asymmetrie wissenschaftlicher Aussagen: Sicher ausschließen kann die Risikoexpertise prinzipiell kein Risiko, Sicherheit als nun von den Versicherern vorausgesetzte Bedingung von Versicherbarkeit kann also nicht hergestellt werden“ (Schmidt 1994, 96).

Die Resultate unserer Untersuchung zeigen, daß das neue Umwelthaftungsrecht den Großunternehmen der chemischen Industrie bisher keine wirksamen Impulse zu verstärkten Vorsorgemaßnahmen vermittelt hat. Dies Ausbleiben von umwelthaftungsinduzierter Prävention ist (neben anderen Faktoren) auch ein Hinweis darauf, daß es den Versicherern bis jetzt nicht gelungen ist, dem mit der Übertragung des Haftungsrisikos verbundenen Abschwächungseffekt durch eigene risikopolitische Maßnahmen entgegenzusteuern. Es fehlen den Versicherern die dafür notwendigen Voraussetzungen in sachlicher, zeitlicher und sozialer Hinsicht. Die knappen Überlegungen dieses Kapitels sollten zeigen, daß es sich dabei um strukturelle Probleme handelt, die sich deshalb auch durch Versuche der Versicherer, die Verfahren der individuellen Risikoanalyse und -bewertung zu optimieren, wohl kaum werden auflösen lassen. In Kap. 6 werden wir die Frage diskutieren, ob sich für die generelle Idee, ökologische Prävention in Organisationen des Wirtschaftssystems zu motivieren, funktional äquivalente Kandidaten zum Haftungsrecht finden lassen. Insbesondere wird es dabei um die Leistungsfähigkeit von Öko-Audit-Verfahren gehen, deren zentrale Idee darin besteht, Organisationen einer unabhängigen externen Prüfung zu unterziehen, um organisationsinterne Steuerungsmechanismen in Richtung auf mehr Sicherheit und Prävention zu motivieren. Dieser Komplex orientiert sich jedoch in starkem Maße auf Verfahrenskontrolle anstatt auf direkte Handlungskontrolle (s. 6.4) und scheint insofern eine Art Zugeständnis an Grenzen technischer Komplexitätsbewältigung darzustellen.

6. Schlußbemerkungen

6.1. Wissen und Rationalität

Im Kontext von Entwicklungsrisiken symbolisiert die (regulative) Idee ökologischer Prävention die Kategorie ‚unlösbare Probleme', insofern auf die Paradoxie der Antizipation zukünftiger Ereignisse in der Gegenwart verwiesen wird (Japp 1996: pass., Luhmann 1991: pass.). Paradoxien haben virtuell blockierende Auswirkungen auf Realoperationen. Deshalb werden Paradoxien in handhabbare *Differenzen* der Kommunikation aufgelöst: Im Verfügungsbereich der Differenz von symbolischer und funktional-instrumenteller Kommunikation ist es vor allem die Differenz von *talk* und *action*, die einen Umbau der Präventionsidee in Realoperationen sozialer Systeme ermöglicht. Allerdings verliert die Idee ökologischer Prävention viel von ihrem Glanz. In ihrer operativen Gestalt wird sie dann zum Gegenstand der 'Kritik' (vgl. etwa Jänicke 1986/1992, Rescher 1983 u.v.a.m.). Während die industrielle Produktion von Gütern den Mythos formaler Rationalität (Meyer/Rowan 1977) hervorbringt, scheint die (Über-) Produktion von Nebenfolgen dieser Produktion den *Mythos der Prävention* zu begünstigen (Wildavsky 1989). In beiden Fällen besteht die Funktion des Mythos im Latenzschutz der *begrenzten* Rationalität einer instrumentell verfaßten Produktion von Gütern oder – von Sicherheit. Diesem Schutz dient der kritikfeste Verweis auf zentrale Merkmale von Modernität (Meyer/Rowan 1977, Brunsson/Olsen 1993, Brunsson 1989). Als Mythos erfüllt die Idee der Prävention diese Funktion unter anderem dadurch, daß ein von Realoperationen abgekoppelter Symbolkomplex eher die Umwelt von Systemen beeinflusst als diese selbst: Die Umwelt fokaler Systeme läßt sich davon überzeugen, daß diese Systeme sich 'präventionskonform' - also modern - verhalten. „The final strategy is to isolate (preventive - d.V.) reforms from operations, by, for example, reforming the environment rather than the organization itself. This type of isolation preserves beautiful ideas and the right to go on thinking" (Brunsson/Olsen 1993: 126).

Aber wie bereits angedeutet, leben wir nicht in einer Welt, die Ideen lediglich als operativ wirkungslose Repräsentationen des Schönen und Wahren mit sich führt. Als *talk* repräsentieren sie vor allem in Organisationen relevante Formen des Nichtwissens, in unserem Zusammenhang vor allem ungelöste Probleme der Vermeidung unerwünschter Nebenfolgen sozial akzeptierter Technologien. Und in Abweichung vom *mainstream* der neo-institutionalistischen Theorie kann nicht ausgeschlossen werden, daß symbolische Kommunikation über bloße Aufmerksamkeitssteigerung hinaus, sich zu funktional relevanten Operationen verselbständigt und in den 'technologischen Kern' eindringt, ohne daß dies nun wieder auf wohlmeinende Absichten ('mehr Prävention') zurückgeführt werden könnte (Feldman/March 1981, Hasse/Japp 1997, Japp 1996: 171f.). Vielmehr sind es gerade Störfälle und die durch sie ausgelösten Vertrauensverluste, die solche Verselbständigungen anregen. „And since reforms are often directed to particularly problematic areas, they risk giving heightened importance to those very goals that an organization has greatest difficulties in achieving" (Brunsson/Olsen 1993: 44). Die Transformation von Nichtwissen in (immer partielles Präventions-) Wissen läßt sich nur indirekt, evolutionär vorstellen. Sie wird vor allem also vermittelt durch irritierende Störungen und nicht durch unvermittelte Präventionsrationalität. Alles andere wäre der doppelte Mythos rational geplanter Prävention. Man könnte auch von der Paradoxie eines Präventionsrisikos sprechen, das sich in selbstgenerativen Reformen entfaltet. „One further explanation of the frequency of (preventive - d.V.) reform is that reforms tend to generate new reforms. Reforms often result from previous reforms, and the outcome of reforms is often new reforms: reforms tend to be self-referential. The reason for this is that reforms tend to increase the supply of solutions, problems and forgetfulness" (Brunsson/Olsen 1993: 42). Rationalitätsvisionen relativieren sich an der Selbstreferenz sozialer Kommunikation. Diese mag 'rationale' Effekte haben, aber dies kann dann sicher nicht auf Absichten zurückgeführt werden.

6.2. Politische Steuerung

Feldman und March bestimmen Effekte funktionaler Verselbständigung im Kontext nicht intendierter Kommunikationsverläufe. Sie argumentieren mit der Figur der Selbstreferenz sozialer Aktivität und nicht etwa mit guten (oder schlechten) Absichten: „New offices (z.B. Umweltbeauftragte in Wirtschaftsunternehmen - d.V.), however, are not passive. They affect their own functions" (dies.1981: 422). Die Autoren demonstrieren das am Beispiel des *flak-catching*, also der Abpufferung der Organisation gegen Kritik und Pressionen aus institutionellen Umwelten. Die *flak-catcher* entdekken Möglichkeiten, ihre eigene Bedeutung für die Organisation zu erweitern, Möglichkeiten, die Präferenzen anderer Basiseinheiten der Koalition zu beeinflussen und vor allem: Sie lernen, daß ihre eigene Bedeutung für die Organisation von der Bedeutung der Themen (des *flak*), die sie bearbeiten, selbst abhängt. In diesem Zusammenhang denkt man automatisch an die Rolle von Experten in Grenzstellenpositionen (‚Umweltbeauftragte'; s. plastisch dazu Heinelt/Töller 1999). Mit Hilfe sich zirkulär verstärkender Handlungen und Präferenzen rücken die *flak-catcher* allmählich in die sich ändernde Organisationskoalition ein und tragen so zur Verschiebung von substantiellen Zielen und Wertbindungen bei (vgl. Hasse/Japp 1997). „Like other behavior, symbolic behavior explores possible alternative interpretations of itself and creates its own necessity" (ebd.: 425). Aus Irritation wird Ordnung. Solche weniger pfadabhängigen Lernprozesse (Wiesenthal 1995) kann man sich besonders in Phasen mit erhöhter Rationalitätsbelastung (Suche nach Alternativen), also gemindertem Vertrauen in das normale Funktionieren vorstellen. Auf diese Weise verwickeln sich Organisationen in einen Strukturwandel – gegenüber etwa den ‚Handlungskernen' einer konventionellen Prävention -, der seine eigenen Fortsetzungsbedingungen generiert. Man kann wohl davon ausgehen, daß solche Dynamiken besondere Bedeutung für die oft anschlußschwachen Themen aus dem ökologischen Risikobereich erlangen können[1]. Im folgenden werden wir diesem Argumentationsstrang besondere Bedeutung zumessen, wenn es um funktionale Äquivalente für ausfallende Formen konventioneller Prävention geht (s.6.4).

Diese Formen nicht intendierter, gleichwohl aber durchsetzungsfähiger Kommunikation scheinen im gesamtgesellschaftlichen Kontext, der für Organisationen vorgegebenen ist, zu einer Evolution vor allem *politisierter* Organisationen zu führen, die mit der Unterscheidung von Rhetorik (*talk*) und organisatorischer Festlegung (*action*) operiert und damit auf die Unterscheidung von Transparenz/Wissen und Intransparenz/Nichtwissen organisations-spezifisch reagiert[2]. Man könnte auch sagen: Dieser Organisationstyp nutzt die Produktivität von Intransparenz (Luhmann 1992), während Transparenz unproduktive Gleichförmigkeit begünstigt. Insgesamt gesehen kommt es dabei zu einem komplizierten, dynamischen Gefüge aus den Differenzen Wissen und Nichtwissen, normativem und kognitivem Erwarten, sowie Vertrauen und Mißtrauen, das sich durch die Formen der symbolischen und der instrumentellen Kommunikation selbst steuert.

Aus anderer Perspektive gesehen, funktioniert diese organisatorische Selbststeuerung in einem Kontext von strukturellen Kopplungen zwischen (zumindest) Politik, Recht und Wirtschaft. Eingangs hatten wir unter Bezug auf die politisch-rechtliche Ausdehnung von Haftungskonditionen darauf hingewiesen. Man kann sich deshalb vorstellen, daß die ökologisch-präventive Selbststeuerung von Wirtschaftsorganisationen durch andere 'Einstellungen' solcher strukturellen Kopplungen irritiert werden und in andere - gesellschaftlich erwünschte[3] - Bahnen einschwenken (nicht: gelenkt werden) könnte. Wenn man sich dabei auf den ökologischen Haftungsrahmen konzentriert, scheinen drei Konstellationen größere Auftrittswahrscheinlichkeit zu haben. Wenn man eine Dreiteilung von möglichen Effekten struktureller Kopplungen zugrunde legt, nämlich Desorganisation, Indifferenz und positive Selbstorganisation (Teubner 1985), haben wir im (zurückliegenden) amerikanischen Fall die Variante der Desorganisation und im deutschen Fall die Variante der Indifferenz. Die amerikanischen Verhältnisse der achtziger Jahre, wie sie von Priest (1990) und Kleindorfer (1987) geschildert werden, sind vor allem durch *unbegrenzte* Haftung bestimmt. Von den Problemen der Versicherungsunternehmen einmal abgesehen, führt diese Zentralkondition zu unerwünscht hoher Risikoaversion mit teilweise dramatischen Produktions- und Innovationseinbrüchen (vgl. vor allem Priest 1990). Demgegenüber wirkt die gegenwär-

---

1 Der Aufschwung von Risiko- und Umweltverträglichkeitsprüfungen (Audits) oder gar -forschungen bei großen und also öffentlich beobachteten Firmen wie Hoechst ließe sich auf diese Weise rekonstruieren.

2 Politisierte Organisationen i.S. starker politischer *Komponenten* (gemäß Brunsson), also keineswegs nur Organisationen *der Politik*.

3 Wie immer problematisch dies nun wieder bewertet werden mag. Aber *wenn* die Politik über das 'Recht der Gesellschaft' (Luhmann 1993) ökologische Prävention zu steuern versucht, dann ist die Frage nach Möglichkeiten des *Nachsteuerns* auf jeden Fall erwartbar.

tige Situation in Deutschland so, als ob Politik und Recht von den amerikanischen Verhältnissen gelernt hätten: Haftungsobergrenzen von max. jeweils 160 Millionen DM (für Personen- und Sachschäden) bewirken selbst bei relativer Unterversicherung (20 Mill.) - zumindest bei den Großunternehmen der Chemieindustrie - keine substantiellen Präventionsanreize[4].

Wenn die Politik mehr, aber nicht 'zuviel' erreichen wollte, was könnte sie dann tun? Offensichtlich könnte sie allein schon wegen des endemischen ökologischen Nichtwissens und ganz abgesehen von mangelndem Steuerungswissen keinen Haftungsrahmen entwerfen, der im Rechtssystem akzeptiert und im Wirtschaftssystem zu positiver Selbstorganisation führen würde. Soviel Rationalität steht der Politik nicht zur Verfügung. Sie müßte aus der Sachdimension 'richtiger Konzepte' heraus und in die Zeitdimension auf Revidierbarkeit bedachter Nachsteuerungsoptionen hinein[5]. Das hieße, Haftungsobergrenzen nicht etwa abzuschaffen, aber sie hochzuziehen und abzuwarten, was passiert. Zwischen dem Verzicht auf Obergrenzen und (offenbar) zu niedrigen Obergrenzen könnte noch reichlich Experimentiermaterial für Variation liegen. Dies gilt um so mehr, wenn man die ebenfalls konservative Konstruktion der Beweislasterleichterungen hinzunimmt. Mit Rationalität haben wir es dann allerdings immer noch nicht zu tun. „Wenn man Gesellschaft weder auf Wissen noch auf Konsens gründen kann, bleibt immer noch die Möglichkeit, die Zeit besser zu nutzen und auf Änderbarkeit zu setzen" (Luhmann 1995: 30). Experimentieren und Änderbarkeiten hängen allerdings maßgeblich von Formen ‚unkonventionellen Lernens' in Organisationen ab.

Zu all der Unsicherheit kommt hinzu, daß die Politik in ihren operativen Möglichkeiten ebenfalls davon abhängig ist, wieviel Vertrauen sie etwa bei *ihrem* Publikum generieren oder auch verlieren kann. Sie kann deshalb schon aus politischen Gründen das (Umwelt-) Recht nicht beliebig (oft) ändern. Sie bleibt an die Evolution *politischer* Risikolagen gebunden (Japp 1996: 140ff.). Präventive Rationalität bleibt auch auf dieser Ebene und in diesem erweiterten Kontext ein Mythos moderner Gesellschaften, der die strukturdeterminierten Möglichkeiten der Politik, aber auch des Rechts und der Wirtschaft erfolgreich verdeckt. Wie steht es aber mit den (natürlich gleichfalls strukturdeterminierten) Möglichkeiten der *Organisationen*, die von diesen Regulierungen betroffen sind?

---

4 Wir unterstellen also ohne weitere Begründung, daß es operative Umsetzungsmöglichkeiten solcher Anreize gibt, obwohl man nicht wissen kann, woraufhin genau präveniert wird. Es würde sich in jedem Fall eher um einen Suchprozess (nach Problemen) als um einen Anwendungsprozeß (von Lösungen) handeln. Man kann auch sagen, daß es sich um die *Spezifikation* von ökologischem *Nichtwissen* handeln würde (s. dazu March/ Sproull/ Tamuz 1991 und Weick 1990).

5 Anstelle von Prävention also zunächst Risiko. Vergleiche zu dieser Notwendigkeit: Kirsch 1988.

6.3. Entwicklungsdynamiken

Wir haben in diesem abschließenden Kapitel zunächst zwei Entwicklungstendenzen notiert, die einerseits auf die mögliche funktionale Verselbständigung von Präventionssemantiken und andererseits auf die erwartbare Kontinuität von pfadabhängig operierenden ‚Handlungskernen' (etwa i.S. einer ‚konventionellen Prävention') Bezug nehmen. In diesem Bezug verkörpert sich die Differenz von *talk* und *action*, der auch politische Steuerung ersichtlich nicht auszuweichen vermag, insofern sie nicht am *talk* der zu steuernden Organisationen vorbei direkt auf deren ‚Handlungszentren' zuzugreifen vermag. Wir wollen diesen Zusammenhang unter dem Gesichtswinkel weiter entfalten, daß in der einen Hinsicht (*talk*) ‚zu viel', in der anderen hingegen (*action*) ‚zu wenig' gelernt wird. Wir haben diesen Gesichtswinkel bereits in Kap. 4 vorbereitet (‚Erfahrungen und Erwartungen unter Unsicherheit') und wollen ihn nun im Hinblick auf den Zusammenhang von ‚Risiko und Lernen' vertiefen. Wir gehen davon aus, daß uns dieser Bezug auf differentielle Risiko- und Lernpräferenzen in den stärker handlungs- und in den stärker legitimationsbezogenen Sektoren der organisierten Präventionskommunikation die Einschätzung von Entwicklungstendenzen erleichtern wird, die sich mit den empirischen Untersuchungsergebnissen konzeptionell verknüpfen lassen. Zentrale Fluchtpunkte bilden dabei die (lern- und risikotheoretisch signifikanten) Konzepte der ‚Inkompetenz'- und der komplementären ‚Kompetenzfalle' (s. bereits Kap. 4)[6], insofern diee eine Verbindung mit den Konzepten *talk* (Inkompetenzfalle) und *action* (Kompetenzfalle) aufweisen.

6.3.1. Risiko und Lernen

Lernen impliziert Experimentieren, das Beobachten von Resultaten und die Änderung zukünftiger Regeln auf der Basis der Interpretation dieser Resultate (March/Olsen 1995: 206ff.). Nimmt man die Diffusion und den Transfer von Wissen hinzu, werden diese Mechanismen der Um- und Einstellung kognitiver Erwartungen als ‚rationaler Kalkulation' überlegen angesehen. Allerdings unterliegt Lernen Beschränkungen:

- durch die Art, legitime Interpretationen zu erzeugen
- durch die Art, Grundgesamtheiten (*samples*) zu berücksichtigen. Manche Erfahrungen werden strukturell unterpräsentiert.
- durch die (*suboptimale*) Art, Ausbeutung vorhandenen Wissens (*exploitation*) und Entdecken (*exploration*) aufeinander einzustellen.

---

6 Es wird nicht ausgeschlossen, daß ‚insgesamt' gerade ‚richtig' gelernt wird, aber erstens kann man das erst *nachträglich* wissen – z.B. *nach* Bewältigung eines Entwicklungsrisikos (vgl. Japp 2000), zweitens ist der suboptimale Fall schlicht wahrscheinlicher (March 1994, March/Olsen 1995, Wiesenthal 1995) und drittens erscheinen uns die Indizien für diesen Fall durchweg aussagekräftig.

durch die Ökologie der Anpassung. In System und Umwelt wird gleichzeitig gelernt und in beiden Hinsichten kann es folglich zu gegenläufigen Effekten kommen. Man müßte immer schon wissen, wie die vom eigenen Lernen Betroffenen ihrerseits lernen.

Nicht nur in großen Organisationen unterliegen die Interpretationen von Erfahrungen erheblichen *biases* (s. die Heuristiken in Kap. 4) und wenn diese schwach ausfallen sollten, können die Lernresultate oft nicht *durchgesetzt* werden (s. die Ausführungen zur Funktionsweise von *talk*). Zuständigkeiten, Standardisierung und Verantwortlichkeiten behindern das (effektive) Entdecken neuer Optionen. Gut eingeführte Verfahren werden bevorzugt. Resultate werden bevorzugt im Sinne der Bestätigung früherer Handlungen interpretiert. Einfache Kausalitäten werden entfernten oder komplexen Ursachen vorgezogen. Interpretationen werden bevorzugt, die kollektives Einverständnis (*reliability*) erzeugen und weniger korrekte Verständnisse (*validity*). „This introduces a strong bias in favor of pooling judgements rather than pooling data" (ibid.: 208). In diese Kategorie typischer Einstellungen zu kognitiven Operationen gehört auch die (bereits aus Kap. 4 bekannte) Tendenz zur Überattribution von Ereignissen auf eigene Intentionen und insb. die Überattribution von Erfolgen auf eigene Absichten.

Stabilitätsdruck auf bestehende Regeln (s. nur 5.3.1) behindert die Handlungsaussichten aufgrund neuen Wissens. Nur Wissen, das von vielen und dies schon länger geteilt wird (im Unterschied zu neuem Wissen von Wenigen), hat eine Chance – aber dann ist es oft nicht mehr neu. Darüber hinaus funktioniert das Gedächtnis von Orgnisationen nicht zuverlässig: Erinnert wird nicht unbedingt das, was ‚der Fall' war, sondern was in der Gegenwart anschlußfähig ist. Lernen ist offensichtlich ein Mechanismus, der mit kurzen Reaktionsfristen operiert und ‚aufällige' Abweichungen eher minimiert (‚Pfadabhängigkeit').

Die Grundgesamtheiten von Erfahrungen (*samples*) unterliegen spezifischen Selektionen. Insbesondere führen seltene Ereignisse (Katastrophen/Innovationen) zu korrespondierenden Erwartungen, die solche Ereignisse tendenziell vernachlässigen – mit entsprechend kontraproduktiven Ergebnissen. Außerdem werden besonders Fehler und Mißerfolge unterrepräsentiert. Das *sampling* tendiert im Falle von Erfolgen zur Erwartung weiterer Erfolge und operiert mit einer gewissen Indifferenz gegenüber Mißerfolgen. Komplementäres gilt für Mißerfolge, die ebenfalls eine selbstverstärkende Selektion auslösen. Dies würde die Tendenz, Mißerfolge zu ignorieren, kompensieren. Allerdings verhalten sich erfolgs- und mißerfolgsinduzierte Selektionen nicht symmetrisch: Die starke Tendenz, sich in Erfolge kontinuierenden Nischen zu verschanzen, reduziert die Neigung, sich Fehlern auszusetzen. Weiterhin ist immer mit der Tendenz zu rechnen, Erfahrungen so zu interpretieren, daß sie vergangene Handlungen bestätigen. „Learning systematically undersamples failures" (ibid.: 213). Schließlich ist zu bedenken, daß Erfolg und Mißerfolg von Aspirationen (Präferenzen) abhängige Konstrukte sind. Und generell gilt: Im Unterschied zu sich verbessernden Relationen von

Performanz und Aspirationen (Erfolg), kommt es bei sich verschlechternden Relationen (Mißerfolg) zu einer relativ langsameren Anpassung der Aspirationen an die Verhältnisse. Diese Tendenz führt dazu, daß insgesamt mehr Erfolge in Mißerfolge umgedeutet werden als umgekehrt. So gesehen müßte die Tendenz zur Erfolgsselektion eigentlich kompensiert werden. Aber auch hier gilt, daß der Prozeß erst in Gang kommt, wenn die Interpretationskapazität von Erfolgserwartungen erschöpft ist, sich also Mißerfolgserwartungen etabliert haben, die eine Inkompetenzfalle begünstigen. Lernen begünstigt jedoch gerade keine Inkompetenzfallen, sondern Erfolgszurechnungen und also Kompetenzfallen. Es begünstigt Konventionen (Wiesenthal 1995).

Man kann diese Ergebnisse dahingehend zuspitzen, daß Lernen effizient und kurzfristig funktioniert im Sinne des Ausbeutens (*exploitation*) inkrementaler Verbesserungsmöglichkeiten. Demgegenüber liegt der Sinn von Anpassung im langfristigen Entdecken (*exploration*) innovativer Ideen, Verfahren etc. Lernen und Anpassung dokumentieren dann die Differenz von Ausbeutung und Entdecken. Lernen ist kurzfristiger feedback auf (interpretierte) Erfahrung. Dies führt zu fokussierter Suche nach naheliegenden Verbesserungen, zu fokussierter Praxis in gut eingeführten Verfahren und zu fokussiertem *sampling* (von ‚überlegenen' Lösungen). Lernen führt deshalb maßgeblich in Kompetenzfallen, die relevante (nicht so ‚erfolgreiche') Alternativen ignorieren und – in geringerem Maße – in Inkompetenzfallen, die relevante Alternativen gerade aufspüren, ihnen aber nicht genügend Aufmerksamkeit schenken (‚rapid learners'). Beide Optionen gefährden das Maß längerfristig möglicher Anpassung. Schließlich kann man sich vorstellen, daß Kompetenz- und Inkompetenzfallen interagieren und diese Interaktion an Grenzen gerät (dokumentiert durch Störfälle und/oder Entwicklungsrisiken), die unterschiedliche Pfade der technisch-ökologischen Entwicklung bloßlegen[7].

Summarisch läßt sich festhalten: The long-run adaptiveness of (...) institutions will frequently be improved by decreasing the rate of experimentation in the face of failure (in order to avoid the failure trap and gain the advantages of experience) and in increasing the rate of experimentation in the face of success (in order to avoid the success trap and gain the advantages of exploration)" (ibid.: 218). Mit diesem komprimierten Ausdruck für die operative Differenz zwischen Ausbeutung (*exploitation*) und Entdekken (*exploration*), sowie den damit verbundenen Kompetenz-, resp. Inkompetenzfallen wollen wir einige Schlußfolgerungen begründen, die uns durch die empirischen Ergebnisse der Untersuchung und durch die bereits skizzierten Interpretationen (s. insb. Kap. 4) angezeigt scheinen.

1. Die Nichtsteigerbarkeit des Sorgfaltsniveaus der Prävention durch die Umweltgefährdungshaftung ist keineswegs gleichbedeutend mit Nichtsteigerbarkeit *präventiver Kommunikation*. Die öffentliche Kommunikation über Sicherheitsfragen und die (dazu

[7] Diesen Gesichtspunkt wollen wir im folgenden für die Differenz von Störfallen und Entwicklungsrisiken ausbauen.

komplementäre) innerorganisatorische Kommunikation (*flak-catching*) generieren durchaus strukturelle Effekte. Wir vermuten, daß diese sich an der Blockade direkter Prävention vorbei einen Weg in ‚indirekte' Verfahren der Prävention (‚auditing') bahnen (s. Abschnitt 5.4.7 und 6.4). Diese indirekten Verfahren wollen wir zweifach (oder: ambivalent) bewerten: Einerseits scheinen sie sich insbesondere aus Komplexitätsgründen (insb. der Entwicklungsrisiken) als funktionale Äquivalente zu herkömmlicher Prävention durchzusetzen. Andererseits weist besonders das Auditing strukturelle Züge einer Inkompetenzfalle auf: Inkompetenzfallen resultieren aus schnellem Experimentieren (Varietät) ohne Bezug auf Stabilitätsanforderungen. Mißerfolgserwarungen dirigieren die Suche nach Alternativen im Modus des Mißtrauens in diese Alternativen und im Modus der aus diesem Mißtrauen resultierenden Ungeduld. In Inkompetenzfallen verrennen sich ‚rapid learners', die kaum eine Alternative ernsthaft prüfen und im Ergebnis Vertrauen durch ‚Komfort' substituieren (Power 1997a). Der Fall Nick Leeson (und die Barings Bank) könnte als Beispiel für eine Inkompetenzfalle dienen aber eben auch Auditing.

2. Der Zusammenhang von Risiko, Versicherung und Störfall scheint uns in der Dimension eines *balancierten Verhältnisses* von Kompetenzfalle (Produktion: 5.3.1) und Inkompetenzfalle (relative Zunahme des Auditing; s. 5.4.7 und 6.4) zu liegen (s. 5.2.3/5.3.1d): Mit mittlerer bis hoher Wahrscheinlichkeit bricht die Kompetenzfalle im Störfall auf, wird (mit wachsendem Technikstandard in zunehmendem Maße) durch periphere Maßnahmen (Auditing) repariert und dadurch auf mitelfristigem Reproduktionskurs gehalten. Die starke Kompetenz im herrschenden Produktions- und Präventionsparadigma sorgt dafür, daß aus den peripheren Maßnahmen gerade so viel gelernt werden kann, daß das System sich durch Störfälle mit mittlerer Wahrscheinlichkeit genügend Anpassungschancen verschaffen kann (s. Ewald 1998 sowie Abschnitt 6.5). ‚Genügend' soll heißen, daß Anpassungsdruck gerade so weit ‚aufgelöst' wird, daß weiterhin auf einem Störfallpfad mit mittleren Wahrscheinlichkeiten gelernt werden kann. Auf diesen Störfallpfad stellen Organisationen sich ein, weil er von relevanten Umwelten akzeptiert wird[8].

3. Der Zusammenhang von Risiko, Versicherung und Entwicklungsrisiko scheint uns in der Dimension eines *unbalancierten Verhältnisses* von Kompetenzfalle (Produktion) und Inkompetenzfalle (s. 5.2.3/5.3.1 und für Auditing: 5.4.7 und 6.4) zu liegen: Mit sehr niedriger Wahrscheinlichkeit bricht die Kompetenzfalle im Entwicklungsrisiko auf, wird durch periphere Maßnahmen (Auditing) repariert und auf langfristigem Reproduktionskurs gehalten. Trotz der starken Kompetenz im herrschenden Produktions- und Präventionsparadigma kann aus den peripheren Maßnahmen nur so viel ge-

[8] Das heißt: Strenge und dementsprechend sehr teure Prävention, mit dem Ziel, Störfälle in den Bereich geringer Wahrscheinlichkeiten abzudrängen, würden *nicht* akzeptiert: Die Kosten (i.e. Wohlfahrtsverluste) wären zu hoch.

lernt werden, daß das System sich nicht durch Störfälle mit mittlerer Wahrscheinlichkeit, sondern – gleichsam ‚zusätzlich' - durch Entwicklungsrisiken mit sehr geringer Wahrscheinlichkeit (aber hohen Kosten) Anpassungschancen verschaffen kann. Auch in diesem Fall ‚lernt' das System durch eine Kombination aus Kompetenz und Inkompetenz. Die Alternative bestünde offensichtlich darin, Strukturprävention zu ökonomisch unvertretbaren Kosten zu betreiben (s. etwa Weinberg 1972) oder aber die Investitionstätigkeit einzustellen. Diese Anpassungschancen müssen vor dem Hintergrund öffentlicher Erwartungen an die Sicherheit der industriellen Produktion und besonders auch vor dem Hintergrund der organisationsinternen Sicherheitserwartungen als ungenügend bewertet werden (s. Ewald 1998 sowie Abschnitt 5.3.1 und 6.5).

Eine balancierte Entwicklung stellt Lernen und Anpassung so aufeinander ein, daß diese sich nur so weit behindern, daß es zu Ergebnissen kommt, die öffentlich akzeptierten Sicherheitsstandards entsprechen. Im unbalancierten Fall ist dies nicht der Fall.

6.4. Funktionale Äquivalente für Prävention

Die Schwierigkeiten, die sich ergeben, wenn die Konstruktion des Entwicklungsrisikos mit der Idee der Prävention zusammengedacht wird, pointiert vielleicht am schärfsten Francois Ewald (1998). Er stützt sich auf den Fall des Entwicklungsrisikos, um den Zusammenhang von Haftung, Versicherung und Prävention auf das neunzehnte Jahrhundert und auf das mittlere zwanzigste Jahrhundert zu reduzieren. Für das späte zwanzigste Jahrhundert postuliert er das Prinzip der ‚Vorbeugung', das sich nicht mehr auf die Gewißheit der Wissenschaft stützt, sondern auf deren Ungewißheit im Hinblick auf zukünftige Schäden gegenwärtig für sicher gehaltener Erkenntnisanwendungen – Entwicklungsrisiken eben. Die Unterscheidung zwischen Prävention und ‚Vorbeugung', die Ewald aus dieser Konstellation ableitet, bereitet einen (epochalen) Übergang von der Bestimmtheit der Prävention zur Unbestimmtheit der ‚Vorbeugung' vor. „Solange Gewißheit über die Folgen einer Handlung herrscht, bewegt man sich noch in der Logik der Prävention – mit allem, was dies einem klassischen Begriff von Verantwortung und Haftung zufolge einschließt. Der Begriff der Vorbeugung dagegen ist auf Situationen zugeschnitten, in denen zwischen einer Ursache und einer Wirkung allenfalls eine Beziehung der Möglichkeit, der Eventualität, der Wahrscheinlichkeit sich herstellen läßt, ohne daß man einen stichhaltigen Beweis für sie erbringen könnte" (Ewald 1998: 14). Entsprechend unbestimmt fällt die Beschreibung des Prinzips der ‚Vorbeugung' aus. Diese erscheint mehr als eine generalisierte – im Einzelnen dann wieder unbestimmte – Vorsicht, als antizipatives Mißtrauen.

An diese Argumentation läßt sich insofern anschließen als die ‚Normalisierungsfunktion' der Versicherung in Frage gestellt wird. „Aber die Entscheidung selbst ist (...) zugleich die Auflösung des (Risiko-, d.V.) Paradoxes. Sie schafft einen jeweils neuen Ausgangspunkt für *andere* Zukunftsperspektiven, andere Gegenwarten, andere

Oszillationen, andere Entscheidungen. Ein so enger Zusammenhang von Zeit, Risiko und Entscheidung versteht sich nicht von selbst. (...) Er bedarf daher einer Institutionalisierung, einer Normalform, an die man sich in spezifischen Situationen halten kann. Und genau das leisten Versicherungen" (Luhmann 1996: 282). Wenn sie nun genau das nicht mehr leisten (oder nurmehr sehr bruchstückhaft), wie gerade die Gefährdungshaftung zeigt (s. Kap. 3 und 5.4), auf welche Institutionalisierungen des Verhältnisses von Risiko, Zeit und Entscheidung rekurriert die Gesellschaft dann? Ewald meint: Generalisierte Aufmerksamkeit für ,Vorbeugung', praktisch die Institutionalisierung des *Zweifels*. Ewald sieht die daraus resultierende Lähmung aller Innovation und verweist auf ,vertretbare Vorsicht' (ibid.: 23). Ladeur (1987/1992 u.v.a.) verweisen auf ,Risikovorsorge', die gegenüber der Abwehr einer konkreten Gefahr das Prinzip einer bloß *möglichen* Schädigung institutionalisieren soll. Auch in diesem die gesamte Regulierungsdebatte beherrschenden Institutionalisierungsprinzip einer ,Normalform' (Japp 1999) ist es die Unbestimmtheit der ,Prävention', die den Akzent setzt.

Uns interessiert an dieser Stelle nicht, ob diese Unbestimmtheit für die Beschränkung der gesellschaftlichen Risikoproduktion *überhaupt funktional* sein kann (Hiller 1999, Japp 1999). Es interessiert hier lediglich, ob sich empirisch zeigen läßt, daß sich – gleichsam komplexitätsbedingt – ein ,unbestimmter', ,indirekter' und technisch gesehen ,unzuverlässiger' Präventionsstil durchsetzt und herkömmliche ,Normalformen' des Zusammenhangs von Zeit, Risiko und Entscheidung abzulösen beginnt. Ein solcher Präventionsstil scheint sich in Form des ,Auditing' zu institutionalisieren (s. Abschn. 5.4.7)[9].

6.4.1. Auditing

Merkmale im Verhalten von Organisationen wie operative Geschlossenheit wie auch die Typik dynamischer technischer Systeme schließen es zunehmend aus, eine Risikoprävention auf der Ebene gezielten Eingreifens in Organisationen anzusetzen. Präventionsbemühungen sind offenbar darauf angewiesen, indirekt in Organisationen hineinzuwirken und zwar nicht auf der Handlungsebene, sondern genereller auf der Verfahrensebene. Die Verfahrensrationalität (im Gegensatz zur Handlungsrationalität) besteht darin, Verfahrensweisen zu beobachten, ohne auf ein Detailwissen der Handlungsebene zurückgreifen zu müssen, ja überhaupt auf die Handlungsebene durchgreifen zu müssen. Formen indirekter Steuerung in Organisationen werden auch in der Technik-

[9] Die folgende Kritik am Auditing behauptet gerade nicht, daß es eine Alternative gäbe – dies wäre eben der Mythos ,substantieller Prävention'. Andererseits schließen wir nicht aus, daß es dem Audit so geht wie dem *flak-catching*: Es könnte (langfristig) zu Resultaten führen, die ggw. nicht in Reichweite sind.

soziologie diskutiert[10]. Handelt es sich um Technologien in unserem Sinne als ‚neuartige' Risiken, die Mehrdeutigkeiten und Zufälligkeiten erzeugen, aber keine eindeutigen Ursache-Wirkungs-Zusammenhänge aufweisen (zeitlich gesehen: Entwicklungsrisiken), sind Kontrollmechanismen und Bemühungen der Schadensprävention auf indirektes Beobachten auf der Verfahrensebene angewiesen.

Im Falle unsicherer Entscheidungsbedeutungen im Sinne mehrdeutiger Beziehungen zwischen Handlung und Folgen, verbleibt als Kontrollmechanismus nur die *Prämissenkontrolle* (Weick 1990: 35). Gemeint sind damit Verfahren der Verhaltensevaluation und Regeln der Aufmerksamkeitsverteilung in Organisationen. Unter ähnlichen Gesichtspunkten stellt Michael Power im Zusammenhang der Steuerung neuer Techniken und neuer Haftungsbedingungen das *„Auditing"* als Kontrolle der Kontrolle vor: „By this I mean that audits are generally indirect methods of control which act primarily upon control systems, which, to varying degrees, have been created for the audit process" (Power 1997: 140). Die generelle Idee des Auditing ist die, Organisationen einer unabhängigen, externen Prüfung zu unterziehen, um interne Steuerungsmechanismen in Richtung auf mehr Sicherheit und Prävention zu motivieren. So wird die Autonomie und operative Geschlossenheit der Organisation akzeptiert und auf einen direkten, steuernden Zugriff auf die Handlungsebene der Organisation verzichtet. Statt dessen beobachtet der Auditor (normalerweise ein autorisierter Angehöriger eines Überwachungsvereins wie der TÜV oder einer verbandlichen Einrichtung wie das DIN oder der VDI) lediglich die globale Ebene der organisatorischen Ablaufvorschriften und Kontrollinstanzen in der Erwartung und Hoffnung, dadurch Präventionsbemühungen und letztlich mehr Sicherheit auf der Handlungsebene, auszulösen.

Auditing ist kein fest umrissenes Konzept und kann die verschiedensten Formen annehmen. Anspruchsvolle Konzepte laufen auf ein umfassendes „Qualitätsmanagement" hinaus[11]. Sicherheits- und Qualitätsmaßstäbe setzen dabei nicht am Endprodukt an, sondern früher und umfassender am gesamten Produktionsablauf, inklusive Forschung und Entwicklung, Konstruktion, Herstellung und Verkauf. Die gesamte Organisation ist nach Qualitäts- und Sicherheitsstandards organisiert (Brüggemeier 1994: 90f.). Elemente sind transparente Verantwortungstrennung, interne Audits, ein Dokumentationswesen und die Orientierung am internationalen Maßstab ISO 9000. Dies Qualitätsmanagement erstreckt sich mittlerweile auch auf den Umweltschutz. Standards der Qualitätssicherheit (DIN-ISO 9000-9004) sind ergänzt worden durch Umweltschutzstandards (s.Brüggemeier 1994: 90f). Schließlich sollen die umfassenden Umweltschutzkonzepte die "end-of-the-pipe"-Philosophie der großen Unternehmen ersetzen.

In Anlehnung an Bestrebungen in den USA gab es 1992 auf EU-Ebene einen Vorschlag zur freiwilligen Teilnahme von Unternehmen an "eco-audit"-Maßnahmen (enviromnental protection audit) mit folgenden Zielen:

---

10 Vgl. zum folgenden Weick (1990).

11 S. Heinelt/Töller 1999.

- die Etablierung von Umweltschutzsystemen, -maßnahmen in Betrieben
- eine regelmäßige Evaluation des Umweltschutzverhaltens solcher Systeme
- die Veröffentlichung von Umweltschutzmaßnahmen[12].

Das ‚eco-auditing' basiert auf Freiwilligkeit und dieses Kontrolleinverständnis kann der Betreiber sich durch ein Logo zertifizieren lassen (Brüggemeier 1994: 91). Von zentraler Bedeutung für die Unternehmenshaftung ist das Verhältnis von Gefährdungshaftung (strict liability) und Verschuldenshaftung (negligence liability) (vgl. Brüggemeier 1994: 91). Innovationen liegen wohl in einer Kombination staatlicher Steuerung "von oben" mit Maßnahmen des Selbst-Auditing. Nicht mehr das herkömmliche Delikt führt in einen Haftungsfall, sondern Fehler in der Unternehmensführung - so eine mögliche Zukunftsvariante in der Unternehmenshaftung (vgl. ebenda). In Verbindung mit einer Beweislastumkehr schafft das Recht möglicherweise Anreize, Organisationen zur Installation von Qualitätsmanagements zu bewegen. Das Anreizsystem kann komplettiert werden durch eine günstige Beeinflussung von Versicherungsprämien. Im Schadensfall kann das Unternehmen durch sein Dokumentationswesen auf seine "Fehlerhaftigkeit" untersucht werden. Sind die Qualitäts- und Umweltschutzsysteme ungenügend, können sie eine Haftung begründen.

Die entscheidende Frage ist natürlich die, ob die beschriebenen Verfahren des Qualitätsmanagements, des Auditing und der Prämissenkontrolle lediglich formale Verfahren zur Außendarstellung und zur Gewinnung von Legitimation sind, oder ob daraus Entwicklungen substantieller, organisierter Präventionsbemühungen hervorgehen können. Die folgenden Überlegungen konzentrieren sich darauf, diese internen Bemühungen einzuschätzen und zwischen symbolischem Gehalt und substantiellen Lernmöglichkeiten zu unterscheiden. Erfahrungen mit Auditing legen es nahe, solche Verfahren zu verdächtigen, lediglich wegen ihres symbolischen Gehalts durchgeführt zu werden. Das Charakteristische von symbolischen Handlungen liegt darin, daß sie keine Auswirkungen auf die konkrete Handlungsebene haben, Handlungsebene und Symbolebene vielmehr voneinander abgekoppelt sind (Brunsson 1989). Genau das läßt sich bei Auditing-Prozessen beobachten.

Eine zentrale empirische Kritik am Auditing besteht darin, daß die gestellten Sicherheitsanforderungen nur sehr vage formuliert sind und oftmals Aussagen des Auditors, zum Beispiel über die Effizienz von Kontrollen, mit übertriebener Vorsicht vorgetragen werden (Power 1997). Auch liefern Audits oftmals keine Verbesserung in der Transparenz einer Organisation. Es wird zwar festgestellt, daß kontrolliert wurde, die Ergebnisse werden aber nicht veröffentlicht. Kritische Töne sind eher die Ausnahme und zwar notwendigerweise deshalb, weil die zu kontrollierenden Sachverhalte

---

12 Speziell in Deutschland ist dieser Ansatz der Selbstregulation 1990 mit dem öffentlichen Recht verknüpft worden, und zwar im § 52a BImSchG. Danach wird Unternehmen eine Informationspflicht über ihre Umweltschutzmaßnahmen und darüber auferlegt, wer im Unternehmen/in der Korporation mit der Einhaltung der Bestimmungen beauftragt ist.

viel weniger eindeutig sind als zum Beispiel bei Delikten. Die Kontrollen eines externen Auditors sind daher "dialogisch" (statt hoheitlich) angesetzt. Besonders da, wo Standards nicht genau definiert sind, wird es zur Verhandlungssache, was eine richtige, d.h. angemessene Sicht auf die Dinge eigentlich meint. "Enforcement in inspections, like that of auditing, tends to take the form of 'interpersonal bargaining within the context of a license (sic), a consent, or permit, and often takes place in morally uncertain territory in which values, technology and business intersect' (Power 1997: 130) Beim Auditing ist der Tatbestand eines Vergehens genuin undeutlicher und Verhandlungssache, denn beobachtet wird nicht auf der Ebene der Einzelhandlung, sondern auf der globalen Ebene der Betriebsführung ("management system"). „Unlike inspectors who fail to discover a health hazard which causes loss of life, auditors may have greater leeway to negotiate the facts of failure" (ibid.). In der Konsequenz führt das dazu, daß Kontrollen dazu neigen, leicht einklagbare Verstöße festzustellen und dabei aber versteckte Risiken mit weniger eindeutigen Ursachen (also unser eigentlicher Gegenstand) zu übersehen.

Ein weiterer Kritikpunkt besteht darin, daß Auditing den zu prüfenden Gegenstand selbst erst konstruiert. Denn Prüfungen sind ihrerseits nicht neutral, sondern konstruieren Organisationen, Technologien und Arbeitsabläufe überhaupt erst in einer Art und Weise, die sie überprüfbar machen (Power 1997a). Prüfungen sind darauf angewiesen, Abläufe sichtbar zu machen und erschaffen sie in diesem Sinne, während nicht-sichtbar gemachte Abläufe notgedrungen durch das Prüfungsnetz fallen. Daher gibt es einen engen Zusammenhang zwischen Auditing und formalen Organisationen: Einführung von Formalisierungen, formalen Kontrollschritten, Dokumentationswesen, etc. (Meyer/Rowan 1977). Geprüft werden dann aber nur selbstgeschaffene Fakten - was dadurch unbeobachtet bleibt, bleibt unbeobachtet; Auditing erzeugt somit, wie jedes soziale System, seinen "blinden Fleck".

Symbolische Normen wie formale Verfahren haben die Tendenz, sich selbst zu stabilisieren, und genau das ist auch beim Auditing zu beobachten. Wohl durch den hohen gesellschaftlichen Stellenwert formaler Verfahren und Zertifikate bedingt (ibid.), wohnt dem Auditing die inhärente Tendenz inne, unter Absehung substantieller Ergebnisse sich selbst zu stabilisieren. In dieser Sichtweise ist Auditing eine sich selbst stabilisierende Modeerscheinung, ein Skript, dessen Kern darin besteht, "Beruhigungseffekte" zu produzieren; darin der Spirale von Expertise und Gegenexpertise der "Risikogesellschaft" (Beck) verwandt – aber eben auch dem Grundmuster des ‚flak-catching'. Der Mechanismus ist darauf zurückzuführen, daß Auditing ironischerweise auch Mehrdeutigkeiten erzeugt, statt sie zu beseitigen und daher die Unsicherheit vergrößern kann, statt sie zu verkleinern. "In fact the audit signature had 'more limited and ambiguous meaning' than regulators imagined or wished to acknowledge" (Power 1997: 141). Um diese Pathologien zu bearbeiten, werden weitere Audits eingeführt und so eine positive Selbstverstärkungsspirale ausgelöst. "As an institutionalized practice auditing tends to be self-perpetuating regardless of relevance to or achievement of goals..." (Power 1997, S. 141).

Auditing wird zum anerkannten Werkzeug des Risikoumgangs und so ist Auditing nicht nur ein Kind der Risikokommunikation, sondern heizt diese ihrerseits an: "The audit explosion suggests that audit is emerging as a powerful institution of risk processing" (Power 1997: 139).

6.4.2. Auditing: Kontrolle und Vertrauen in der Risikokommunikation

In einer intransparenten Zukunft gehen immer Kontrolle und Vertrauen Hand in Hand (Giddens 1990). Schließlich kann man nicht endlos die Kontrolle kontrollieren. Technische und organisatorische Systeme entwickeln die inhärente Tendenz, einem Überwachungsapparat oder - verfahren *zu vertrauen,* und sind (auch) deshalb riskant. Und die Gesellschaft vertraut ihrerseits den internen Organisationsverhältnissen. Kommt es nun zu Mißtrauensverhältnissen, wird Auditing als Lösung gesehen, die Vertrauenswürdigkeit von Organisationen zu überprüfen. Die "audit-society" ist eine Gesellschaft, die dem Vertrauen nicht mehr vertraut, "... it reflects a tendency not to trust trust" (Power 1997: 136). Naives Vertrauen wird durch institutionalisiertes Vertrauen in den Auditprozeß ersetzt. "From this point of view audit is a 'second order trust relationship' which polices trust. And only trust can really guard this growing population of guardians of trust" (Power 1997: 135). Auch hier sieht man, wie die "audit-society" in eine sich selbst verstärkende Spirale von Vertrauensabbau und –aufbau (s. oben: failure/success) hineingerät. Steigen die gesellschaftlichen Erwartungen an Kontrolle, geht die Entwicklung von Kontrollmaßnahmen bis hin zur Ausbildung von nur noch "symbolic legitimation". Und die These ist die, daß Auditing eine Ausprägung dieser Entwicklung ist.

Dabei ist auf einer zweiten Ebene der Auditprozeß seinerseits auf Vertrauen angewiesen. Ein Audit-Prozeß setzt immer Vertrauensverhältnisse voraus, Vertrauen in andere Experten, Vertrauen in die Unterlagen und die Dokumente der Organisation und Vertrauen in die Aussagen und Versicherungen des Managements. Die beobachtete Organisation muß also eine interne, vertrauenswürdige Selbstbeobachtung aufweisen (control culture of the auditee), damit auditing überhaupt anlaufen kann (Power 1997: 136). "The external audit of management systems is essentially a form of trust in self-audit and self-assessment capability and the development of such systems ... is an attempt to build trustworthiness into organizations" (Power 1997: 136).

Letztlich aber handelt es sich um einen zertifizierten Umgang mit Nichtwissen (Power 1997: 137). Dabei entstehen jene Art von *"Ersatzzertifikaten"* und Zusatzeinrichtungen (Power 1997: 135), die Vertrauenswürdigkeit bescheinigen sollen und große Bedeutung besitzen in der Ersetzung eines alten Vertrauensverhältnisses durch ein neues[13]. So vertraut die "audit-society" einem Mechanismus, der keine handfesten Er-

---

[13] Zu denken wäre hier z.B. auch an das Hochschrauben von Grenzwerten, denen man dann mehr ver- oder zutraut als den alten, dabei aber das Problem der Intransparenz nur vor sich herschiebt.

wartungen zuläßt. "So should a society really trust a practice which does not take steps to ensure that it does not create excessive expectations? Audit may be trusted to produce and reaffirrn trust only because its real nature is widely misunderstood" (Power 1997: 137). Das hängt wohl mit der Altemativlosigkeit der indirekten Kontrollformen des Auditings zusammen. Als letzte Kontrollinstanz installiert, kann die Gesellschaft sich nicht erlauben, Auditing massiv zu mißtrauen. Auditing muß gegen zuviel Mißtrauen immunisiert werden[14].

Die angesprochene Immunisierung von Audits gegenüber zuviel Mißtrauen verläuft ritualisiert, denn eine rationale, folgenorientierte Begründung für mehr oder für weniger Auditing kann es bei den diffusen Verhältnissen zwischen Mitteleinsatz und Zielerreichung nicht geben. „In this way administrative technologies such as accounting. and audit are not simply technical artefacts but represent a powerful 'symbolic' resource..." (Power 1994: 376). Das Kennzeichen von Symbolen und Ritualen ist wie gesagt, daß sie von konkreten Eingriffen auf die Handlungsebene abgekoppelt sind: "(Accounting) may function, not so much to facilitate decision making as to 'rationalized' decisions which have already taken place, that is to ceremonilize organizational action within an accounting model and to reaffirm hierachical structures, rather than to provide 'information...". (Power 1994: 376). Umwälzende Ergebnisse dürfen dann natürlich nicht erwartet werden: "Certification rather than non-certification must be the rule; comfort rather than discomfort must be produced" (Power 1997: 126).

Die Inszenierung von Kontrolle und der Beruhigungseffekt ("comfort") von Auditing gehen einher mit der Abschirmung des technischen Kerns und ermöglichen dort "business as usual". Die dortige Abschirmung von Irritationen führt den technischen Kern möglicherweise in eine Kompetenzfalle: „In ... high-reliability systems, most individual decision makers never experience a failure. They come to think the system is more reliable than it is. This exaggerated confidence in the reliability of the system is likely to lead to relaxation of attention to reliability and to a degradation of reliability over time" (March 1994: 43). Es ergeben sich Präferenzen für vorhandenes Wissen und Vertrauen in die Vergangenheit. Die Bearbeitung von Irritationen allein auf der symbolischen Ebene und die damit einhergehende Abschirmung der Handlungsebene stabilisiert die dortigen Sicherheitserwartungen. Diese entstehen also nicht aufgrund faktischer Kontrolle (die es nicht geben kann), sondern (auch) durch die symbolische Begrenzung von Unsicherheiten und Nichtwissen durch ,Formen' wie Dokumentations- und Informationsaktivitäten (vgl. Japp 1997c: 89). Die Übertreibung der ritualisierten Formen von Überprüfung verdecken so den Blick auf instrumentell möglicherweise sinnvolle Irritationen; Auditing wird durch übertriebenes Vertrauen in Zertifikate selbst zum Risikoherd. "In place of reflection on the need for auditable account giving, there are increasingly formalized rituals of accounting and verification. And

[14] Dies entspricht in einem gewissen Sinne auch der ,Grundstimmung' dieses Endberichts: Es gibt nur die Prävention, die es gibt (s. 6.3.1)! Damit müssen Beteiligte und Betroffene dann zurecht kommen.

this means that trust in auditing may be risky" (Power 1997: 138). Diesem Risiko zu begegnen setzt voraus, die instrumentelle und symbolische Seite von Auditing auseinanderhalten zu können. "The problem of the epistemological obscurity of audit means that it is difficult to disentangle instrumental effects from certain staging of control; audit practice is a form of social control talk" (ibid.: 141).

Die organisationsstrukturelle Unterscheidung in *action* und *talk* (Brunsson 1989) erlaubt so, die paradoxe Idee der Prävention noch unbekannter Risiken (*Entwicklungsrisiken*) in den Organisationsalltag einzubauen. Beschränkt auf die symbolische Ebene der Organisation, verliert die Prävention natürlich ihren Glanz[15]. Sie wird zum Mythos: Die Organisation stellt sich als modern dar und verändert (und beruhigt) damit mehr die Umwelt als sich selbst. Wenn wir also eine operativ wirksame Differenz zwischen kausal fest gekoppelter Prävention (technische Prävention) und kausal lose gekoppelter Prävention (Auditing) voraussetzen und darüber hinaus annehmen, daß diese Differenz auch einen zeitlichen Durchsetzungsprozeß indiziert (‚flak-catching'), dann ergeben sich starke Anzeichen für jene Inkompetenzfallen, die durch moderne Formen der Prävention selbst ausgelöst werden[16]. Es ist allerdings davon auszugehen, daß diese Inkompetenzfallen in spezifischer Weise mit (eher direkt produktionsbezogenen) Kompetenzfallen interagieren.

6.5. Perspektiven ökologisch-technischer Sicherheit in industriellen Organisationen: Ausbeutung und Entdecken

Einen systematischen Ausgangspunkt für eine zusammenfassende Abschlußaussichtsperspektive können Argumente bilden, die March und Olsen (1985) entwickelt haben. Die Autoren argumentieren, daß Organisationen zu Kompetenz- und Inkompetenzfallen tendieren. Inkompetenzfallen resultieren von schnellem Experimentieren (Varietät) ohne Bezug auf Stabilitätsanforderungen. Der Fall Nick Leeson und die Barings Bank können als Beispiel für Inkompetenzfallen dienen aber auch Auditing. Kompetenzfallen resultieren aus positiv bewerteten Erfahrungen und daran anschließenden Verbesserungen des Wissensstocks ohne Bezug auf Umweltvariation, wie Präferenzwandel. Man verfolgt nur die Präventionsprogramme weiter, die man schon kennt. Kompetenzfallen sind auf *Ausbeutung* (schon bekannten Wissens) gegründet, Inkompetenzfallen auf (mißerfolgsinduziertes) *Endecken* neuer Alternativen: Auf der einen Seite „forms and practices that increase exploitation (e.g., centralization, party discipline, tightly coupled bureaucratization, shared cultures and languages) militate against exploration" (214). Auf der anderen Seite „forms and practices that increase exploration (e.g., decentralization, coalition governments, loose coupling, diverse cultures and languages)

---

[15] Zur Kritik an der Präventionsidee vgl. Jänicke (1992), ferner Rescher (1983).

[16] Natürlich ohne daß dies in der gesellschaftlichen Kommunikation durchgängig so gesehen werden müßte.

militate against exploitation" (215). Mit anderen Worten: Kompetenz- und Inkompetenzfallen reduzieren Zukunftsoptionen. Rational wäre demgemäß die Vermeidung beider Fallen oder eine Balance zwischen Ausbeutung und Experimentieren. In den Worten von March and Olsen: „The long-run adaptiveness of (...) institutions will frequently be improved by decreasing the rate of experimentation in the face of failure (...) and (by) increasing the rate of experimentation in the face of success (...)" (218)[17].

Das Letztere wäre ein Fall von (selbst wieder instabiler) balancierter und linearer Entwicklung der ‚Normalform' von Risiko und Prävention.

Wir nehmen also an, daß der Zusammenhang von Risiko, Versicherung und *Störfall* (s. 5.2.3/5.3.1) ein langfristig *balanciertes und lineares* Verhältnis von Kompetenzfallen und Inkompetenzfallen sichern kann. Kompetenzfallen ergeben sich aus Risikoaversion im Sinne der Aversion, vom Gewohnten/Gegebenen abzuweichen (‚domain of success': *success-induced risk-aversion*): keine zusätzliche Prävention im störungsfreien Betrieb. Inkompetenzfallen ergeben sich aus Risikobereitschaft im Sinne der Bereitschaft vom Gewohnten abzuweichen (‚domain of failure': *failure-induced search*): typischerweise präventive Maßnahmen nach Störfällen, also punktuell oder generalisierend, überwiegend als *talk*, nicht substantiell: zu schnell und zu ungeduldig i.S.v. March und Olsen. Alternativen werden nicht ‚wirklich' durchgetestet. Kompetenzfallen führen (via Störfälle) zu Inkompetenzfallen und diese schwenken (wegen der nur moderaten, der nur begrenzten Abweichungsbereitschaft) erneut in Kompetenzfallen ein usw. usf[18]. Hier hätten wir also einen insgesamt linearen (stetigen) Entwicklungspfad, weil das Verhältnis von Erwartungsbildung und Schadensereignissen hier auf hohen bis mittleren Wahrscheinlichkeiten (‚large samples' von Störfällen) eingestellt ist und damit zu weniger riskanten Institutionalisierungen von Risiko, Versicherung und Prävention tendiert. Die Bewältigung von technisch-ökologischem Nichtwissen bedient sich in diesem Kontext einer ‚mittleren' Ausprägung der Differenz von Lernen und Anpassung.

Das Gegenteilige gilt dann für den Fall der *Entwicklungsrisiken* (und anderen Fällen aus dem Bereich der ‚Risikovorsorge', s. 5.2.3/5.3.1): Extrem niedrige Wahrscheinlichkeiten (bzw. das *Vertrauen* in die Erwartung von ‚small samples' gravierender

---

[17] Angesichts der dominierenden Tendenz zur Ausbeutung vorhandenen Wissens, optieren March und Olsen für die Steigerung von Präferenzen für das Entdecken neuer Möglichkeiten durch ‚selbstreferentielle Aspirationen', die sich nicht an Mißerfolge (lernend) anpassen und durch Reduktion der Lerngeschwindigkeit, die die Tendenz zur Risikobereitschaft senkt (1995: 225). Das Ergebnisse wäre Autonomie von Präferenzen (gegenüber Mißerfolgen wie Erfolgen) und ein gewisses Maß an Ignoranz – beide stärken die Risikobereitschaft für das Entdecken neuer Möglichkeiten. Allerdings müssen diese Vorkehrungen (organisationaler ‚Ideologien', s. Brunsson 1985) gegen die starke Tendenz zur Kurzfristigkeit und Suboptimalität organisierten Lernens durchgesetzt werden.

[18] Soll heißen: Ein Steigerungsverhältnis zwischen Ausbeuten bestehender Möglichkeiten und dem Entdecken neuer Möglichkeiten kommt gerade nicht zustande. Lernen dominiert Anpassung.

Fälle) führen zu riskanteren Institutionalisierungen (eben etwa Auditing, aber auch Präventionsindifferenz oder Unterversicherung): *Unbalanciertes und nicht-lineares* Verhältnis von Kompetenz- und Inkompetenzfallen. Kern dieser Entwicklung ist eine sich selbst verstärkende Risikoaversion (i.S.v. Nichtprävention) im technisch instrumentellen Sinn wegen der Niedrigwahrscheinlichkeit von Schadensereignissen und in diesem ‚Präventionskontext' dann resultierenden Inkompetenzfallen: Risikobereitschaft nur als *talk*, eben z.B. als Bereitschaft sich - kontroll- und präventionsmäßig *lediglich* - zertifizieren zu lassen. Kompetenzfallen (pfadabhängige Produktion) und Inkompetenzfallen (Auditing) bestehen simultan nebeneinander und begrenzen sich (wegen der seltenen Schadensereignisse) nicht wechselseitig (lose Kopplung). Die Bewältigung von technisch-ökologischem Nichtwissen ‚bedient sich' in diesem Kontext einer ‚starken' Ausprägung der Differenz von Lernen und Anpassung.

Insgesamt kommen wir zu einem differenzierten Ergebnis: Die Teubner'sche (1985) trias (Indifferenz/Desorganisation/Steigerung) zu Grunde gelegt, erweisen sich alle (globalen) Einschätzungen der modernen Risikogesellschaft im Hinblick auf ihre Präventionsfähigkeit als partikular. Beck (1988: 100/104f.) trifft mit seiner Unverantwortlichkeitsthese nur den *destruktiven* Aspekt eines durch Auditing mühsam latent gehaltenen Szenarios von (potentiell katastrophalen) Entwicklungsrisiken. Die häufig der Systemtheorie Luhmanns zugerechnete (vor allem durch das akteurtheoretische ‚Lager' um Mayntz, Münch und Schimank) und tatsächlich wohl eher im ‚neoliberalen Lager' beheimatete *Indifferenz*these trifft nur den harten Kern pfadabhängiger Produktionsprogramme der Großindustrie (vgl. etwa Wildavsky et al. 1989). Und die Modernisierungsoptimisten (v.d. Daele 1996/1999) treffen die Einheit eines inkrementalen *Steigerungs*pfades (präventiver Leistungsfähigkeit) und eines wohl eher symbolischen Pfades (präventiver Leistungsfähigkeit) mit steigerungsfähigen Rationalitätsstandards (z.B. Auditing).

Es liegt nahe, Kompetenz- und Inkompetenzfallen als organisationsspezifische Interpretationen von System-Umweltverhältnissen aufzufassen. Im vorliegenden Falle handelt es sich um systeminterne Rekonstruktionen der Anpassungssituation von Wirtschaftsunternehmen. Genauer gesagt: um Rekonstruktionen der Differenz von Lernen und Anpassung. Organisationen fungieren als strukturelle Kopplung von regulativem Recht und Technikentwicklung. Die dabei anfallenden Irritationen werden durch Kompetenz- oder Inkompetenzfallen ‚aufgelöst'[19].

Man wird allerdings nicht sagen können, daß das ‚Aggregat' der (je im Einzelnen zutreffenden) Diagnosen ein treffendes Bild des gesellschaftlichen Risiko- und Präventionshaushaltes zeichnet. Eher scheint zuzutreffen, daß die Gesellschaft in eine nicht

[19] Insofern kann in diesem Zusammenhang eine Verbindung zwischen Funktionssystem- und Organisationsebene gesehen werden, nach der ja häufig gefahndet wird (...).

einheitsfähige Differenz von Lernen und Anpassung *zerfällt*, die wesentlich durch eigensinnige Anliegen der gesellschaftlichen Kommunikation (wie präventiven *good will* auf der einen und präventiven *talk* auf der anderen Seite) angetrieben wird, alles in allem jedoch keine Anzeichen für irgend ‚nachhaltige' Entwicklungen der ökologischen Kommunikation zuläßt. Und dieser Befund hängt wesentlich mit der *im Begriff* (und Semantik) des Entwicklungsrisikos fundierten Selbstüberforderung gesellschaftlicher Selbstbeobachtung zusammen[20].

[20] Man könnte auch sagen: So viel Nichtwissen entzieht sich den Normalitätsstandards der Beobachtung (Japp 1997b).

7. Literaturverzeichnis

Adams, M., 1986: Zur Aufgabe des Haftungsrechts im Umweltschutz. Eine Abhandlung zur Theorie optimaler Beweislast- und Haftungsregeln bei Unsicherheit. Zeitschrift für Zivilprozeß, Heft 2: 129-165.

Ahrens, M./Simon, J. (Hrsg.), 1996: Umwelthaftung, Risikosteuerung und Versicherung. Berlin: Erich Schmidt Verlag.

Albrecht, P., 1992: Zur Risikotransformationstheorie der Versicherung. Grundlagen und ökonomische Konsequenzen. Karlsruhe: VVW.

Albrecht, P./ Schwake, E., 1981: Risiko, Versicherungstechnisches, S. 651-657 in: D. Farny/E. Helten/P. Koch/R. Schmidt (Hrsg.), Handwörterbuch der Versicherung. Karlsruhe: VVW.

Alsleben, D., 1993: Zufall und subjektives Risiko (darin, S. 303-359: Das neue Umwelthaftpflichtmodell). Karlsruhe: VVW.

Bälz, U., 1992: Ersatz oder Ausgleich? - Zum Standort der Gefährdungshaftung im Licht der neuesten Gesetzgebung, S. 57-72 in: Juristenzeitung, H. 2.

Bamelis, P., 1995: F+E bei Bayer - Aufgabe, Organisation, Steuerung, S. 978-979 in: Nachr. Chem. Tech. Lab., H. 9.

Bayerische Rück (ed.), 1993: Risk is a Construct. Perceptions of Risk Perception. München: Knesebeck.

Bechmann, G., (Hrsg.), 1993: Risiko und Gesellschaft - Grundlagen und Ergebnisse interdisziplinärer Risikoforschung. Opladen: Westdeutscher Verlag.

Beck, U., 1986: Risikogesellschaft. Auf dem Weg in eine andere Moderne. Ffm.: Suhrkamp.

Beck, U., 1988: Gegengifte. Ffm.: Suhrkamp.

Beckert, J., 1996: Was ist soziologisch an der Wirtschaftssoziologie? Ungewißheit und die Einbettung wirtschaftlichen Handelns. Zeitschrift f. Soziologie, Jg. 25, H. 2: 125-146.

Berger, U./Bernhard-Mehlich, I., 1993: Die Verhaltenswissenschaftliche Entscheidungstheorie, S. 127-159 in: A. Kieser (Hrsg.): Organisationstheorien, Stuttgart u.a.: Kohlhammer.

Berliner, B., 1981: Versicherbarkeit, S. 951-958 in: D. Farny/E. Helten/P. Koch/R. Schmidt (Hrsg.), Handwörterbuch der Versicherung. Karlsruhe: VVW.

Birke, M./Schwarz, M., 1996: Umweltschutz im deutschen Betriebsalltag. Eine Bestandsaufnahme in mikropolitischer Perspektive. Aus Politik und Zeitgeschichte. Beilage zur Wochenzeitung Das Parlament, B7/96: 23-29.

Bonß, W., 1995: Vom Risiko. Unsicherheit und Ungewißheit in der Moderne. Hamburg: Hamburger Edition.

Breining, W., 1990: Umwelthaftung und Umwelthaftpflichtversicherung. Zeitschrift für die gesamte Versicherungswissenschaft, Bd. 79: 193-203.

Breining, Walter, 1992: Im Mittelpunkt: Die Umwelthaftpflicht. Versicherungswirtschaft, H. 21: 1028-1034.

Brüggemeier, Gert, 1986: Deliktsrecht. Baden-Baden: Nomos-Verlagsgesellschaft.

Brüggemeier, G., 1989: Umwelthaftungsrecht - Ein Beitrag zum Recht der "Risikogesellschaft"?. Kritische Justiz, H.2: 209-230.

Brüggemeier, G., 1991: Jenseits des Verursacherprinzips? Zur Diskussion um den Kausalitätsnachweis im Umwelthaftungsrecht. KritV: 297-310.

Brunsson, N., 1985: The Irrational Organization. Chichester et al: Wiley.

Brunsson, N., 1989: The Organization of Hypocrisy. Chichester et al: Wiley.

Brunsson, N./Olsen, J.P., 1993: The Reforming Organization. London/New York: Routledge.

Clarke, L., 1989: Acceptable Risk? Making Decisions in a Toxic Environment. Berkeley et al.: Univ. of Calif. Press.

Clarke, L./Short, J.F., Jr., 1993: Social Organization And Risk: Some Current Controversies. Annual Rev. Sociol., 19: 375-99.

Der Spiegel, 1993: Dreck am Stecken. Die Versicherer kündigen die Haftpflichtpolicen für die deutsche Industrie, die Risiken sind ihnen zu groß in: Heft 39: 135-141.

Deutsch, E., 1971: Die Zwecke des Haftungsrechts. Juristenzeitung: 244-248.

Deutsch, E., 1976: Haftungsrecht, Erster Band: Allgemeine Lehren, Köln u. a.: Heymanns.

Deutsch, E., 1991: Umwelthaftung: Theorie und Grundsätze. Juristenzeitung, H. 23: 1097-1102.

Deutsch, E., 1992: Das neue System der Gefährdungshaftungen: Gefährdungshaftung, erweiterte Gefährdungshaftung und Kausal-Vermutungshaftung. Neue Juristische Wochenschrift, H. 2: 73-77.

Deutsch, E., 1993: Unerlaubte Handlungen, Schadensersatz und Schmerzensgeld: ein Grundriß. Köln u.a.: Heymanns. 2., völlig überarbeitete und ergänzte Auflage.

Diederichsen, U., 1986: Referat (der Abteilung Umweltrecht) in: Verhandlungen des 56. deutschen Juristentages in Hannover. Frankfurt: Campus.

Dielmann, H. J., 1990: Das neue Recht der Produkthaftung: ab 1.1.1990. Rechtsprobleme, Versicherungsaspekte, Risk-Management unter besonderer Berücksichtigeung des Verhältnisses Bundesrepublik – USA. Bad Homburg: Schäfer.

Douglas, M., 1985: Risk Acceptability According to the Social Sciences, London: Routledge.

Douglas, M./Wildavsky, A., 1983: Risk and Culture, Berkeley et al.: Univ. of Cal. Press.

Dubischar, R., 1988: Sammelrezension: Recht und ökonomisches Kalkül. Zeitschrift für Rechtssoziologie: 306-311.

Eidenmüller, H., 1994: Rezension von Ott/Schäfer (Hrsg.): Ökonomische Probleme des Zivilrechts. Berlin/New York: Springer, 1991. Zeitschrift für Rechtssoziologie: 92-100.

Eisen, R., 1989: Regulierung und Deregulierung in der deutschen Versicherungswirtschaft. Zeitschr. f. d. ges. Versicherungswissenschaft: 157-175.

Endres, A., 1989: Allokationswirkungen des Haftungsrechts. S. 115-129 in Jahrbuch für Sozialwissenschaft 40.

Endres, A./Rehbinder, E./Schwarze, R., 1992: Haftung und Versicherung für Umweltschäden aus ökonomischer und juristischer Sicht. Berlin u.a.: Springer.

Endres, A./Schwarze, R., 1991: Allokationswirkungen einer Umwelthaftpflicht-Versicherung. Zeitschrift für Umweltpolitik und Umweltrecht, H. 1: 1-25.

Engels, W., 1969: Rentabilität, Risiko und Reichtum. Darin: S. 82-104: Versicherung - Geschäfte mit der Unsicherheit). Tübingen: J.C.B. Mohr.

Esser, J., 1953: Die Zweispurigkeit unseres Haftungsrechts. Juristenzeitung: 129-134.

Eszler, E., 1994: Versicherungsbetrieb und natürliche Umwelt. Die ökologische Relevanz des Versicherungsbetriebes in produktionstheoretischer, entscheidungstheoretischer und funktionenorientierter Perspektive. Versicherungswirtschaft, H. 16: 1064-1069.

Evers, A./Nowotny, H., 1987: Über den Umgang mit Unsicherheit. Die Entdeckung der Gestaltbarkeit von Gesellschaft. Ffm.: Suhrkamp.

Ewald, F., 1998: Die Rückkehr des *genius malignus*: Entwurf einer Philosophie der Vorbeugung. Soziale Welt, Jg.49, H.1: 5-23.

Farny, D., 1992: Das System der Umwelten, die zukünftigen Veränderungen und die Beziehungen zu den Versicherungen. Zeitschr. f. d. ges. Versicherungswissenschaft: 19-43.

Feess-Dörr, E./Prätorius, G./Steger, U., 1992: Umwelthaftungsrecht: Bestandsaufnahme, Probleme, Perspektiven, 2. Auflage. Wiesbaden: Gabler.

Feldman, M.S./March, J.G., 1981: Information as Signal and Symbol. Administrative Science Quarterly, 26: 171-186.

Feldmann, F.-J., 1991: Umwelthaftung aus umweltpolitischer Sicht - zum Inkrafttreten des Gesetzes über die Umwelthaftung am 1. Januar 1991. Zeitschrift für Umweltpolitik und Umweltrecht: 45-50.

Foerster, v.H., 1993: Wissen und Gewissen. Ffm.: Suhrkamp.

Fowlkes, M.R./Miller, P.Y., 1987: Chemicals and Community at Love Canal. S. 55-78 in: B.B. Johnson/V.T. Covello, (Eds.): The Social and Cultural Construction of Risk. Essays on Risk Selection and Perception. Dordrecht et al.: Reidel.

Frankfurter Rundschau, 1995: Gerling-Konzern will jede zweite Mark im Ausland kassieren. Ausgabe vom 25.01.95.

Fuchs, M., 1995: Deliktsrecht, Berlin u.a.

Gasser, V., 1992: Die betrieblichen Maßnahmen zur Minderung des Umweltrisikos. S. 33-46 in: H.F. Frhr.v. Dörnberg/V. Gasser/E. Gassner: Umweltschäden. Haftung, Vermeidung und Versicherung (Beiträge zum Umweltrecht/Beihefte zur Zeitschrift 'Natur und Recht', H. 1). Hamburg und Berlin: Paul Parey.

Gasser, V., 1995: Umwelt-Recht - Jurisprudenz oder Naturwissenschaft?. Umweltwissenschaften und Schadstoff-Forschung, H. 1: 1.

Geisendörfer, U., 1988: Umwelthaftung und Deckungsvorsorge aus wirtschaftspolitischer Sicht. S. 221-232 in: F. Nicklisch (Hrsg.), Prävention im Umweltrecht. Risikovorsorge, Grenzwerte, Haftung. Heidelberg: C.F. Möller Juristischer Verlag.

Gerlach, J. W., 1988: Die Grundstrukturen des privaten Umweltrechts im Spannungsverhältnis zum öffentlichen Recht. Juristenzeitung, H. 4: 161-176.

Giddens, A., 1990: The Consequences of Modernity. Cambridge: Polity Press.

Glauber, V., 1995: Assekuranz im Wandel. Versicherungswirtschaft, H. 2: 147.

Glotzmann, P.H., 1983: Bestandspolitik bei neuen Risiken. Zeitschr. f. d. ges. Versicherungswissenschaft: 285-306.

Godt, C., 1995: Europäische Bemühungen um die Haftung für Umweltschäden - Tagungsbericht der europäischen Rechtakademie Trier am 29.-30.09.94. Zeitschrift für Umweltrecht, H. 1: 51-52.

Granovetter, M., 1985: Economic Action and Social Structure: The Problem of Embeddedness. American Journal of Sociology, 91, 3: 481-510.

Grossmann, M., 1977: Rückversicherung - eine Einführung. Bern/Ffm: Peter Lang.

Häfele, W., 1975: Hypothezität und die neuen Herausforderungen - Kernenergie als Wegbereiter. Zeitschr. f. d. ges. Versicherungswissenschaft: 541-564.

Hagenah, E., 1996: Neue Instrumente für eine neue Staatsaufgabe: Zur Leistungsfähigkeit prozeduralen Rechts im Umweltschutz. S. 487-522 in: D. Grimm (Hrsg.): Staatsaufgaben. Ffm.: Suhrkamp.

Hager, Günter, 1992: Das neue Umwelthaftungsgesetz. Neue Juristische Wochenschrift, H. 3: 134-143.

Hahn, A. et al., 1992: AIDS: Risiko oder Gefahr?. Soziale Welt, Jg.43, H.4: 400-421.

Halfmann, J./Japp, K.P., 1990: Riskante Entscheidungen und Katastrophenpotentiale. Elemente einer soziologischen Risikoforschung, Opladen: Westdeutscher Verlag.

Haller, M., 1984: Risiko-Management und Versicherung. S. 3-43 in: W. Große/H.-L. Müller-Lutz/R. Schmidt (Hrsg.), Gablers Versicherungsenzyklopädie, Bd. 2, 3. Aufl.. Wiesbaden: Gabler.

Hasse, R./Japp, K.P., (Hrg.), 1997: Dynamik symbolischer Organisationspolitik in: M. Birke/C. Berschel/M. Schwarz, Umweltschutz als Organisationswandel. München: Oldenbourg.

Heilmann, W.-R./Karten, W., 1981: Risikopolitik des Versicherungsunternehmens. S. 659-665 in: D. Farny/E. Helten/P. Koch/R. Schmidt (Hrsg.), Handwörterbuch der Versicherung. Karlsruhe: VVW.

Heimer, C.A., 1988: Social Structure, Psychology, and the Estimation of Risk. Annual Review of Sociology, Vol. 14: 491-519.

Heinelt, H./Töller, A.E., 1999: Vom Fremdzwang zum Selbstzwang. Zur Praxis von Öko-Audits in Deutschland. Zeitschr. F. Rechtssoziologie 20, H. 1: 82-104.

Helten, E., 1992: Versicherungstechnische Möglichkeiten zur Bewältigung künftiger Risiken. Zeitschr. f. d. ges. Versicherungswissenschaft: 149-175.

Herbst, Chr., 1996: Risikoregulierung durch Umwelthaftung und Versicherung. Berlin: Duncker & Humblot.

Heritier, A./Knill, C./Mingers, S., 1996: Ringing the Changes in Europe. Regulatory Competition and the Transforming of the State: Britain, France and Germany. Berlin/New York: de Gruyter.

Hersberger, W., 1993: Umwelthaftpflicht international: Die Sicht des Rückversicherers. Versicherungswirtschaft, H. 3: 212-215.

Hiller, P., 1993: Der Zeitkonflikt in der Risikogesellschaft. Risiko und Zeitorientierung in rechtsförmigen Verwaltungsentscheidungen, Berlin: Duncker & Humblot.

Hiller, P., 1999: Probleme prozeduraler Risikoregulierung. S. 29-40 in: A. Bora (Hrsg.), Rechtliches Risikomanagement. Form, Funktion und Leistungsfähigkeit des Rechts in der Risikogesellschaft. Berlin: Duncker & Humblot.

Hiller, P./Krücken, G., (Hrsg.), 1997: Risiko und Regulierung. Soziologische Beiträge zu Technikkontrolle und präventiver Umweltpolitik. Ffm: Suhrkamp.

Horn, M., 1995: Unter dem Druck von Kunden und Kosten. Die Zeit vom 11.08.95.

Jänicke, M., 1986: Staatsversagen - Die Ohnmacht der Politik in der Industriegesellschaft. München: Piper.

Jänicke, M., 1992: Ökologische und politische Modernisierung. Umweltpolitik im Zeichen der Entzauberung des Staates. Österreichische Zeitschrift für Politikwissenschaft, H. 4: 433-444.

Japp, K.P., 1992: Selbstverstärkungseffekte riskanter Entscheidungen. Zur Unterscheidung von Rationalität und Risiko. Zeitschrift für Soziologie (ZfS), Jg. 21, H.1: 31-48.

Japp, K.P., 1996: Soziologische Risikotheorie. Funktionale Differenzierung, Politisierung und Reflexion. Weinheim/München: Juventa.

Japp, K.P., 1997a: Die Ausdifferenzierung regulativer Risikopolitik. S. 222-252 in: P. Hiller/G. Krücken (Hrsg.), Risiko und Regulierung. Soziologische Beiträge zu Technikkontrolle und präventiver Umweltpolitik. Ffm.: Suhrkamp.

Japp, K.P., 1997b: Die Beobachtung von Nichtwissen. Soziale Systeme. Zeitschrift für Soziologische Theorie, Jg. 3, H. 2: 289-314.

Japp, K.P., 1997c: Die Idee ökologischer Prävention als moderner Mythos. Das Beispiel der Umweltgefährdungshaftung. Kritische Vierteljahresschrift für Gesetzgebung und Rechtswissenschaft 80, H. 1: 80-99.

Japp, K.P., 1998: Die Technik der Gesellschaft? in: W. Rammert (Hrsg.), Technik und Sozialtheorie. Frankfurt a.M./New York: Campus.

Japp, K.P., 1999: Risikoreflexion - Beobachtung der Gesellschaft im Recht. S. 239-258 in: A. Bora (Hrg.), Rechtliches Risikomanagement. Form, Funktion und Leistungsfähigkeit des Rechts in der Risikogesellschaft. Berlin: Duncker & Humblot.

Japp, K.P., 2000: Transnationale Regulierung, Ms. Bielefeld.

Japp, K.P/Krohn, W., 1996: Soziale Systeme und ihre ökologischen Selbstbeschreibungen. Zeitschrift für Soziologie, Jg. 25, Heft 3: 207-222.

Johannsen, R., 1994: Rezension: Alsleben, Detlef: Zufall und subjektives Risiko. Zeitschr. f. d. ges. Versicherungswissenschaft: S. 275-276.

Jost, P. J., 1990: Betriebliche Umweltschutzmaßnahmen als Antwort auf den Entwurf zum neuen Umwelthaftungsgesetz. Wochenschrift für Betriebswirtschaft, Steuerrecht, Wirtschaftsrecht, Arbeitsrecht 43, H. 48: 2381-2385.

Kahneman, D./Slovic, P./Tversky, A., (Eds.), 1982: Judgement under Uncertainty: Heuristics and Biases, Cambridge: Cambridge Univ. Press.

Karten, W., 1983: Risikopolitik der Versicherer. Grundlagen der Risikopolitik - Grundlagen. Zeitschr. f. d. ges. Versicherungswissenschaft: 211-229.

Karten, W., 1984: Das Einzelrisiko und seine Kalkulation. S. 75-97 in: W. Große/H. L. Müller-Lutz/R. Schmidt (Hrsg.), Gablers Versicherungsenzyklopädie, Bd. 2, 3. Aufl.. Wiesbaden: Gabler.

Kaufmann, F.-X., 1992: Der Ruf nach Verantwortung. Risiko und Ethik in einer unüberschaubaren Welt. Freiburg: Herder.

Kerwer, D., 1997: Mehr Sicherheit durch Risiko? Aaron Wildavsky und die Risikoregulierung. S. 253-278 in: P. Hiller/G. Krücken (Hrsg.), Risiko und Regulierung. Soziologische Beiträge zu Technikkontrolle und präventiver Umweltpolitik. Ffm: Suhrkamp.

Kirchgässner, G., 1992: Haftungsrecht und Schadensersatzansprüche als umweltpolitische Instrumente. Zeitschrift für Umweltpolitik und Umweltrecht, H.1: 15-44.

Kirsch, G., 1988: Präventive Umweltpolitik - Chance oder Illusion?. Zeitschrift für Umweltpolitik und Umweltrecht, H. 3: 269-285.

Klein, W., 1991: Die Haftung von Versorgungsunternehmen nach dem Produkthaftungsgesetz. Betriebs-Berater, H. 14: 917-924.

Kleindorfer, P.R., 1987: Die Umweltschaden-Haftpflicht-Versicherung: Ein Ausblick auf die Krise in der US-Versicherungswirtschaft. Zeitschrift für die gesamte Versicherungswissenschaft 1: 1-23.

Klinkhammer, G., 1993: Das Umwelthaftpflicht-Modell in der praktischen Umsetzung aus Sicht der gewerblichen Versicherungsnehmer. Versicherungspraxis, H. 10: 186-193.

Kloepfer, M., 1988: Umweltrisiken und Haftungsregeln - Rechtspolitische Aspekte. Zeitschrift für Umweltpolitik und Umweltrecht, H. 3: 243-258.

Kloepfer, M., 1990: Umweltschutz als Aufgabe des Zivilrechts - aus öffentlichrechtlicher Sicht. Natur und Recht, H. 8: 337-349.

Kloepfer, Michael, 1991: Zu den neuen umweltrechtlichen Handlungsformen des Staates, in: Juristenzeitung, S. 737-744.

Knemeyer, U./Matern, P./Vogel, J., 1994: Umweltrisiken schnell analysieren und richtig abschätzen (I). Versicherungswirtschaft, H. 24: 1625-1629.

Knemeyer, U./Matern, P./Vogel, J., 1995: Umweltrisiken schnell analysieren und richtig abschätzen (II). Versicherungswirtschaft, H. 2: 132-138.

Knie, A./Helmers, S., 1991: Organisationen und Institutionen in der Technikentwicklung. Organisationskultur, Leitbilder und 'Stand der Technik'. Soziale Welt, Jg. 42, H. 4: 427-444.

Knight, F.H., 1921: Risk, Uncertainty, and Profit. Boston/New York: Houghton Mifflin.

Koch, D./Sigulla, S., 1993: Die sog. "Nullstellung für Umweltschäden" in der Haftpflichtversicherung - ein Beitrag zur Systematik des Haftpflichtversicherungsrechts. Versicherungspraxis, H. 10: 181-184.

Köck, W., 1992: Umweltrechtsentwicklung und ökonomische Analyse. Natur und Recht, H. 9: 412-420.

Köck, W., 1993: Die rechtliche Bewältigung technischer Risiken: Bestandsaufnahme und Ausblick vor dem Hintergrund der Risiko-Debatte. Kritische Justiz: 125-145.

Kötz, H., 1970: Haftung für besondere Gefahr - Generalklausel für die Gefährdungshaftung. Archiv für die civilistische Praxis, H. 1: 1-41.

Kötz, H., 1990: ‚Ziele des Haftungsrechts. S. 643-666 in: J.F. Baur/K.J. Hopt/K.P. Mailänder (Hrsg.), Festschrift für E. Steindorf zum 70. Geburtstag. Berlin/New York.

Kötz, H., 1993: Die ökonomische Analyse des Rechts. Zeitschr. f. d. ges. Versicherungswissenschaft: 57-70.

Kötz, H., 1994: Deliktrecht. 6. überarb. Aufl.. Neuwied: Kriftel.

Kötz, H./Schäfer, H.-B., 1989: Schadensverhütung durch ökonomische Anreize. Eine empirische Untersuchung. Archiv für die civilistische Praxis 189: 501-525.

Koziol, H. 1988: Erlaubte Risiken und Gefährdungshaftung. S. 143-153 in: F. Nicklisch (Hrsg.), Prävention im Umweltrecht. Risikovorsorge, Grenzwerte, Haftung. Heidellberg: C.F. Müller.

Krohn, W./Weyer, J., 1989: Die Gesellschaft als Labor. Soziale Welt 40: 349-373.

Kuhlmann, A., 1988: Moderne Risikoermittlung mit vorbeugender Schadensverhütung - Immanente Voraussetzung eines Umwelthaftungsrechts. S. 179-190 in: F. Nicklisch (Hrsg.), Prävention im Umweltrecht. Risikovorsorge, Grenzwerte, Haftung. Heidelberg: C.F. Müller.

Küpper, G., 1992: Hinweise zu dem neuen Umwelthaftpflicht-Modell. Versicherungspraxis, H. 1: 1-9.

Küpper, G., 1993: Anmerkungen zu dem genehmigten Umwelthaftpflicht-Modell und Umwelthaftpflicht-Tarif des HUK-Verbandes. Versicherungspraxis, H. 2: 17-32.

Küpper, G., 1996: Welchen Einfluß haben Haftung und Versicherung auf die Investitionstätigkeit der Unternehmen im Umweltbereich?. Betriebsberater, H. 11: 541-544.

Ladeur, K.-H., 1987: Jenseits von Regulierung und Ökonomisierung der Umwelt: Bearbeitung von Ungewißheit durch (selbst-)organisierte Lernfähigkeit. Zeitschrift für Umweltpolitik und Umweltrecht, H.1: 1-22.

Ladeur, K.-H., 1991: Risikowissen und Risikoentscheidung. Kommentar zu Gotthard Bechmann. KritV: 241-256.

Ladeur, K.-H., 1992: Risiko und Recht - Von der Rezeption der Erfahrung zum Prozeß der Modellierung -. S. 209-233 in: G. Bechmann (Hrsg.), Risiko und Gesellschaft. Opladen: Westdeutscher Verlag.

Ladeur, K.-H., 1995: Das Umweltrecht der Wissensgesellschaft. Von der Gefahrenabwehr zum Risikomanagement, Berlin: Duncker & Humblot.

Landsberg, G./Lülling, W., 1991: Die Ursachenvermutung und die Auskunftsansprüche nach dem neuen Umwelthaftungsgesetz. Der Betrieb, H. 9: 479-484.

Landsberg, G./Lülling, W., 1991: Umwelthaftungsrecht. Kommentar. Köln.

LaPorte, T.R., 1981: Managing Nuclear Waste. Society, July/August: 57-65.

Lattwein, A./Schmitt, F.-P., 1993: Haftung und Risikovorsorge. Umwelt, H. 1/2: 62-63.

Lau, C., 1989: Risikodiskurse. Soziale Welt, H. 3: 374-396.

Lehmann, A./Ruf, S., 1990: Frühwarnsysteme in der Assekuranz - Schlagwort oder strategische Option?. Versicherungswirtschaft, H. 7: 366-371.

Leinemann, R., 1993: Gegen Störfälle versichern. Umwelt, H. 10: 572-573.

Lersner, H.v., 1988: Vorsorgeprinzip. S. 1986-1092 in: O. Kimminich/P.C. Storm (Hrsg.), Handwörterbuch des Umweltrechts, Bd. 2. Berlin: Schmidt-Verlag.

Levitt, B.,/March, J.G., 1988: Organizational Learning. Ann. Rev. Sociol., 14: 319-40.

Lübbe-Wolf, G., 1981: Rechtsfolgen und Realfolgen, Freiburg: Alber.

Lübbe-Wolf, G., 1990: Umweltschutz durch Umwelthaftungsrecht?. Unveröffentlichtes Vortragsmanuskript. Bielefeld.

Lübbe-Wolf, G., 1996: Das Umweltauditgesetz. Natur und Recht 18: 217-227.

Lübbe-Wolf, G., 1996a: Modernisierung des Umweltordnungsrechts. Vollziehbarkeit - Deregulierung – Effizienz. Bonn: Economia Verlag.

Luhmann, N., 1968: Zweckbegriff und Systemrationalität. Über die Funktion von Zwecken in sozialen Systemen. Tübingen: Mohr.

Luhmann, N., 1973: Vertrauen. Ein Mechanismus der Reduktion sozialer Komplexität. Stuttgart: Enke.

Luhmann, N., 1981: Ausdifferenzierung des Rechts. Beiträge zur Rechtssoziologie und Rechtstheorie. Frankfurt a.M.: Suhrkamp.

Luhmann, N., 1986: Die soziologische Beobachtung des Rechts. Ffm.: Metzner.

Luhmann, N., 1987: Rechtssoziologie. Opladen: Westdt. Verlag.

Luhmann, N., 1988: Organisation. S. 165-186 in: W. Küpper/G. Ortmann (Hrsg.), Mikropolitik: Rationalität, Macht und Spiele in Organisationen. Opladen: Westdt. Verlag.

Luhmann, N., 1990: Die Wissenschaft der Gesellschaft. Ffm.: Suhrkamp.

Luhmann, N., 1991: Soziologie des Risikos. Berlin/New York: de Gruyter.

Luhmann, N., 1992: Ökologie des Nichtwissens. S. 149-220 in: ders., Beobachtungen der Moderne. Opladen: Westdt. Verlag.

Luhmann, N., 1992a: Beobachtungen der Moderne. Opladen: Westdt. Verlag.

Luhmann, N., 1993: Das Recht der Gesellschaft. Frankfurt: Suhrkamp.

Luhmann, N., 1995: Über Natur in: ders., Gesellschaftsstruktur und Semantik, Bd. 4. Ffm.: Suhrkamp.

Luhmann, N., 1995a: Funktion und Folgen formaler Organisation. 4. Aufl.. Berlin: Duncker & Humblot.

Luhmann, N., 1996: Das Risiko der Versicherung gegen Gefahren. Soziale Welt 47: 273-283.

Luhmann, N., 1997: Die Gesellschaft der Gesellschaft. 2 Bde. Ffm.: Suhrkamp.

Mädefessel-Herrmann, K., 1995: Ökoperspektive. Nachr. Chem. Tech. Lab., H. 9: 979-980.

Mag, W., 1981: Risiko und Ungewißheit. S. 478-495 in: W. Albers (Hrsg.), Handwörterbuch der Wirtschaftwissenschaften. Bd. 6. Stuttgart/New York.

Mahr, W., 1980: Unsicherheit und Versicherung. Zeitschr. f. d. ges. Versicherungswissenschaft: 37-69.

Marburger, P., 1992: Grundsatzfragen des Haftungsrechts unter dem Einfluß der gesetzlichen Regelungen zur Produzenten- und zur Umwelthaftung. Archiv für die civilistische Praxis, Jg. 192: 1-34.

March, J.G., 1994: A Primer On Decision Making. New York et al.: Free Press.

March, J.G./Olsen, J.P., 1989: Rediscovering Institutions - The Organizational Basis Of Politics. N.Y./London: Free Press.

March, J.G./Olsen, J.P., 1995: Democratic Governance. New York et al.: Free Press.

March, J.G./Sproull, L.S./Tamuz, M., 1991: Learning From Samples Of One Or Fewer. Organization Studies, Vol. 2, No. 1: 1-13.

Martin, K., 1992: Die Risikoanalyse bei Umwelt-Haftpflicht-Deckungen. Wie kann der Umwelttechniker der Versicherer helfen?. Versicherungswirtschaft, H. 10: 602-608.

Meder, S., 1993: Risiko als Kriterium der Schadensverteilung. Juristenzeitung, H. 11: 539-545.

Meyer, D., 1989: Die volkswirtschaftliche Bedeutung des Versicherungswesens mit besonderem Bezug zur Risikoallokation. Zeitschr. f. d. ges. Versicherungswissenschaft: 191-206.

Meyer, J.W./Rowan, B., 1977: Institutionalized Organizations: Formal Structure as Myth and Ceremony. American Journal of Sociology, Vol. 83, No. 2: 340-363.

Meyer-Kahlen, W., 1993: Eigenschäden des Versicherungsnehmers in der Umwelthaftpflichtversicherung. Versicherungspraxis, H. 1: 1-5.

Mordi, O., 1985: Das Produktkonzept der Versicherung: Eine alternative Interpretation. Zeitschr. f. d. ges. Versicherungswissenschaft: 81-93.

Müller, W., 1981: Das Produkt der Versicherung. S. 155-171 in: M. Jung/R.R. Lucius/W.G. Seifert (Hrsg.), Geld und Versicherung - Analyse, Thesen, Perspektiven im Spannungsfeld liberaler Theorie. Festschrift für Wilhelm Spieß. Karlsruhe.

Müller, W., 1988: Rezension: Henn, Rudolf; Schickinger, Walter F. (Hrsg.), Staat, Wirtschaft und Wissenschaft, Assekuranz. Festschrift für Robert Schwebler, Karlsruhe, 1986. Zeitschr. f. d. ges. Versicherungswissenschaft: 309-326.

Nagel, B., 1993: Die Produkt- und Umwelthaftung im Verhältnis von Herstellern und Zulieferern. Der Betrieb, H. 49: 2469-2474.

Nell, M., 1990: Die Bedeutung des Risikos als Produktionsfaktor. Zeitschr. f. d. ges. Versicherungswissenschaft: 275-285.

Neue Westfälische, 1995: Katastrophen-Kosten kaum noch kalkulierbar. Ausgabe vom 05.01.95.

Nickel, F., 1990: Der Umweltschaden in der Betriebs-Haftpflichtversicherung: Dekkung des Normalbetriebs. Versicherungspraxis, H. 5: 77-81.

Nickel, F./Mirkes, M., 1992: Der Umweltschaden in der Betriebs-Haftpflichtversicherung: Die Berechnung des Emissionsradius. Versicherungspraxis, H. 9: 161-166.

Nickel, F./Teufl, M., 1993: Der Umweltschaden in der Betriebs-Haftpflichtversicherung. Das Umwelthaftpflicht-Modell (UHV) vom 21.12.1992. Versicherungswirtschaft, H. 17: 1126-1132.

Nicklisch, F. (Hrsg.), 1988: Prävention im Umweltrecht. Risikovorsorge, Grenzwerte, Haftung. Heidelberg: C.F. Müller.

Niehörster, K., 1994: Erfahrungen nach drei Jahren. Umwelthaftung in den neuen Bundeseländern. Energie, H. 1/2: 51-53.

Nöthe, M., 1995: Betriebliches Umweltmanagement. Nur etwas für die ganz Großen?. Entsorgungs-Technik, H. 1/2: 18-20.

Nowak, D., 1995: Argumente zur Erhöhung der Selbstbehalte sowie Kriterien zur Bestimmung des Eigenbehaltsniveaus. Versicherungspraxis, H. 8: 133-137.

Offe, C., 1987: Die Staatstheorie auf der Suche nach ihrem Gegenstand. Beobachtungen zur aktuellen Diskussion. S. 309-320 in: Jahrbuch zur Staats- und Verwaltungswissenschaft, H. 1.

Overlack-Kosel, D., 1995: Risikoanalyse und Risikovorsorge. Unzureichendes Umweltmanagement gefährdet die Bonität bei Banken. Energie, H. 4: 36-38.

Paschke, M., 1993: Kommentar zum Umwelthaftungsgesetz. Berlin u.a.

Perrow, Ch., 1987: Normale Katastrophen. Die unvermeidbaren Risiken der Großtechnik. Ffm./N.Y.: Campus.

Peter, J./Salje, P., 1991: Haftpflichtversicherung und Deckungsvorsorge nach dem neuen Umwelthaftungsgesetz (UmweltHG). Versicherungspraxis, H. 1: 5-14.

Power, M., 1994: Constructing the Responsible Organization. S. 369-392 in: G. Teubner et al., (Hrsg.), Environmental Law and Ecological Responsibility. Chichester et al.: Wiley

Power, M., 1997: Audit, Trust, and Risk in: ders., The Audit Society. Rituals of Verification. Oxford: Univ. Press.

Power, M.,1997a: From Risk Society to Audit Society. Soziale Systeme 3, H. 1: 3-21.

Preuß, U. K., 1989: Sicherheit durch Recht - Rationalitätsgrenzen eines Konzepts. KritV: 3-26.

Preuß, U., 1994: Risikovorsorge als Staatsaufgabe. S. 523-552 in: D. Grimm (Hrsg.): Staatsaufgaben. Frankfurt a.M.: Campus.

Priest, G.L., 1990: The New Legal Structure of Risk Control. Daedalus, Vol. 119, No.4: 207-227.

Rajeev, G.M.V., 1999: Heuristics, biases, and the regulation of risk. Policy Sciences, Vol. 32, No. 1: 59-78.

Rehbinder, E., 1989: Fortentwicklung des Umwelthaftungsrecht in der Bundesrepublik Deutschland. Natur und Recht, H. 4: 149-163.
Reiff, M., 1992: Umwelthaftpflichtversicherung. Versicherungswirtschaft, H. 2: 122-131.
Reinhardt, M., 1994: Die Umkehr der Beweislast aus verfassungsrechtlicher Sicht. Neue Juristische Wochenschrift, H. 2: 93-99.
Rescher, N., 1983: Risk. A Philosophical Introduction to the Theory of Risk Evaluation and Management. Lanham/London: Univ. Press of America.
Reuter, A., 1993: Umwelthaftung, strikte Organisation und kreative Unordnung - Überlegung zu einer Schnittstelle zwischen Recht und Organisationslehre. Der Betrieb, H. 32: 1605-1609.
Rohde-Liebenau, W., 1992: Umwelthaftung als Anreiz zum Umweltschutz, in: ZfU, H. 3: 299-309.
Rostow, W. , 1970: Stadien wirtschaftlichen Wachstums, Göttingen.
Rütten, R./Penzstadler, E./Hartig, P., 1994: FERAS - ein computergestütztes System. Erfassung, Bewertung und Tarifierung von Umweltrisiken. Versicherungswirtschaft, H. 2: 41-144.
Salje, P., 1990: Verschärfung der Haftung für Umweltschäden? - zum Diskussionsentwurf eines Umwelthaftungsgesetzes -. Zeitschrift für Umweltpolitik und Umweltrecht: 1-6.
Salje, P., 1993a: Umwelthaftung kommunaler Betriebe und Einrichtungen. München: Jehle.
Salje, P., 1993b: Umwelthaftungsgesetz. Kommentar. München: Beck.
Salzwedel, J., 1989: Umwelthaftungsrecht als System wirtschaftlicher Anreize?. Umwelt- und Technikrecht, Bd. 6: 147-162.
Schewe, D./Karten, W., 1988: Rezension: Bayerische Rückversicherung AG (Hrsg.), Gesellschaft und Unsicherheit, Karlsruhe, 1987. Zeitschr. f. d. ges. Versicherungswissenschaft: 563-568.
Schimikowski, P., 1994a: Umwelthaftungsrecht und Umwelthaftpflichtversicherung, 2. Aufl.. Karlsruhe: VVW.
Schimikowski, P., 1994b: Ausschluß des Umwelthaftpflichrisikos aus der gewerblichen und industriellen Haftpflichtversicherung. Versicherungswirtschaft, H. 12: 748-752.
Schimikowski, P., 1995: Umwelthaftpflichtversicherung - Stand und Perspektiven. Versicherungspraxis, H. 7: 113-119.
Schirmer, H., 1991: Die Haftung im Umweltschutz. Zeitschr. f. d. ges. Versicherungswissenschaft: 137-191.
Schlecht, M., 1994: Erfolgsfaktor Umweltmanagement. Auf dem Weg zum anerkannten Normengerüst. Energie, H. 8: 16-17.
Schlicht, G., 1994: Lage und Entwicklung der deutschen Versicherungswirtschaft aus Sicht des DVS. Versicherungspraxis, H. 6: 85-91.

Schmidt, G., 1992: Deckungsmodelle und Regulierungskonzepte für Groß- und Kumulrisiken in der Schadensversicherung. Zeitschr. f. d. ges. Versicherungswissenschaft: 191-207.

Schmidt, J., 1994: Gesellschaftliche Risikoregulierung durch Risikoerzeugung, Diplomarbeit, Fakultät für Soziologie, Universität Bielefeld.

Schmidt-Salzer, J., 1987: Dokumentation, Produkt-Verschuldenshaftung und verschuldensunabhängige Haftung nach der EG-Richtlinie. Der Betrieb, H. 25: 1285-1289.

Schmidt-Salzer, J., 1992a: Die Umwelthaftpflichtpolice '92 des HUK-Verbands. Versicherungswirtschaft, H. 6: 353-360.

Schmidt-Salzer, J., 1992b: Umwelthaftpflicht und Umwelthaftpflichtversicherung (VI): Skizzen zur Deckungsvorsorge-Umwelthaftpflichtversicherungs. Versicherungsrecht, H. 31: 1311-1318.

Schmidt-Salzer, J., 1992c: Kommentar zum Umwelthaftungsrecht, Betriebliche Risiken und innerbetriebliche Verantwortung, Heidelberg.

Schmidt-Salzer, J./Schramm, S., 1993: Kommentar zur Umwelthaftpflichtversicherung. Das Umwelthaftpflicht-Modell '92 des HUK-Verbandes. Heidelberg: Recht und Wirtschaft.

Schmidt-Salzer, J., 1994: Verbraucherschutz, Produkthaftung, Umwelthaftung, Unternehmensverantwortung. Neue Juristische Wochenschrift, H. 20: 1305-1315.

Schulz, A., 1984: Überlegungen zur ökonomischen Analyse des Haftungsrechts. Versicherungsrecht, H. 25: 608-618.

Selmer, P., 1991: Privates Umwelthaftungsrecht und öffentliches Gefahrenabwehrrecht. Heidelberg.

Shapiro, S.P., 1987: The Social Control of Impersonal Trust. AJS, Vol. 93, No. 3: 623-58.

Siebert, H., 1988: Haftung ex post versus Anreiz ex ante: Einige Gedanken zur Umweltpolitik bei Unsicherheit. S. 111-132 in: F. Nicklisch (Hrsg.), Prävention im Umweltrecht. Risikovorsorge, Grenzwerte, Haftung. Heidelberg: C.F. Möller Juristischer Verlag.

Simonis, U.E., 1996: Ökologische Umorientierung der Industriegesellschaft. Aus Politik und Zeitgeschichte. Beilage zur Wochenzeitung Das Parlament, B7/96: 3-13.

Sinn, H.-W., 1988: Gedanken zur volkswirtschaftlichen Bedeutung des Versicherungswesens. Zeitschr. f. d. ges. Versicherungswissenschaft: 1-27.

Slovic, P./Fischhoff, B./Lichtenstein, S., 1980: Facts and Fears: Understanding Perceived Risk in: R.C. Schwing/W. Albers (Eds.), Societal Risk Assessment. NY/London: Plenum Press.

Starr, Ch., 1969: Social Benefits versus Technological Risk. Science 165: 1232-1238.

Steffen, E., 1990: Verschuldungshaftung und Gefährdungshaftung für Umweltschäden. Neue Juristische Wochenschrift, H. 30: 1817-1822.

Süddeutsche Zeitung, 1994: Ein Maßstab für Umweltrisiken. Dekra will mit einem neuen Verfahren europaweit agieren. Ausgabe vom 29./30.01.94.

Teubner, G., 1985: Verrechtlichung - Begriffe, Merkmale, Grenzen, Auswege in: F. Kübler (Hrsg.), Verrechtlichung von Wirtschaft, Arbeit und sozialer Solidarität. Ffm.: Suhrkamp.

Teubner, G., 1989: Recht als autopoietisches System. Ffm.: Suhrkamp.

Thompson, J.D., 1967: Organizations in Action. New York et al.: McGraw-Hill.

Tversky, A./Kahneman, D., 1974: Judgment under Uncertainty: Heuristics and Biases. Science, Vol.185: 1124-1131.

Urlaub, G., 1995: Industrielle Umweltrisiken erfassen und bewerten. Umwelt, H. 4: 162-163.

Vahrenholt, F., 1996: Der Ökochonder als Leitbild. DER SPIEGEL 3/96: 50-51.

van den Daele, W., 1993: Hintergründe der Wahrnehmung von Risiken der Gentechnik: Naturkonzepte und Risikosemantik. S. 169-190 in: Bayerische Rück (Hrsg.), Risiko ist ein Konstrukt. Wahrnehmungen zur Risikowahrnehmung. München: Knesebeck.

van den Daele, W., 1996: Soziologische Beobachtung und ökologische Krise. S. 420-440 in: C.C. Jaeger/A. Diekmann (Hrsg.), Umweltsoziologie. Sonderheft (36) der Kölner Zeitschrift für Soziologie und Sozialpsychologie. Opladen: Westdeutscher Verlag.

van den Daele, W., 1999: Von rechtlicher Risikovorsorge zu politischer Planung. Begründungen für Innovationskontrollen in einer partizipativen Technikfolgenabschätzung zu gentechnisch erzeugten herbizidresistenten Pflanzen. S. 259-292 in: A. Bora (Hrsg.), Rechtliches Risikomanagement. Form, Funktion und Leistungsfähigkeit des Rechts in der Risikogesellschaft. Berlin: Duncker & Humblot.

Wagner, G., 1991a: Die Aufgaben des Haftungsrechts - eine Untersuchung am Beispiel der Umwelthaftungsrechts-Reform. Juristenzeitung, H. 4: 175-183.

Wagner, G., 1991b: Umwelthaftung und Versicherung. Versicherungsrecht, H. 7: 249-260.

Wagner, G., 1992: Umweltschutz mit zivilrechtlichen Mitteln. Natur und Recht, H. 5: 201-211.

Wagner, P.-R., 1988: Umweltrisiken und deren Versicherbarkeit. S. 191-203 in: F. Nicklisch (Hrsg.), Prävention im Umweltrecht. Risikovorsorge, Grenzwerte, Haftung. Heidelberg: C.F. Möller Juristischer Verlag.

Weick, K.E., 1990: Technology as Equivoque: Sensemaking in New Technologies in: P. S. Goodman/L. S. Sproull (Eds.), Technology and Organizations. San Francisco/Oxford.

Weick, K.E., 1995a: Sensemaking in Organizations. Thousand Oaks et al.: Sage.

Weick. K.E., 1995b: Der Prozeß des Organisierens. Ffm.: Suhrkamp.

Weinberg, A.M., 1972: Science and Trans-Science. Minerva, Vol. X: 209-222.

Weiß, A., 1988: Rezension: Härterich, Susanne, Risk Management von industriellen Produktions- und Produktrisiken, Karlsruhe, 1987. Zeitschr. f. d. ges. Versicherungswissenschaft: 308-309.

Weißenborn, T., 1995: Umwelthaftung in der betrieblichen Praxis. Vorschriften und Probleme bei der Beauftragung Dritter. Entsorgungs-Technik, H. 5: 27-29.

Westermann, H. P., 1991: Umwelthaftung im Konzern. ZHR: 223-246.

Westphalen, F. Graf v., 1990: Das neue Produkthaftungsgesetz. Neue Juristische Wochenschrift, H. 2: 83-93.

White, H.C., 1992: Identity and Control: A Structural Theory of Social Action, Princeton: University Press.

Wienstein, R., 1992: HUKR-Zweige: Bedrohliche Entwicklung auf der Schadenseite. Versicherungswirtschaft, H. 21: 1324-1328.

Wiesenthal, H., 1995: Konventionelles und unkonventionelles Organisationslernen: Literaturreport und Ergänzungsvorschlag. Zeitschrift für Soziologie, Jg. 24. H. 2: 137-155.

Wildavsky, A., 1989: Searching for Safety. New Brunswick/London: Transaction Books.

Wildavsky, A. et.al., 1989: Symposion: Risk, Safety and Capitalism. Society, Vol. 27, No.1.

Wildavsky, A., 1993: Die Suche nach einer fehlerlosen Risikominderungsstrategie. S. 305-319 in W. Krohn/G. Krücken (Hrsg.), Riskante Technologien. Reflexion und Regulation. Ffm.: Suhrkamp.

Willke, H., 1992: Ironie des Staates. Ffm.: Suhrkamp.

Zey, M., (Ed.), 1992: Decision Making. Alternatives to Rational Choice Models. Newbury Park, Ca.: Sage.